Nr. 233 Guttentagsche Sammlung Deutscher Reichsgesetze Nr. 233

Kommentare und erläuterte Textausgaben

DIE BESCHRÄNKUNG DER DEUTSCHEN GERICHTSBARKEIT

Die Gesetzgebung der Besatzungsmächte, insbesondere Gesetze Nr. 2 und Nr. 52 und Befehl 124 nebst Ausführungsbestimmungen

Zusammengestellt und erläutert

von

Dr. GERHARD NEHLERT

Landgerichtsrat

Berlin

WALTER DE GRUYTER & CO.

vormals G. J. Göschen'sche Verlagshandlung / J. Guttentag, Verlagshandlung Georg Reimer / Karl J. Trübner / Veit & Comp.

1948

Archiv Nr. 21 12 33
(ICB Nr. 1066) Druck: Otto Walter, Berlin SW 29, Urbanstr. 71.

INHALT

C. Bestimmungen verfahrensrechtlichen Inhalts betreffend die Kontrolle über Vermögen:

Teil I

Einführung

A.

Die Anordnungen der Besatzungsmächte, die eine Beschränkung der deutschen Gerichtsbarkeit zum Gegenstand haben, sind in den einzelnen Zonen so verschieden und sind vor allem in Blättern veröffentlicht, deren Verbreitung so stark regional begrenzt ist, daß ein zusammenfassender Überblick sehr erschwert ist. Dieser Schwierigkeit abzuhelfen ist die Aufgabe der in Teil II vorgenommenen Zusammenstellung. Sie ist besonders wichtig für die Stadt Berlin, in der sich eine einheitliche Gerichtsorganisation über alle vier Sektoren erstreckt, aber gleichwohl in jedem Sektor die eigene Auffassung der Besatzungsmacht zum Ausdruck kommt, so daß der Berliner Jurist genötigt ist, sich mit den Gedankengängen aller vier Besatzungsmächte vertraut zu machen. Die Anordnungen der Alliierten Kommandantur sind auch nach ihrer praktischen Auflösung in Kraft geblieben; die Auffassung und Auslegung der sektoralen Militärregierungen wird jetzt jedoch von besonderer Bedeutung sein. Die Zusammenstellung kann der Natur der Sache nach keinen Anspruch auf absolute Vollständigkeit erheben, doch dürften alle wesentlichen Bestimmungen enthalten sein. Auf eine Wiedergabe auch der fremdsprachigen Texte mußte leider aus Raummangel verzichtet werden; soweit sie für die Auslegung von Bedeutung sind, sind Angaben in den Anmerkungen enthalten. Die Anmerkungen zum Gesetz Nr. 52 sind bewußt auf das knappste beschränkt, da alles Erforderliche dazu erschöpfend in dem ausgezeichneten Kommentar von Dölle-Zweigert enthalten ist, mit dem konkurrieren zu wollen Vermessenheit wäre. Zusammenfassend ist zu Inhalt, Aufbau und einigen grundsätzlichen Fragen folgendes zu sagen:

B.

Die erste Gruppe bilden die Fälle, in denen physische oder juristische Personen, an denen die Militärregierungen ein besonderes Interesse nehmen, oder Verfahren, in denen ein Verwaltungsakt der Besatzungsmächte von Bedeutung ist, der deutschen Gerichtsbarkeit entzogen sind. Es handelt sich um die in Teil II, Abschnitt A unter Nr. 1—14 abgedruckten Bestimmungen, also insbesondere um das Gesetz Nr. 2 in seinen verschiedenen Formen. In der russischen Zone fehlt eine dem Gesetz Nr. 2 entsprechende Bestimmung. Es hat sich da jedoch gewohnheitsgemäß die Übung entwickelt, daß in Fällen, in denen Angehörige der Besatzungsmächte und wohl allgemein der

Staaten, die gegen Deutschland Krieg geführt haben, in Verfahren verwickelt sind, oder in Fällen, in denen Anordnungen der Besatzungsmacht von Bedeutung sind, die Ermächtigung der Besatzungsmacht eingeholt wird; dies dürfte sich schon aus dem Kontrollratsgesetz Nr. 4 und den allgemeinen Grundsätzen des Völkerrechts ergeben. Die Rechtswirkungen, welche die Exemtion nach der Gesetzgebung der Besatzungsmächte hat, lassen sich vergleichen mit den Einschränkungen, denen nach §§ 18—21 GVG. die deutsche Gerichtsbarkeit unterworfen ist, soweit es sich um bestimmte exterritoriale Personen handelt, jedoch ist die Beschränkung durch die Gesetzgebung der Besatzungsmächte erheblich weitergehend als die früheren Rechtswohltaten der Exterritorialen in Deutschland. Insbesondere gestattet die jetzige Exemtion — von einzelnen Ausnahmen abgesehen — keine freiwillige Unterwerfung sie bedeutet einen völligen Mangel der facultas iurisdictionis, solange keine Ermächtigung erteilt ist. Welche Folgen dieser Mangel der facultas iurisdictionis im einzelnen hat, ist in Anm. 6 zum Gesetz Nr. 2 dargelegt, welche Wirkung ein Handeln des Gerichts ohne Ermächtigung hat, in Anm. 12 zum Gesetz Nr. 2. Ob das Verfahren bis zur Entscheidung der Militärregierung durch formellen Beschluß ausgesetzt wird oder ob es ohne solchen ruht, ist ohne Bedeutung, der letzteren Konsequenz ist jedoch der Vorzug zu geben, da logischerweise auch für eine Aussetzung des Verfahrens kein Raum ist, wenn das Gericht überhaupt kein Verfahren betreiben darf. Deshalb darf auch, wenn die Ermächtigung verweigert wird. das Gericht m. E. die Klage nicht a limine abweisen oder das Verfahren einstellen (wie es das LG. Brschwg., MDR. 47, S. 38, und LG. Essen, MDR. 47, S. 155, auch KG. in einer nicht veröffentlichten Entsch. 1 U 473/46 getan hat); denn auch für eine solche Entscheidung ist bei Mangel der facultas iurisdictionis kein Raum, sondern das Gericht darf unmittelbar auf Grund der Entscheidung der Militärregierung keinerlei Tätigkeit mehr ausüben, als allenfalls die Kosten niederzuschlagen oder zurückzuzahlen. Auf diese Weise wird gleichzeitig klar herausgestellt, daß es sich nicht um eine „Verweigerung der Gerichtsbarkeit" durch das deutsche Gericht handelt, sondern ausschließlich um eine Maßnahme, die in den Entscheidungsbereich der Besatzungsmacht gehört. Eine durch ein Prozeßurteil erfolgende „deklaratorische Feststellung, daß die Sache der deutschen Gerichtsbarkeit entzogen ist", wie sie Dr. Kleinrahm in seinem Referat vom 8. Oktober 1947 auf der Richterbesprechung des LG. Essen befürwortet, kann m. E. bei einem solchen Sachverhalt nicht Aufgabe des deutschen Gerichts sein. Die Einholung der Ermächtigung bei dieser Gruppe von Fällen erfolgt in der amerikanischen, britischen und russischen Zone und in Berlin von Amts wegen durch das Gericht, in der französischen Zone hat bei Zivilprozessen die klagende Partei selbst die Ermächtigung herbeizuführen und dem Gericht vorzulegen, in allen von Amts wegen betriebenen Verfahren ist die Ermächtigung auch von Amts wegen einzuholen. Die Erteilung der Ermächtigung macht das gerichtliche Verfahren in demselben Umfang zulässig, in dem es ohne Exemtionstatbestand möglich wäre, soweit nicht etwa besondere Bestimmungen entgegenstehen, wie z. B. für Verfahren in Ehesachen, an denen Angehörige der Vereinigten Nationen beteiligt sind (Teil A, Nr. 11—14). Grundsätzlich ist also ohne nochmalige, besondere Ermächtigung eine Vollstreckung gegen die exemte Person zulässig, soweit dem nicht anderweite Bestimmungen, z. B. das Gesetz Nr. 52, entgegenstehen. Dies dürfte sich auch aus Ziff. 4 der Authentischen Interpretation (Teil II, A, Nr. 6) ergeben.

C.

Die zweite Gruppe bilden die Fälle, in denen die Gerichtsbarkeit der deutschen Gerichte deshalb beschränkt ist, weil die Besatzungsmächte das Vermögen einer der Personen, die an dem Verfahren beteiligt sind, unter Kontrolle wissen wollen. Die materiellrechtliche Grundlage bilden das Gesetz Nr. 52 und der Befehl Nr. 124 (Teil II, Abschnitt B, Nr. 15—21). Diese Bestimmungen enthalten in erster Linie eine Verfügungsbeschränkung des Vermögensinhabers. Diese bedeutet eine Art von „Verstrickung", hat jedoch in materieller Hinsicht nicht die Wirkung, daß mit ihrem Eintreten die Verbindlichkeiten in Wesen und Wirkung geändert werden. Im gerichtlichen Verfahren kann sich diese Verstrickung sekundär als Reflex auswirken (vgl. Anm. 15 zu Art. II des Ges. Nr. 52). Diese Reflexwirkungen jedoch sind überwiegend in besonderen verfahrensrechtlichen Ausführungsbestimmungen geregelt (Teil II, Abschnitt C, Nr. 22—28). Die Gestaltung dieser Bestimmungen ist in den einzelnen Zonen unterschiedlich und vor allem dem Wesen nach verschieden von den Bestimmungen über die Exemtion; Berlin nimmt eine ganz aus dem Rahmen fallende Sonderstellung ein. In der amerikanischen, britischen und französischen Zone ist der Tatsache Rechnung getragen, daß eine Ausübung der Gerichtsbarkeit nur insoweit behindert werden muß, als das der Kontrolle unterliegende Vermögen beeinträchtigt werden könnte. Demgemäß kommt eine Einschaltung der die Kontrolle ausübenden Dienststelle — von Ausnahmen abgesehen — grundsätzlich erst im Stadium der Zwangsvollstreckung in Betracht. Die Entscheidung dieser Dienststelle ist dann auch konsequenterweise nicht durch das Gericht von Amts wegen, sondern durch die betreibende Partei einzuholen und dem Gericht bzw. Vollstreckungsorgan nachzuweisen. Diese Entscheidung ist dann auch keine „Ermächtigung", sondern eine Genehmigung mit gleichzeitig materiellrechtlicher Wirkung, genau wie sie für eine freiwillige Leistung oder rechtsgeschäftliche Verfügung erteilt wird, und falls diese letztere schon erteilt ist, ist für eine auf dieselbe Leistung gerichtete Zwangsvollstreckung eine erneute Genehmigung nicht erforderlich. In der russischen Zone aber bewirkt der Befehl Nr. 124 in Verbindung mit dem Befehl Nr. 97 einen Inhaberwechsel des betroffenen Vermögens und verschiebt damit das ganze Problem auf die Ebene der Aktiv- bzw. Passivlegitimation, ohne daß die Frage einer Genehmigung akut wird. In Berlin dagegen, wo sowohl das Gesetz Nr. 52 als auch der Befehl Nr. 124 gelten, ist durch die Anordnung der Alliierten Kommandantur vom 28. Juli 1947 (Teil II, C, Nr. 28) auch der Fall, daß wegen der Verfügungsbeschränkung des Vermögensinhabers eine Beschränkung der Gerichtsbarkeit eintritt, zu einem Exemtionstatbestand gemacht, der genau der Exemtion durch das Gesetz Nr. 2 gleicht, d. h. jegliche Ausübung der Gerichtsbarkeit, nicht nur die Durchführung der Zwangsvollstreckung ist verboten, die Entscheidung der Besatzungsmacht hierüber bedeutet eine „Ermächtigung", nicht eine „Genehmigung", unter Umständen ist deshalb für die Zwangsvollstreckung eine erneute Entscheidung erforderlich, die Entscheidungen der Besatzungsmacht sind durch das Gericht von Amts wegen einzuholen (im einzelnen vgl. Anm. 15 zum Gesetz Nr. 52, Anm. 2 und 10 zur AO. vom 28. Juli 1947). Trotz dieser wesentlichen Unterschiede in den verfahrensrechtlichen Wirkungen werden die Einzelanordnungen, die in materiellrechtlicher Hinsicht in den Zonen zum Gesetz Nr. 52 ergangen sind, für Berlin mindestens als Auslegungsquellen von großer Bedeutung sein, vorausgesetzt, daß die verschiedene wirtschaftliche Struktur jeweils hinreichend gewürdigt wird (vgl. insbesondere Anhang zu Nr. 17). Außerdem bedarf in Berlin der wesensmäßige Unterschied zwischen dem Gesetz Nr. 52 und dem Befehl Nr. 124 genauer Beachtung: Während für das Gesetz Nr. 52 scharf daran festzuhalten ist, daß seiner Sperre lediglich Vermögen in der Hand bestimmter Personen unterliegt, will der Befehl Nr. 124 anscheinend einen vom Inhaber abstrahierten „Betrieb" wegen einer bestimmten Qualifikation eben dieses Inhabers erfassen (vgl. Anm. 9 zum Befehl Nr. 124).

D.

Da in Berlin in allen vorstehend unter B. und C. geschilderten „Ermächtigungsangelegenheiten" die Federführung für den Bereich der 14 Berliner Amtsgerichte und des Landgerichts dem Chefpräsidenten des Landgerichts übertragen ist, sind in Teil III unter Nr. 30—41 die wichtigsten Rundverfügungen des Chefpräsidenten des Landgerichts auf diesem Rechtsgebiet zum Abdruck gebracht.

Teil II

Texte mit Erläuterungen

Abschnitt A

Bestimmungen betreffend die Exterritorialität bestimmter Personen (Nr. 1 bis 14)

1.: Gesetz Nr. 4 des Alliierten Kontrollrates in Deutschland[1]

Umgestaltung des Deutschen Gerichtswesens

Im Anschluß an seine Proklamation Nr. 3 an das Deutsche Volk vom 20. Oktober 1945, die anordnet, daß das deutsche Gerichtswesen auf der Grundlage des demokratischen Prinzips, der Gesetzmäßigkeit und der Gleichheit aller Bürger vor dem Gesetz ohne Unterschied von Rasse, Staatsangehörigkeit oder Religion umgestaltet werden muß, erläßt der Kontrollrat folgendes Gesetz:

Artikel I pp.

Artikel II pp.

Artikel III

Die Zuständigkeit der deutschen Gerichte erstreckt sich auf alle Zivil- und Strafsachen mit folgenden Ausnahmen:

a) Strafbare Handlungen, die sich gegen die Alliierten Besatzungsstreitkräfte richten;

b) Strafbare Handlungen, die von Nazis oder von anderen Personen bebegangen wurden, und die sich gegen Staatsangehörige Alliierter Nationen oder deren Eigentum richten, sowie Versuche zur Wiederherstellung des Naziregimes oder zur Wiederaufnahme der Tätigkeit der Naziorganisationen;

c) Strafbare Handlungen, in die Militärpersonen der Alliierten Streitkräfte oder Alliierte Staatsangehörige verwickelt sind;

d) Andere Zivil- oder Strafsachen, die der Zuständigkeit der deutschen Gerichte nach den Anordnungen des Alliierten Militärbefehlshabers entzogen werden;

e) Wenn eine strafbare Handlung ihrem Wesen nach die Sicherheit der Alliierten Streitkräfte nicht gefährdet, kann der Militärbefehlshaber sie den deutschen Gerichten zur Aburteilung überlassen.

Artikel IV pp.

---

[1] Auszug, die nicht abgedr. Art. sind für die Beschränkung der Gerichtsbarkeit ohne Bedeutung. Abdr. aus Amtsbl. d. Kontrollrats, Heft 2 S. 26.

Artikel V

Es wird dem Ermessen des Militärbefehlshabers überlassen, in Ausführung dieses Gesetzes die Zuständigkeitsabgrenzung der deutschen Gerichte schrittweise mit diesem Gesetz in Einklang zu bringen[2].

Artikel VI

Dieses Gesetz tritt mit dem Tage seiner Verkündigung in Kraft. Die Militärbefehlshaber der Zonen sind mit seiner Durchführung beauftragt[2].

Ausgefertigt in Berlin, den 30. Oktober 1945

2.: Militärregierungsgesetz Nr. 2[1]

Deutsche Gerichte

Es wird hiermit verordnet:

Artikel I

Zeitweilige Einstellung der ordentlichen und Verwaltungsgerichte

1. Das Reichsgericht und das Reichsverwaltungsgericht haben bis auf weiteres in dem besetzten Gebiet keine Verfügungsgewalt über irgendwelche Gerichte jeder Art.

2. Alle anderen deutschen Gerichte und Gerichtshöfe werden hiermit geschlossen, mit Ausnahme der

a) Amtsgerichte,
b) unter Artikel II aufgelösten Gerichte.

3. Entscheidungen, Urteile, Beschlüsse, Verfügungen oder Anordnungen, welche von diesen Gerichten nach dem Inkrafttreten dieses Gesetzes und während der einstweiligen Schließung erlassen werden, sind innerhalb des besetzten Gebietes nichtig.

Artikel II

Abschaffung von Sonder- und Parteigerichten

4. Die Gerichtsbarkeit und Amtsgewalt der folgenden Gerichte im besetzten Gebiet wird hiermit abgeschafft:

a) Volksgerichtshof;
b) die Sondergerichte;
c) alle Gerichte der Nationalsozialistischen Deutschen Arbeiterpartei, ihrer Organisationen, Gliederungen und angeschlossenen Verbände.

Artikel III

Ermächtigung zur Wiedereröffnung von ordentlichen Zivil- und Strafgerichten

5. Das Kammergericht und das Landgericht im besetzten Gebiet dürfen erst dann wiedereröffnet werden und ihre ordentliche Tätigkeit auf-

---

[2] Rahmengesetz, Wirksamkeit erst auf Grund der nachstehend abgedruckten Verordnungen und Erlasse der Zonen-Militärregierungen; da diesen die Zuständigkeitsabgrenzung überlassen ist, hat Art. III vorwiegend programmatischen Charakter; sowohl Einengung wie auch Erweiterung durch Zonenregierung möglich.

[1] Abdruck a. d. „Handb. f. Gesetzgeb. u. Gesetzesvorschriften" der Brit. Milit.-Reg., S. 14; Text entspricht mit geringfügigen Abweichungen dem im Amtsblatt der Amer. Milit.-Reg., A S. 7, im Amtsbl. d. Brit. Milit.-Reg. Nr. 3 S. 4 u. im „Recueil des Textes Legislatifs" d. Franz. Milit.-Reg. S. 3 veröffentlichten. Gesetz gültig im amerikan., brit. u. franz. Sektor von Berlin u. den entsprechenden Zonen (mit Änderungen, s. Anm. 3).

nehmen, wenn und soweit dies in schriftlichen Anweisungen der Militärregierung bestimmt wird.

6. Vorbehaltlich anderweitiger Regelung in diesen schriftlichen Anweisungen haben diese Gerichte nach Wiedereröffnung folgenden Sachen in den angegebenen Gruppen Vorrang zwecks Verhandlung und Erledigung einzuräumen:

a) Strafsachen, die in der Zeit vom Inkrafttreten dieses Gesetzes bis zur Wiedereröffnung des Gerichts eingeleitet worden sind;
b) Strafsachen, die vor Inkrafttreten dieses Gesetzes eingeleitet worden sind;
c) Strafsachen, die nach Wiedereröffnung des Gerichts eingeleitet worden sind;
d) Zivilsachen der streitigen und freiwilligen Gerichtsbarkeit, die vor oder nach Wiedereröffnung des Gerichts anhängig geworden sind und die betreffen:
   (1) Familienrecht,
   (2) Personenstand,
   (3) Ansprüche aus unerlaubter Handlung wegen Verletzung des Lebens, der Freiheit, des Körpers und der Gesundheit, jedoch nicht wegen Beleidigung,
   (4) andere Ansprüche aus unerlaubter Handlung und andere Zivilsachen, deren Streitwert nicht höher als fünfhundert Reichsmark (RM 500.—) ist,
   (5) andere Zivilsachen.

Artikel IV

Wiedereröffnung von Verwaltungs- und anderen vorübergehend geschlossenen Gerichten

7. Diese Gerichte sollen erst dann wiedereröffnet werden und ihre ordentliche Tätigkeit aufnehmen, wenn und soweit dies in schriftlichen Anweisungen der Militärregierung bestimmt wird.[2]

Artikel V

Auswahl der Richter, Staatsanwälte, Notare und Rechtsanwälte

8. Niemand darf seine Befugnis als Richter, Staatsanwalt, Notar oder Rechtsanwalt ausüben, bevor er den folgenden Eid geleistet hat:

Eid

„Ich schwöre bei Gott dem Allmächtigen, daß ich die Gesetze jederzeit zu niemandes Vorteil und zu niemandes Nachteil, mit Gerechtigkeit und Billigkeit gegenüber jedermann, ohne Rücksicht auf Religion, Rasse, Abstammung oder politische Überzeugung anwenden und handhaben werde, daß ich die deutschen Gesetze und alle Rechtssätze der Militärregierung sowohl ihrem Wortlaut als auch ihrem Sinne nach beachten werde und daß ich stets mein Bestes tun werde, um die Gleichheit aller vor dem Gesetz zu wahren. So wahr mir Gott helfe!"

Wer diesen Eid leistet, ist nicht mehr an Verpflichtungen früher von ihm geleisteter Amts- oder Treueide gebunden.

---

[2] Auf Grund besonderer Anordnungen der zuständigen Militärregierungen sind mittlerweile fast alle ordentlichen und Verwaltungsgerichte, die auf Grund der Art. I u. III geschlossen wurden, wieder eröffnet worden, mit Ausnahme der in Art. I Ziff. 1 genannten.

9. Niemand darf ohne Genehmigung der Militärregierung als Richter, Staatsanwalt, Notar oder Rechtsanwalt tätig werden.

Artikel VI[3]

Rechtsbeschränkung der Zuständigkeit

10. Innerhalb des besetzten Gebietes darf kein deutsches Gericht ohne ausdrückliche Ermächtigung[4] der Militärregierung in den folgenden Sachen[5] Gerichtsbarkeit[6] beanspruchen oder ausüben:

a) Sachen betreffend[7] die Kriegsmarine, das Heer oder die Luftstreitkräfte einer der Vereinigten Nationen[8] oder Einzelpersonen, die in ihnen dienen oder sie begleiten;

---

[3] Geändert durch:
a) 2. Änderungsges. d. Am. Milit.-Reg. (gültig Berlin, Bremen u. Zone), s. S. 21.
b) V.O. Nr. 29 d. Brit. Milit.-Reg., s. S. 26.
dazu: Anordnungen, unter Nr. 5—9 (S. 26—32) abgedruckt (sämtl. nur für Zone).
Ergänzt durch:
a) Anordnung der All. Kdtur. v. Berlin, unter Nr. 10 (S. 32), abgedruckt (in ganz Berlin neben Ges. Nr. 2 gültig).
b) Sonderbestimmungen für Ehesachen, unter Nr. 11—14 (S. 38—41) abgedruckt.
Art. VI gilt in nachst. Fassung nur noch im brit. u. franz. Sektor von Berlin u. in franz. Zone.

[4] Adressat der Verbotsnorm des Art. VI ist das deutsche Gericht; daraus folgt, daß die Erm. von Amts wegen einzuholen ist; dies ist auch für Berlin durch Anordnung des Rechtskomitees d. All. Kdtur. vom Januar 1946 (Leg. V/46) ausdrücklich angeordnet. In Berlin ist durch ausdrückliche Anordnungen der Militärregierungen dem Chefpräsidenten des Landgerichts die Aufgabe übertragen worden, die Ermächtigungsgesuche vorzulegen. Wegen der Zuständigkeit der Militärregierungen siehe § 3 der AO. d. All. Kdtur. v. 28. 3. 47 (S. 37) u. AO. des Rechtskomitees (S. 38); das Verfahren der Einholung erläutert Vfg. d. Chefpr. d. LG. Berlin v. 10. 9. 47, Gen. 1413 A. 1. 46 (155); s. S. 116. Für die brit. Zone ist das Verfahren zur Einholung der Erm. teilweise abweichend von den unter Nr. 4—9 abgedruckten Bestimmungen neu geregelt, vergl. JMBl. (NW) 48, S. 44 (AV. v. 17. 2. 48).

[5] Engl. Text „cases", also nicht nur Prozesse, d. h. streitige Gerichtsbarkeit, sondern auch freiwillige Gerichtsbarkeit u. alle anderen gerichtlichen Verfahren, z. B. Vertragshilfe; Gutachten der 1 Z. K. des LG. Berlin v. 17. 5. 46 — 25 VIII K 10. 716 AG. Chlbg. — spricht dies für Pflegschaftsbestellungen und Grundbuchsachen aus. Durch die in Anm. 3 erwähnten Änderungen ist dies teilweise ausdrücklich klargestellt, besonders auch für Strafsachen. Vgl. auch Beschl. d. OLG. Kiel, Jur. Rdsch. 47 S. 162.

[6] Also kein Problem der „Zuständigkeit", wie die Überschrift irreführend sagt, sondern der Gerichtsbarkeit. Exemtionstatbestand, s. Einführung. Verzicht auf Exemtion nur möglich, wenn gesetzlich besonders vorgesehen, wie in b, 6, I des 2. Änderungsgesetzes der Am. Milit.-Reg. Sonst unverzichtbar, da Interesse nicht nur des Exemten selbst, sondern in erster Linie der Besatzungsmächte, daß bestimmte Personen auch nicht mit ihrer Einwilligung vor ein deutsches Gericht gezogen werden dürfen. Verboten jede Art der Ausübung der Gerichtsbarkeit, also z. B. Entscheidung über Armenrechtsgesuch (KG. Beschl. v. 30. 4. 46, 2 W 25/46), Anberaumung eines Verhandlungstermines (LG. Brschw. MDR 47 S. 38, OLG. Oldbg. JBl. Oldbg. 47 S. 17), Bewilligung der öff. Zustellung, Durchf. d. Zust. im Ausl.; also nicht nur Entscheidungen, sondern auch prozeßleitende Vfgen. können und werden meist „Ausübung der Gerichtsbarkeit" u. deshalb verboten sein. Gilt aber nicht für die Maßnahmen, die erforderlich sind, um aufzuklären, ob Exemtionstatbestand vorliegt; für diesen Fall — aber unter ausdrücklicher Begrenzung darauf — wohl auch Terminsanberaumung zulässig; zweckmäßig nur, wenn begründete Zweifel an dem Vorliegen der Exemtion bestehen; ergeben die Ermittelungen, daß keine vorliegt, kann eventuell gleich sachlich verhandelt werden. Vergl. im übrigen Baumbach, ZPO, Anm. C zu § 18 GVG.

[7] Engl. Text „involving"; bedeutet „verwickelt", s. Ziff. 2 der Anweisung Nr. 29, S. 31. „Verwickelt" in diesem Sinn sind die Parteien des streitigen Verfahrens, also auch der Kläger, und die Beteiligten der freiwilligen Gerichtsbarkeit u. ähnl. Verfahren. Auch im Fall der Nebenintervention u. Streitverkündung ist der Dritte mit Rücksicht auf die Folgen der §§ 68, 74 ZPO als „verwickelt" anzusehen. Ebenso Verlautbarung d. Brit. Milit.-Reg. in JMBl. (NW) 48 S. 46. Ohne Rücksicht auf die wegen einer Streitverkündung erforderl. Erm. können die bisherigen Parteien den Rechtsstreit fortsetzen. Ein Zeuge dagegen wird nur dann in das Verfahren verwickelt sein, wenn er irgendwie am Verfahren interessiert oder am Prozeßstoff beteiligt ist, aber nicht, wenn er nur unbeteiligter Augen-

b) Sachen gegen[9] eine der Vereinigten Nationen oder gegen einen ihrer Staatsangehörigen;

c) Sachen, die auf den von der Militärregierung zeitweilig oder dauernd aufgehobenen deutschen Gesetzen beruhen;

d) Sachen betreffend Zuwiderhandlungen gegen Anordnungen der Alliierten Streitkräfte oder gegen Rechtssätze der Militärregierung oder Sachen, welche die Auslegung oder Gültigkeit solcher Anordnüngen oder Rechtssätze zum Gegenstand haben.[10]

---

oder Ohrenzeuge ist. Auch für einen nicht verwickelten Zeugen ist Art. VII Ziff 14 des Ges. Nr. 2 zu beachten. Verwickelung kann nur vorliegen, wenn Identifizierung der Perönlichkeit möglich. In Strafsachen ist verwickelt auch der Geschädigte u. der Neben- oder Privatkläger (OLG. Brschwg. in MDR 47 S. 38). Sonderbestimmungen wegen der Verwickelung von Ehebruchzeugen s. Anordnungen d. Brit. Milit.-Reg. S. 40, wegen der Verwickelung des Geschädigten Anm. 5 z. AO. v. 28. 3. 47 (S. 33).

[8] Liste der Vereinigten Nationen nebst Anmerkungen s. S. 114.

[9] Handelt es sich nicht um die in Abs. a) der Ziff. 10 genannten Personenkreise, so ist die Ausübung der Gerichtsbarkeit ohne Ermächtigung nur verboten, wenn das Verfahren sich „gegen" — engl. Text „against" — die in b) genannte Person richtet, also sie Beklagter bzw. Antragsgegner ist. In einem Verfahren, das sich seiner Natur nach nicht „gegen" jemanden richten kann, wird Abs. b) keine Anwendung finden können, z. B. bei einem auf Rechtsgeschäft beruhenden Grundbuchantrag. Dies ist auch durch die VO. Nr. 29 (S. 26) klargestellt und wird als allgemeiner Grundsatz auch in den Gebieten gelten, wo die VO. Nr. 29 nicht in Kraft ist. Im übrigen richtet sich ein Verfahren nicht etwa deshalb „gegen" eine Person, weil im Einzelfall auf einen Verfahrensantrag oder die Klage zu ihren Ungunsten entschieden wird; also Ermächtigung nicht deshalb erforderlich, weil der Armenrechtsantrag abgelehnt wird oder weil bei Klageabweisung der Kläger zu den Kosten verurteilt wird; es kommt für den Begriff „gegen" nicht auf die konkrete Entscheidung des Gerichts, sondern auf die abstrakte Parteirolle an — vergl. Entsch. d. OLG. München in SJZ. 47 S. 671 und Authentische Interpretation, Ziff. 4 (S. 28). Wohl aber macht die Erhebung der Widerklage das Verfahren zu einem gegen den Kläger gerichteten. Zu beachten, daß für Berlin Sonderbestimmungen in Ehesachen gelten (S. 38).

[10] Abs. d umfaßt 2 Tatbestände: 1. „Sachen betreffend Zuwiderhandlungen gegen AO. der Bes.-Mächte" können Straf- oder Zivilsachen sein, meist jedoch wohl erstere, u. vielfach ist in den betreffenden AO. selbst Zuständigkeit der Milit.-Gerichte festgelegt. 2. Von weitaus größerer Bedeutung „Sachen, welche die Auslegung oder Gültigkeit von AO. der Bes.-Mächte zum Gegenstand haben"; es kommen hier in erster Linie alliierte „Verwaltungsakte in Betracht, in dieser ersten Fassung jedoch sind auch ausdrücklich noch „Rechtssätze" genannt. Es dürfte jedoch selbstverständlich sein, daß darunter nicht solche Rechtssätze fallen, die von den Alliierten nicht in Ausübung ihrer Tätigkeit als Besatzungsmacht, sondern als Vertreter des noch nicht bestehenden deutschen Gesetzgebers zur Regelung lediglich deutscher Interessen erlassen worden sind, z. B. die Steuergesetze, das Ehegesetz und das Wohnungsgesetz. Bei den Berliner Gerichten haben in dieser Beziehung niemals Zweifel bestanden. Für die brit. Zone hat es die Militärregierung in einer Anweisung folgenden Wortlauts klargestellt:

„1. In Gesetz Nr. 2 der Militärregierung Art. VI § 10 (d) ist angeordnet, daß kein deutsches Gericht in „Sachen betreffend Zuwiderhandlungen gegen Anordnungen der alliierten Streitkräfte oder gegen Rechtssätze der Militärregierung oder Sachen, welche die Auslegung oder Gültigkeit solcher Anordnungen oder Rechtssätze zum Gegenstand haben", Recht sprechen oder ausüben darf, es sei denn mit ausdrücklicher Genehmigung durch die Militärregierung.

2. Der Kontrollrat hat kürzlich eine Reihe von Gesetzen erlassen, deutsche Steuern und Ehen betreffend (Gesetze 12 bis 17 einschließlich). Alle diese Gesetze sollen durch die deutschen Gerichte verwirklicht werden.

3. Artikel VI des Gesetzes Nr. 2 der Militärregierung wird daher rechtskräftig aufgehoben werden, um die Erteilung ausdrücklicher Ermächtigungen durch die Militärregierungen unnötig zu machen.

4. Bis zu dieser Zeit jedoch wollen Sie als Interimsmaßnahme die Ihnen unterstellten deutschen Gerichtsbehörden davon unterrichten, daß sie von jetzt an ermächtigt sind, Fälle, die unter die Gesetze 12—17 einschließlich des Kontrollrats fallen, zu behandeln, o h n e die Ermächtigung der Militärregierung gemäß Artikel VI § 10 (d) des Gesetzes Nr. 2 der Militärregierung eingeholt zu haben."

(JBL. Brschwg. 46 Sp. 26).

Bei der Änderung des Art. VI durch die VO. Nr. 29 ist zunächst nur der 1. Tatbestand übernommen worden (s. S. 26), der 2. Tatbestand ist erst durch Ziff. 1 der Anweisung Nr. 29 (s. S. 30) in erheblich engerer Fassung wieder in Erscheinung getreten, während in Berlin — abgesehen von der unveränderten

e) Sachen, in denen sich ein Gericht der Militärregierung für zuständig erklärt hat;

f) Sachen oder Gruppen von Sachen, für welche die Militärregierung ihre Gerichte als ausschließlich zuständig erklärt hat;

g) Sachen betreffend Geldansprüche gegen die deutsche Regierung oder gegen irgendeine Körperschaft des öffentlichen Rechts.[11]

Fassung des Ges. Nr. 2 — beide Tatbestände — wenn auch in anderer Fassung — in § 1 Abs. III u. IV d. AO. v. 28. 3. 47 (s. S. 35) enthalten sind. Weitere Erl. s. an den angegebenen Stellen.

[11] Abs. g ist durch die VO. Nr. 29 (S. 26) unverändert übernommen worden, ebenso durch das 2. Änderungsgesetz der Am. Milit.-Reg. (S. 23). Gilt in Berlin neben der Anordnung vom 28. 3. 47, in welcher eine entsprechende Vorschrift fehlt (nicht im russischen Sektor!).

Die Britische Milit.-Reg. in Berlin hat in dem Rechtsstreit 5 C 461. 47 AG. Spandau durch Schreiben vom 22. 10. 47 (15/50/80/II-616) die Auffassung erkennen lassen, daß ein Geldanspruch im Sinne des Abs. g dann nicht vorliegt, wenn es sich ursprünglich um einen Herausgabeanspruch gehandelt hat, der in einen Schadensersatzanspruch übergegangen ist oder übergehen kann. Dagegen ist für die brit. Zone zur Auslegung des Begriffes „Geldansprüche" folgende Anordnung der Milit.-Reg. ergangen:

„Angesichts des Zweckes, auf dem § 10 (g) des Art. VI des Ges. Nr. 2 der Milit.-Reg. beruht, daß nämlich das Aktivvermögen des Deutschen Staates und öffentlicher Körperschaften nicht infolge eines gerichtlichen Verfahrens ohne Genehmigung der Militärregierung verringert werden darf, soll der Ausdruck „Geldansprüche" dahin ausgelegt werden, daß er jeden Anspruch umfaßt, zu dessen Befriedigung die Hingabe von Geld oder die Veräußerung irgendeines wertvollen Vermögensgegenstandes erforderlich ist."

(JBl. Brschw. 46 Sp. 29, JBl. Köln 46 S. 106).

Für Prozesse gegen die Stadt Berlin gilt mit Rücksicht auf die durch die 4 Sektoren geschaffene Lage folgendes: Der Sitz des Magistrats ist im russischen Sektor, in dem das Gesetz Nr. 2 nicht gilt. Die Stadt Berlin und ihr Vermögen bilden zwar ein einheitliches Ganzes, die Bezirksämter haben keine eigene Finanzhoheit. Trotzdem wird man es für die Frage der Ermächtigung nicht auf den Sitz der Hauptverwaltung abstellen können, sondern darauf, welchen Sektor der Stadt Berlin, wirtschaftlich gesehen, der betreffende Rechtsstreit angeht. Die Am. Milit.-Reg. hat durch Schreiben vom 25. 9. 47 und die Brit. Milit.-Reg. durch Schreiben vom 4. 10. 47 (15/50/80/II-549) mitgeteilt, daß sie nur an der Erteilung der Ermächtigung in solchen Verfahren gegen die Stadt Berlin interessiert sind, die den amerik. bzw. brit. Sektor von Berlin betreffen. Beide Militärregierungen haben — und zwar die Amerik. am 19. 7. 47 und die Brit. am 18. 9. 47 mitgeteilt, daß in solchen Fällen gem. Ziff. g ihre Ermächtigung eingeholt werden muß. Jedoch hat die Amerik. Milit.-Reg. in Berlin bereits am 20. 1. 46 eine Ausnahmeermächtigung folgenden Wortlauts erteilt, die bisher nicht aufgehoben worden ist:

„Unter Bezugnahme auf Ges. Nr. 2 Art. VI Ziff. 10 (g) ermächtigt die Amerik. Militär.-Reg. ausdrücklich das Landgericht und die Amtsgerichte zur Ausübung der Gerichtsbarkeit in Verfahren gegen die städtischen Behörden von Berlin (einschließlich der Polizeibehörden), sofern es sich um Geldansprüche aus Vertrag oder für Arbeiten handelt, die im Auftrage der Behörden vorgenommen worden sind. Schadensersatzansprüche aus anderen als den vorstehenden Rechtsgründen sind der Militärregierung zu unterbreiten, ehe die Sache verhandelt wird."

Unter die Ausnahmeermächtigung des 1. Satzes werden auch quasivertragliche Ansprüche, z. B. aus ungerechtf. Bereicher. u. Geschäftsf. o. Auftr. zu rechnen sein. Die Brit. Milit.-Reg. dagegen hat zu erkennen gegeben, daß sie die von ihr mit dem gleichen Wortlaut am 16. 1. 46 erteilte Ausnahmeermächtigung als nicht mehr wirksam ansehe. Die Franz. Milit.-Reg. in Berlin hat durch Schreiben vom 1. 9. 47 (1. 832 JUS 15 833 SET) mitgeteilt, daß sie Ziff. 10 (g) für ihren Sektor auf Verfahren gegen die Stadt Berlin nicht angewendet wissen wolle und daß in solchen Fällen eine Ermächtigung nicht erforderlich sei. Da Ges. Nr. 2 im russ. Sektor nicht gilt, ist demnach für Verfahren gegen die Stadt Berlin eine Ermächtigung nur der Amerik. oder Brit. Milit.-Reg. unter den vorstehend wiedergegebenen Voraussetzungen erforderlich (vgl. Vfg. d. Chefpr. d. LG. v. 2. 2. 48 Gen. 1413 F 1. 48 (4), abgedr. S. 124).

Die Entsch. d. OLG. Celle in Hann. Rpfl. 46 S. 117 u. SJZ. S. 224 spricht mit Recht aus, daß Ziff. 10 (g) nicht nur auf Gebietskörperschaften, sondern auf alle jur. Pers. Anwendung findet, deren Rechtsfähigkeit auf dem öff. Recht beruht. Dagegen fallen unter g nicht Gesellschaften oder Unternehmen nur deshalb, weil an ihnen das Reich oder eine andere Körperschaft des öff. Rechts, wenn auch mit Anteilsmehrheit, beteiligt ist (s. insoweit für die brit. Zone Verlautbarung der Kontroll-Kom., JBl. Hamm 46 S. 93 u. JBl, Dü.dorf 46 S. 48). Die Amerik. Milit.-Reg. in Deutschland hat dieser Auffassung in einem Schreiben an den KGPräs. v. 23. 7. 46 Ausdruck gegeben, das wohl allgemeine Gültigkeit bean-

11. Verfahren in Sachen, die der Zuständigkeit der deutschen Gerichte entzogen sind und die nach dem Tage des Inkrafttretens dieses Gesetzes stattfinden, sowie die in diesen Sachen nach diesem Tage von einem deutschen Gericht erlassenen Entscheidungen sind nichtig.[12]

Artikel VII

Rechte der Militärregierung

12. Unbeschadet der Ausübung zusätzlicher oder anderer Befugnisse hat die Militärregierung folgende Kontroll- und Aufsichtsrechte:

a) Jeden deutschen Richter, Staatsanwalt oder anderen Gerichtsbeamten zu entlassen oder des Dienstes zu entheben und Notaren und Rechtsanwälten die Praxis zu untersagen;

b) Verfahren vor jedem Gericht zu beaufsichtigen, in öffentlichen und unter Ausschluß der Öffentlichkeit stattfindenden anwesend zu sein, alle Akten und Unterlagen der Gerichte und alle Schriftstücke in einzelnen Sachen einzusehen;

---

spruchen darf; es lautet (Auszug): „Wenn das Reich oder ein Teil desselben an einem Geschäft beteiligt ist, so steht es auf der gleichen Basis wie ein privatrechtliches Unternehmen und soll wie ein privates Unternehmen zur Verantwortung herangezogen werden. Der Ausdruck „existing under public law“ ist klar u. für eine erweiternde Auslegung nicht empfänglich.“ Dieser Grundsatz wird ebenso für die westlichen Zonen wie für Berlin gelten können. — Für Klagen gegen Vers.-gesellsch. d. öff. Rechts Allgem. Erm. d. Brit. Milit.-Reg. f. d. Zone, s. JMBl. (NW.) 48 S. 134, Anm. 2 zu Nr. 8 S. 31.

[12] Ergangene Entscheidung ist von vornherein unwirksam wie eine gegen einen der deutschen Gerichtsbarkeit entzogenen Exterritorialen — vgl. Stein-Jonas, 16. Aufl. Vorbem. § 1, V C u. vor § 578, I, 2; LG. Oldenburg JBl. Oldenburg 47 S. 17, OLG. Braunschweig MDR. 47 S. 38, OLG. Stuttgart SJZ. 46 S. 67; and. Ansicht Weber SJZ. 47 S. 70. Ziff. 11 gilt jedoch nur für Fälle des Ges. Nr. 2. Formelle Beseitigung einer nichtigen Entscheidung kann auch mit Rechtsbehelfen des deutschen Rechts erfolgen: Ordentliche Rechtsmittel auch gegen ein nichtiges Urteil zulässig — vgl. Stein-Jonas, Vorb. 2 vor § 578. Rechtsmittel werden jedoch meist nicht erstrebten Zweck erfüllen: Legt Bekl. mit der Begründung Berufung ein, daß Gericht I. Instanz versäumt habe, Ermächtigung einzuholen, so muß dies Gericht II. Instanz tun; wird sie erteilt, Berufungsgrund hinfällig. Wird sie verweigert, darf auch das Gericht II. Instanz keinerlei Gerichtsbarkeit ausüben, also auch nicht Urteil I. Instanz aufheben und Klage a limine abweisen. Möglich auch — insbesondere bei „rechtskräftigen“ Entsch. — Klage auf Feststellung der Nichtigkeit nach § 256 ZPO. — vgl. Stein-Jonas § 767, I 4 u. § 256, II, 2, Sydow-Busch, J 767,4; Baumbach § 767, B. Auch Klage auf Herausgabe des Titels möglich entsprechend dem Fall, daß Zwangsvollstreckung endgültig für unzulässig erklärt — vgl. Stein-Jonas, § 724, I, 4; Baumbach § 767, B. Ausgeschlossen ist eine „Kassation“ einer Entscheidung im Justizverwaltungswege — ein solches Vorgehen würde an den Grundpfeilern der geordneten Rechtspflege, Unabhängigkeit der Rspr. u. Trennung von Justiz u. Verwaltung, rütteln. Ebenso ist es dem Gericht grundsätzlich untersagt, vom Amts wegen die Nichtigkeit einer von ihm selbst erlassenen Entscheidung ohne weiteres festzustellen. Glaubt das Gericht, daß eine Entscheidung nichtig ist, weil versäumt worden ist, die Ermächtigung einzuholen, so wird es dies zunächst nachträglich zu tun haben; wird sie erteilt, so ist dies gleichzeitig eine „Umwandlung“ der nichtigen Akte in wirksame gem. Art. VII Ziff. 12, c; wird sie versagt, so ist damit die Nichtigkeit einwandfrei festgestellt. Aber auch dies berechtigt das Gericht noch nicht etwa dazu, seine eigene Entscheidung „aufzuheben“. Dies ist auch nicht erforderlich, da die Entscheidung von vornherein nichtig ist und diese Nichtigkeit durch die Versagung der Erm. deklariert ist. Da jedoch die Ermächtigung rechtzeitig von Amts wegen einzuholen gewesen wäre, wird das Gericht nunmehr auch von Amts wegen alles im Rahmen der gesetzl. Bestimmungen Mögliche zu tun haben, um die infolge des Fehlens der Ermächtigung unwirksamen Akte auch in den Substraten, in denen sie Ausdruck gefunden haben, zu beseitigen. D. h. die Parteien sind von der Nichtigkeit zu benachrichtigen, Titel sind auf dieselbe Weise und nach denselben Grundsätzen einzuziehen, nach denen laut § 2361 BGB. in Verbindung mit § 33 FGG. ein unrichtiger Erbschein eingezogen werden kann, Kosten sind niederzuschlagen bzw. zurückzuzahlen. Bei Verfahrensarten dagegen, bei denen das Gesetz — wenn auch in abstracto — vorsieht, daß das Gericht seine eigene Tätigkeit rückgängig machen kann, wird dies auch im Fall der Nichtigkeit nach Versagung der Ermächtigung zu geschehen haben, und zwar auch dann von Amts wegen, wenn es im Gesetz nur auf Antrag vorgesehen ist. In dieser Hinsicht kommt z. B. das Arrestverfahren (§ 927 ZPO.) u. das Verfahren in Grundbuchsachen (§ 84 GBO.) in Betracht.

c) im Verwaltungswege alle Entscheidungen deutscher Gerichte der ersten und der Rechtsmittelinstanzen zu überprüfen, ferner jede Entscheidung über das Straßmaß oder andere gerichtliche Erkentnisse für nichtig zu erklären, aufzuheben, umzuwandeln oder sonstwie abzuändern;[13]

d) Sachen oder Gruppen von Sachen an die Gerichte der Militärregierung als zuständig zu übertragen;

e) die Verwaltung, Haushaltsführung und das Personal aller deutschen Gerichte, die ermächtigt sind, ihre Tätigkeit auszuüben, zu kontrollieren und zu beaufsichtigen.

13. Die Todesstrafe darf ohne Genehmigung der Militärregierung nicht vollstreckt werden.

14. Ohne Genehmigung der Militärregierung darf nicht ein Mitglied der Alliierten Streitkräfte oder ein Angestellter der Militärregierung, gleichgültig, welcher Staatsangehörigkeit, als Zeuge vor einem deutschen Gericht vorgeladen oder diesem die Zeugenaussage gestattet werden.[14]

Artikel VIII

Anspruchsverjährung und Ausschlußfristen

15. In Sachen, in denen die Verzögerung in der Geltendmachung eines Rechtes durch Klage oder sonstige Prozeßhandlung vor einem deutschen Gericht zur Folge hat, daß Ansprüche nicht mehr geltend gemacht werden können oder materielle Rechte erlöschen, wird die Zeit, während der die Erhebung solcher Klagen und die Vornahme solcher Prozeßhand-

---

Soweit nach dem Vorstehenden das Gericht nach Versagung der Ermächtigung von Amts wegen tätig zu werden hat, also bei Einziehung des Titels oder Rückgängigmachung der nichtigen Akte im Rahmen der gesetzlichen Bestimmungen, erscheint eine Anweisung im Justizverwaltungswege zulässig. Es liegt auf der Hand, daß dies nichts mit der vorher erwähnten „Kassation" einer Entscheidung im Justizverwaltungswege zu tun hat. Es bedeutet dies auch keinen Eingriff in die Unabhängigkeit der Rechtsprechung, da einmal die Ermächtigungsangelegenheiten Aufgabe der Justizverwaltung sind und der Behördenvorstand (OLGPräs., LGPräs.) der Militärregierung für die Durchführung der Anweisungen u. ordnungsgemäße Bearbeitung verantwortlich ist, also auch die Möglichkeit haben muß, seinerseits diese Anweisungen durchzusetzen, und da andererseits der Grundsatz der Unabhängigkeit gegenüber Anweisungen der Militärregierungen versagt. Dies ergibt sich schon aus Art. VII Ziff. 12, für Berlin ist es außerdem in einer Order des Rechtskomitees der All. Kdtur. v. 22. 11. 46 (Praw/J (46) 96) ausdrücklich hervorgehoben, deren in Betracht kommende Bestimmung folgendermaßen lautet: „Das Rechtskomitee tritt für die Unabhängigkeit der Richter ein, jedoch bedeutet Unabhängigkeit der Richter nicht ihre Unabhängigkeit von den Befehlen der All. Kdtur.; diese Befehle müssen von sämtlichen Richtern und Staatsanwälten genau befolgt werden." Vgl. dazu auch die grundlegende Entscheidung d. KG. i. Jur. Rdsch. 47 S. 63.

[13] Auf Grund dieser Befugnisse kann auch eine bereits nach Ziff. 11 nichtige Entscheidung formell beseitigt werden; dies ist aber nicht erforderlich, um die Nichtigkeit herbeizuführen, die nach Ziff. 11 ipso iure vorliegt. Ein Vorgehen nach Ziff. 12 c hat also in diesem Fall nur deklaratorische Wirkung. Die Militärregierungen machen von der Möglichkeit der Ziff. 12 c im Falle der Nichtigkeit nach Ziff. 11 oft Gebrauch, um eine klare Rechtslage zu schaffen. Soweit nach Ziff. 12 c gegen Entscheidungen vorgegangen wird, die nicht schon vorher nichtig sind, hat die Vfg. der Militärregierung konstitutiven Charakter. Die Rechtswirkung wird sich jeweils nach dem Einzelfall u. dem Inhalt der Vfg richten.

[14] Wenn ein Zeuge in ein Verfahren verwickelt ist, kann gegebenenfalls neben der nach Ziff. 14 erforderlichen Genehmigung, die sich nur auf die Person des Zeugen bezieht, auch eine Ermächtigung nach Art. VI Ziff. 10 notwendig sein — s. Anm. 7. Diese Ermächtigung ersetzt jedoch nicht die Genehmigung nach Ziff. 14, soweit dies nicht nach der Besonderheit des Sachverhaltes aus der Ermächtigung zu entnehmen ist. Die Amerik. Milit.-Reg. in Deutschland hat hierzu mit Wirksamkeit für die amerik. Zone u. den amerik. Sektor eine Ausführungs-VO. Nr. 2 zum Ges. Nr. 2 erlassen — s. S. 26 (Amtsbl. d. Milit.-Reg. B, S. 3).

lungen durch die vorübergehende Schließung deutscher Gerichte oder durch die durch dieses Gesetz auferlegten Beschränkungen verhindert wurden, für die Berechnung der Verjährungs- und Ausschlußfristen nicht berücksichtigt.

Artikel IX

Strafen

16. Jeder Verstoß gegen die Bestimmungen dieses Gesetzes wird nach Schuldigsprechung des Täters durch ein Gericht der Militärregierung nach dessen Ermessen mit jeder gesetzlich zulässigen Strafe, einschließlich der Todesstrafe, bestraft.

Artikel X

Inkrafttreten

17. Dieses Gesetz tritt am Tage seiner ersten Verkündung in Kraft.

3.: Zweites Änderungsgesetz der Amerikanischen Militärregierung zum Gesetz Nr. 2.[1]

Artikel I

Ziffer 10 in Artikel VI des Gesetzes Nr. 2 der Militärregierung — Deutsche Gerichte — wird wie folgt geändert:

„10. Kein deutsches Gericht darf ohne ausdrückliche Ermächtigung durch ein Gesetz, eine Verordnung oder eine Anordnung des Kontrollrats oder der Militärregierung, oder durch einen Befehl des Direktors der zuständigen Landesmilitärregierung sich in den folgenden Fällen oder Arten von Fällen für zuständig erklären oder Gerichtsbarkeit ausüben:

a) in Strafsachen, die sich beziehen:

(1) auf eine der Vereinten Nationen;
(2) auf die Streitkräfte einer der Vereinten Nationen;
(3) auf Einzelpersonen, die diesen Streitkräften angehören, oder auf Angehörige in deren Gefolge[2];
(4) auf Staatsangehörige der Vereinten Nationen[3a];
(5) auf Staatenlose, die als verschleppte Personen einer der Vereinten Nationen gelten; oder

---

[1] Amerik. Zone und Berlin (Amtsblatt B S. 1 u. C S. 14), hier neben AO. d. All. Kdtur. v. 28. 3. 47 (S. 32); soweit enger als diese — z. B. bei Staatenlosen, a (5) u. b (6), Ermächtigung der Amerik. Milit.-Reg. erforderlich, wenn diese zuständig; soweit weiter — z. B. bei b (6) I bis V — Erm. der Amerik. Milit.-Reg. auch dann entbehrlich, wenn solche nach AO. v. 28. 3. 47 erforderlich wäre; dies hat Amerik. Milit.-Reg. Bln. in zahlreichen Einzelfällen u. in grundsätzl. Schreiben vom 5. 11. 47 (s. Vfg. d. Chefpr. d. LG. v. 17. 11. 47, S. 122) zum Ausdruck gebracht.

[2] Der Sinn ist: „Militärpersonen u. Angehörige, die sie begleiten", nicht etwa „Angehörige des Gefolges der Streitkräfte"; dies ergibt sich eindeutig aus dem engl. Text; also enger als früher Art. VI Ziff. 10 a, nach welchem auch „Gefolge der Streitkräfte" exemt war. Vgl. auch Anm. 4 z. VO. Nr. 29 (S. 27) u. Anm. 4 z. AO. v. 28. 3. 47 (S. 33).

[3a] Zu beachten besonders: Bei Strafsachen immer Erm. erforderlich, wenn irgendein Angehöriger der Verein. Nat. in eine solche verwickelt ist; bei Zivilsachen dagegen nur dann, wenn Militärpersonal oder Angestellte der All. Verwaltung oder deren Angehörige verwickelt sind; handelt es sich um andere Staatsangehörige der Verein. Nat., Erm. nur erforderlich, wenn Zivilsache sich gegen sie richtet; Erm. jedoch auch in diesem Fall entbehrlich, wenn eine der weitgehenden Ausnahmen b (6) I—V vorliegt; vgl. wegen der Begriffe „verwickelt" und „gegen" Anm. 7 u. 9, zu Nr. 2 S. 16 u. 17).

(6) auf strafbare Handlungen von Nationalsozialisten oder anderen Personen gegen Staatsangehörige alliierter Nationen oder deren Eigentum sowie auf Versuche zur Wiederherstellung des nationalsozialistischen Regimes oder der Tätigkeit der nationalsozialistischen Organisationen;

b) in Zivilsachen, die sich beziehen:

(1) auf eine der Vereinten Nationen;

(2) auf die Streitkräfte einer der Vereinten Nationen;

(3) auf Einzelpersonen, die diesen Streitkräften angehören;

(4) auf Staatsangehörige der Vereinten Nationen, die in der Alliierten Verwaltung Deutschlands ein öffentliches Amt bekleiden oder eine amtliche Tätigkeit ausüben[3b];

(5) auf Angehörige im Gefolge von Personen der unter Ziff. (2), (3) und (4) dieses Absatzes genannten Personengruppen; ferner in Zivilsachen

(6) gegen Staatsangehörige der Vereinten Nationen[3], die nicht unter eine der in Ziff. (2), (3), (4) oder (5) genannten Personengruppen fallen, oder Staatenlose, die als verschleppte Personen einer der Vereinten Nationen gelten, sofern nicht der betreffende Staatsangehörige oder Staatenlose

(I) sich der Zuständigkeit des deutschen Gerichts schriftlich unterwirft[4]; oder

(II) seit 1930 seinen ständigen Wohnsitz in Deutschland hatte; oder

(III) weder die bestimmte Absicht hat, noch die wohlbegründete Erwartung besteht, daß er das besetzte deutsche Gebiet innerhalb einer angemessenen bestimmten Frist verlassen wird, um einen anderweitigen Wohnort zu begründen oder zu einem solchen zurückzukehren; oder

(IV) Beklagter in einer Gegenklage ist, die mit dem Gegenstande einer von ihm als Kläger vor einem deutschen Gericht erhobenen Klage zusammenhängt oder für deren Gegenstand erheblich ist; oder

---

3b Bei der Annahme an Kindes Statt ist nicht nur das Kind, sondern auch der Annehmende in die Sache „verwickelt". Eine Ermächtigung ist deshalb erforderlich, wenn er zu den unter b, 2—5 genannten Gruppen gehört. Nach Ziffer 2 u. 3 einer Anweisung der Amerik. Milit.-Reg. an die Leiter der Aemter der Milit.-Reg vom 29. 11. 47 ist jedoch damit zu rechnen, daß insoweit eine Allgemeinermächtigung zur Ausübung der Gerichtsbarkeit erteilt werden wird, als ein echtes Adoptivverhältnis begründet wird u. die Belange der Militärregierung nicht entgegenstehen. Über die einzelnen Voraussetzungen, unter denen eine Adoption durch Angehörige der Vereinigten Nationen nur zulässig ist — unabhängig von der evtl. erforderlichen Ermächtigung — bringt das Ges. Nr. 10 der Amerik. Milit.-Reg. Näheres (abgedr. VOBl. Hessen 48, Beil. 2, S. 13), VOBl. Bln. 48 S. 99), dazu Ausf.-Anw. Nr. 1 (Amtsbl. d. Amer. Milit.-Reg. B. S. 15, VOBl. Bln. 48 S. 358). Eine Allgem. Erm. v. 20. 10. 47 (nur Amer. Zone) betrifft nur registermäßige Behandlung von Adoptionen (Bayr. Staatsanz. 47 Nr. 51/52 S. 2).

3 Zu beachten, daß für Berlin Sonderbestimmungen in Ehesachen (S. 38).

4 Verzicht auf Exemtion hier zulässig — s. Anm. 6 z. Ges. Nr. 2 S. 16) Erfordernis der Schriftlichkeit auch erfüllt bei Erklärung zu gerichtlichem Protokoll; deshalb in diesem Fall Terminsanberaumung zunächst zulässig, Verhandlung zur Sache jedoch nur, wenn vorher Verzicht erfolgt.

(V) zuständige beklagte Partei von einem deutschen Gericht in Übereinstimmung mit der Verordnung Nr. 6 der Militärregierung ist[5];

c) in Fällen, die Zuwiderhandlungen gegen Anordnungen der alliierten Streitkräfte oder gegen gesetzliche Bestimmungen des Kontrollrats oder der Militärregierung betreffen, soweit keine ausdrückliche Ermächtigung gemäß Abs. I dieser Ziffer vorliegt; wird jedoch ein deutsches Gericht zur Aburteilung solcher Fälle ermächtigt und ist das vom Gericht für die strafbare Handlung anzuwendende Strafmaß weder gesetzlich noch von der ermächtigenden Behörde festgesetzt, so ist das Gericht befugt, auf Gefängnis bis zu 5 Jahren oder auf Zuchthaus bis zu 2 Jahren — oder auf Geldstrafe bis zu RM 10000.— allein oder neben der Freiheitsstrafe — zu erkennen;

d) in Fällen, in denen die Gültigkeit eines Befehls der alliierten Streitkräfte oder einer gesetzlichen Bestimmung des Kontrollrats oder der Militärregierung bestritten wird[6];

e) in Fällen, in denen sich ein Gericht der Militärregierung für zuständig erklärt hat;

f) in Fällen oder Arten von Fällen, die von der Militärregierung der ausschließlichen Zuständigkeit der Gerichte der Militärregierung vorbehalten oder diesen übertragen wurden;

g) in Fällen, die Geldansprüche gegen eine deutsche Regierung oder gegen eine Körperschaft des öffentlichen Rechts zum Gegenstand haben[7];

h) in Fällen oder Arten von Fällen, die der Zuständigkeit der deutschen Gerichte durch die Militärregierung entzogen wurden;

i) in Fällen, in denen Personen Parteien sind, die zu den in Ziff. 9 Abs. (a), (b) und (c) der Verordnung Nr. 6 der Militärregierung

---

[5] Auf die VO. Nr. 6 ist auch in Ziff. (i) des Ges. Bezug genommen. Die VO. Nr. 6 betrifft die Einrichtung von Zivilgerichten der Militärregierung, die zuständig sind für Schadensersatzansprüche aus des Betrieb von Kfz., die nicht Eigentum der Amerik. Regierung sind; Ziff. 9 der VO. Nr. 6 lautete (Amtsbl. d. Amerik. Milit.-Reg. A, S. 74):

„9. Mindestens eine der Prozeßparteien muß zu einer der folgenden, unter (a) bis (d) angeführten Gruppen gehören:
(a) Personal der Streitkräfte der Vereinigten Staaten;
(b) den Militärgesetzen unterliegende Zivilisten amerikanischer Staatsangehörigkeit;
(c) nicht den Militärgesetzen unterliegende Zivilisten amerikanischer Staatsangehörigkeit;
(d) auf Besuch befindliche Staatsangehörige der Vereinigten Nationen."

Die VO. Nr. 6 ist durch die VO. Nr. 18 (Amtsbl. d. Amerik. Milit.-Reg. F. S. 7) abgeändert; danach lautet Ziff. 9 nunmehr:

„Der Gerichtshof ist zuständig in allen Fällen, die in Hinsicht auf die Prozeßparteien auf Grund des Ges. Nr. 2 der Militärregierung in seiner geänderten Fassung der Gerichtsbarkeit deutscher Gerichte entzogen sind. Ist eine Partei ein Angehöriger der Vereinten Nationen, so ist in Fällen, die vor deutschen Gerichten verhandelt werden können, der Gerichtshof neben den deutschen Gerichten zuständig."

Damit ist dem Zitat in 6 (b), V und in (i) des Ges. Nr. 2 der Boden entzogen. Der Sinn ist offenbar, daß eine Erm. immer dann erforderlich ist, wenn eine der in Ziff. 9, a—c der VO. Nr. 6 alter Fassung genannten Personen an einem Schadensersatzprozeß wegen eines Kfz-Unfalls vor einem deutschen Gericht als Partei beteiligt ist, und daß sich in diesem Fall, wenn die Erm. erteilt wird, der Gegner nicht auf seine Exterritorialität berufen kann.

aufgezählten, der Zuständigkeit des Zivilgerichts der Militärregierung unterliegenden Personengruppen gehören"[6].

Artikel II

Das Gesetz vom 2. März 1946 zur Änderung des Gesetzes Nr. 2 der Militärregierung bezüglich des Ehegesetzes wird hiermit aufgehoben[8].

Artikel III

Artikel VII Ziff. 13 des Gesetzes Nr. 2 der Militärregierung — Deutsche Gerichte — wird wie folgt geändert:

„13. Kein Todesurteil darf ohne Zustimmung der Militärregierung vollstreckt werden. Die Zustimmung wird von dem Direktor der Landesmilitärregierung oder von dem stellvertretenden Militärgouverneur erteilt. Die Zustimmung gilt als gegeben, wenn

a) der Justizminister den Direktor der Landesmilitärregierung von dem Ufteilsspruch schriftlich mit der Erklärung in Kenntnis setzt, daß das Urteil nach deutschem Recht Rechtskraft erlangt hat, und

b) eine Frist von 30 Tagen seit der Unterzeichnung der schriftlichen Empfangsbestätigung der Mitteilung durch den betreffenden Direktor verstrichen ist und

c) die Militärregierung, vertreten durch den Direktor der Landesmilitärregierung oder den stellvertretenden Militärgouverneur, innerhalb dieser Frist die Vollstreckung des betreffenden Urteils weder ausdrücklich aufgeschoben noch untersagt hat.

Das Recht des Direktors des Landes oder des stellvertretenden Militärgouverneurs, die Vollstreckung von Todesurteilen jederzeit vor der Vollstreckung aufzuschieben oder zu untersagen, bleibt unberührt."

Artikel IV

Die Rechtsgültigkeit sämtlicher laut Artikel VI, Ziff. 10, des Gesetzes Nr. 2 der Militärregierung und des Gesetzes vom 2. März 1946 zur Änderung des Gesetzes Nr. 2 der Militärregierung vor dem Inkrafttreten dieses Gesetzes vorgenommenen Handlungen oder erteilten Genehmigungen der Militärregierung bleibt unberührt.

Dieses Gesetz tritt um Mitternacht mit Beginn des 15. Oktobers 1946 in Kraft.

4.: Ausführungsverordnung Nr. 2 der Amerikanischen Militärregierung zum Gesetz Nr. 2[1]

1. Auf schriftliches Ersuchen des Vorsitzenden eines deutschen Gerichts an die weiterhin angegebene zuständige Genehmigungsbehörde kann folgenden Personen die Genehmigung zur Zeugenaussage vor deutschen Gerichten erteilt werden:

---

[6] Enger als die frühere Fassung — vgl. Anm. 10 z. Ges. Nr. 2 (S. 17); es fehlt „die Auslegung betreffend". Jedoch wird ein „Bestreiten der Gültigkeit" — engl. Text: „validity" — auch dann anzunehmen sein, wenn die Anwendbarkeit auf den Einzelfall fraglich erscheint.

[7] Vgl. Anm. 11 z. Ges. Nr. 2 (S. 18).

[8] Sogen. „Erstes Aenderungsges.", hier nicht abgedr.

[1] Abdr. a. Amtsbl. d. Amerik. Milit.-Reg., B. S. 3; gültig für Zone u. amerik. Sektor v. Berlin.

a) Mit Genehmigung des Befehlshabers der Abteilung, Kompagnie oder höheren Einheit, der die unmittelbare Aufsicht und Kontrolle über den Zeugen ausübt:

I. dem militärischen Personal der Vereinigten Staaten und der Vereinten Nationen, das bei den taktischen Streitkräften oder Ämtern der Militärregierung der Vereinigten Staaten Dienst verrichtet;

II. dem nichtmilitärischen Personal, das bei den taktischen Streitkräften der Vereinigten Staaten Dienst verrichtet oder beschäftigt ist;

III. sonstigen Personen, die den Militärgesetzen der Vereinigten Staaten unterliegen, einschließlich der Angehörigen der unter I. und II. aufgeführten Personen.

b) Mit Genehmigung des Direktors eines Amtes der Militärregierung oder einer von ihm bezeichneten Person, die die Aufsicht über den Zeugen ausüben:

I. dem nichtmilitärischen Personal, das bei Ämtern der Militärregierung in Diensten steht oder beschäftigt ist:

II. den Angehörigen der unter I. bezeichneten Personen, falls sie den Militärgesetzen der Vereinigten Staaten unterliegen.

2. Die Aussage von Personen, die von der Genehmigungsbehörde ermächtigt worden sind, als Zeugen vor deutschen Gerichten zu erscheinen, erfolgt lediglich unter den besonderen Bedingungen, die von der zuständigen Genehmigungsbehörde gestellt werden können, jedoch mit der Maßgabe, daß

a) der Gegenstand, über den die Aussage gewünscht wird, nicht zu denjenigen gehört, die nicht für die Öffentlichkeit bestimmt sind,

b) die Aussage den Interessen der Militärregierung oder den Streitkräften der Vereinigten Staaten nicht abträglich ist und

c) keine Abschriften amtlicher Schriftstücke oder Abschriften von Berichten über Untersuchungsergebnisse im Zusammenhang mit einer solchen Aussage verlangt oder vorgelegt werden.

3. Deutsche Gerichte dürfen solche Zeugen nicht unter Strafandrohung für Nichterscheinen vorladen. In dem Ersuchen eines deutschen Gerichts sind die Namen der Parteien und die Art der Klage sowie die Tatsachen, die durch die erbetene Zeugenaussage bewiesen werden sollen, anzugeben.

4. Ehemalige Angehörige oder Angestellte der Streitkräfte der Vereinigten Staaten oder ehemalige Angestellte des Amtes der Militärregierung der Vereinigten Staaten dürfen über Angelegenheiten, von denen sie auf Grund einer solchen Zugehörigkeit oder Beschäftigung Kenntnis erlangt haben, oder welche sich auf die Tätigkeit dieser Streitkräfte oder der Militärregierung oder ihres Personals beziehen, vor einem deutschen Gericht nur mit ausdrücklicher schriftlicher Genehmigung des Befehlshabers der Einheit aussagen, deren Angehörige oder Angestellte sie waren, oder, wenn die Aussage sich auf das Amt der Militärregierung bezieht, der schriftlichen Erlaubnis des Leiters des Amts der Militärregierung desjenigen Landes, in dem sich das Gericht befindet.

5. Personen, die den Militärgesetzen der Vereinigten Staaten untefliegen und Angestellte des Amts der Militärregierung der Vereinigten Staa-

ten, mit Ausnahme deutscher Staatsangehöriger, können von einem deutschen Gericht nicht wegen Zeugnisverweigerung oder Ungebühr vor Gericht bestraft werden. Das deutsche Gericht, von dem die Aussage erbeten wurde, kann jedoch der oben erwähnten zuständigen Genehmigungsbehörde über diese Tatsache Mitteilung zur geeigneten Veranlassung machen.

5.: Verordnung Nr. 29 der Britischen Militärregierung[1]

Artikel I

1. § 10 des Artikels VI des Gesetzes Nr. 2 der Militärregierung — Deutsche Gerichte — wird wie folgt abgeändert:

„10. Innerhalb des besetzten Gebietes darf kein deutsches Gericht ohne ausdrückliche Ermächtigung der Militärregierung in den folgenden Sachen Gerichtsbarkeit beanspruchen oder ausüben:

a) in Strafsachen[2] betreffend:
I. eine der Vereinten Nationen oder
II. die Streitkräfte einer der Vereinten Nationen oder
III. eine Person, die in einer solchen dient, oder
IV. einen Staatsangehörigen der Vereinten Nationen[3],

b) in folgenden Zivilsachen:
I. in allen Zivilsachen betreffend:
1. eine der Vereinten Nationen oder
2. die Streitkräfte einer der Vereinten Nationen oder
3. eine Person, die in einer solchen dient, oder
4. einen Staatsangehörigen der Vereinten Nationen, der eine amtliche Stellung in der alliierten Verwaltung Deutschlands einnimmt,

und

II. in streitigen Zivilsachen, in denen ein Staatsangehöriger der Vereinten Nationen, der nicht unter Ziffer I dieses Ab-

---

[1] Nur für brit. Zone, nicht für brit. Sektor v. Bln., Abdr. a. JBl. Dü.dorf 1946 S. 35. Vgl. auch Authentische Interpretation der Militär-Reg. (S. 28).

[2] Privatklagen gehören zu den Straf-, nicht zu den Zivilsachen, vgl. Authentische Interpretation der Milit.-Reg. (S. 28).

[3] Auch in der Brit. Zone genießen verschleppte Staatenlose die gleiche Exemtion wie nach a, 5 des 2. Aender. Ges. d. Amerik. Milit.-Reg. Die einschl. Ziffern der entsprechenden Verlautbarung der Milit.-Reg. lauten:

„3. Verschleppte Personen genießen jedoch in der Britischen Zone nach ZEJ. Nr. 2 (Zonen-Exekutiv-Anweisung) von 1947 eine Sonderstellung, und nach dieser Anweisung sind sie wegen strafbarer Vergehen vor Gerichten der Kontroll-Kommission abzuurteilen.

4. Sie wollen bitte Anweisungen an alle Staatsanwaltschaften herausgeben und diese beauftragen, alle Fälle, in denen verschleppte Personen strafbarer Vergehen angeklagt sind, nach Mil.-Reg.-Ges. Nr. 2 Artikel 7, Ziff. 12 (d) an Gerichte der Kontroll-Kommission abzugeben, außer wenn die verschleppte Person sich freiwillig der Rechtsprechung eines deutschen Gerichts unterwirft.

5. Eine verschleppte Person wird definiert als eine Person, die nicht die Staatsangehörigkeit der Vereinten Nationen besitzt, die aber ihr Land oder ihren Heimatort oder ihren früheren Wohnsitz in Auswirkung des Krieges oder auf Grund entweder von feindlichen Kampfhandlungen, Rasse oder Religion oder von Betätigung zugunsten der Vereinten Nationen hat verlassen müssen."

(SchlHAnz. 48 S. 18, JMBl. (NW) 47 S. 109, vollst. Abdr. siehe Anm. 1 zu Nr. 29, S. 115).

Das Gleiche wird für den brit. Sektor von Berlin zu gelten haben, da diese Auffassung von der Stellung der verschleppten Staatenlosen Ordre public der Besatzungsmächte sein dürfte.

satzes fällt, Beklagter ist oder als Kläger durch Erhebung einer Widerklage Beklagter wird, und in nichtstreitigen Zivilsachen betreffend einen solchen Staatsangehörigen, außer wenn die Sache auf seine Veranlassung oder zu seinen Gunsten eingeleitet ist[4];

c) in Sachen, die auf von dem Kontrollrat oder der Militärregierung zeitweilig oder dauernd aufgehobenen deutschen Gesetzen beruhen;

d) in Sachen betreffend Zuwiderhandlungen gegen Rechtssätze des Kontrollrats oder der Militärregierung oder Anordnungen der alliierten Sreitkräfte, wenn nicht ein solcher Rechtssatz oder eine solche Anordnung die Gerichtsbarkeit für Vergehen gegen sie ausdrücklich deutschen Gerichten überträgt;

e) in Sachen, in denen sich ein Gericht der Militärregierung für zuständig erklärt hat;

f) in Sachen oder Gruppen von Sachen, für welche die Militärregierung ihre Gerichte als ausschließlich zuständig erklärt hat;

g) in Sachen betreffend Geldansprüche gegen die deutsche Rerung oder gegen eine Körperschaft des öffentlichen Rechts"[5].

Artikel II

2. Bezugnahmen in anderen Rechtssätzen der Militärregierung auf die Vorschriften des § 10 des Artikels VI des Gesetzes Nr. 2 der Militärregierung sollen als Bezugnahmen auf die entsprechenden Vorschriften jenes Paragraphen ausgelegt werden, so wie er durch diese Verordnung abgeändert ist.

---

[4] Eine Erläuterung des OLGPräs. Brschw. (JBl. Brschwg. 1946 Sp. 62) stellt den Unterschied zu dem Rechtszustand nach der früheren Fassung, wie sie jetzt noch in Bln., brit. u .franz. Sektor neben der Kdtur.-Anordnung v. 28. 3. 47 (S. 32) gültig ist, klar; die Erl. lautet:

„In Strafsachen, in denen sonst wesentliche Veränderungen nicht eingetreten sind, waren bisher von der deutschen Gerichtsbarkeit auch diejenigen Personen ausgenommen, die die Streitkräfte der Vereinten Nationen begleiteten (ohne selbst in diesen zu dienen oder Staatsangehöriger der Vereinten Nationen zu sein). Diese Ausnahme ist fortgefallen.

In Zivilsachen können Staatsangehörige der Vereinten Nationen, die weder in einer Streitkraft der Vereinten Nationen dienen noch in der alliierten Verwaltung Deutschlands eine amtliche Stellung einnehmen, im Gegensatz zu der bisherigen Regelung unter bestimmten Voraussetzungen unter die deutsche Gerichtsbarkeit treten: in streitigen Zivilsachen, solange sie Kläger sind (mit Erhebung der Widerklage entfällt die Gerichtsbarkeit), in unstreitigen Zivilsachen (freiwillige Gerichtsbarkeit), sobald sie das Verfahren vor dem deutschen Gericht selbst einleiten oder die Tätigkeit des Gerichts zu ihren Gunsten erfolgt. Wesentlich ist, daß nach der neuen Fassung des Abschnittes (d) § 10, Art. VI die bisherige Einschränkung fortgefallen ist, wonach den deutschen Gerichten Gerichtsbarkeit nicht zustand in solchen Sachen, welche die Auslegung oder Gültigkeit von Anordnungen der Alliierten Streitkräfte oder von Rechtssätzen der Militärregierung zum Gegenstand haben. Die insoweit eingetretenen Schwierigkeiten sind damit beseitigt. Die zunächst nur für bestimmte Gesetze (Kontrollratsgesetz Nr. 12 bis 16) gegebene Befreiung von der bisherigen Fassung des Abschnitts (d), § 10, Art. VI ist durch die Neufassung allgemein ausgesprochen worden."

(JBl. Brschwg. 46/62)

Zu dem letzten Absatz: Der in der VO. Nr. 29 fehlende 2. Tatbestand der Ziff. 10, d der alten Fassung ist in geänderter Fassung durch die Anweisung Nr. 29 wieder aufgenommen worden — vgl. diese (S. 30) u. Anm. 10 z. Ges. Nr. 2 (S. 17). — Erl. für d. Verfahren bei Einholung der Erm. vgl. Technische Anweisung Nr. 19 (S. 28) u. JMBl. (NW) 48 S. 44.

[5] Vgl. Anm. 11 zu Ges. Nr. 2 (S. 18).

Artikel III

3. Diese Verordnung berührt nicht die Gültigkeit einer Maßnahme oder Anordnung durch die Militärregierung die gemäß § 10 des Artikels VI des Gesetzes Nr. 2 der Militärregierung vor dem Inkrafttreten dieser Verordnung erlassen bzw. erteilt wurde.

Artikel IV

4. Diese Verordnung tritt am 16. April 1946 in Kraft.

6.: Authentische Interpretation der Britischen Militärregierung zur VO. Nr. 29[1a] (Auszugsweise)

1. Deutsche Gerichte können Gerichtsbarkeit ausüben:

In streitigen Zivilsachen, in denen ein Staatsangehöriger der Vereinigten Nationen, der nicht unter Ziffer b) 1 des neugefaßten Abschnitts 10 fällt, als Kläger auftritt (aber nicht als Beklagter bei einer Widerklage);

In nichtstreitigen Zivilsachen, die auf Veranlassung eines solchen Staatsangehörigen oder zu seinen Gunsten eingeleitet worden sind (vgl. b) II des neugefaßten Abschnitts 10).

2. Für Privatklagesachen ist die Gerichtsbarkeit deutscher Gerichte durch Abschnitt 10a (und nicht 10b) geregelt. Wird eine der in Abschnitt 10a bezeichneten Personen betroffen, so können deutsche Gerichte nur mit ausdrücklicher Genehmigung der Militärregierung Gerichtsbarkeit ausüben.

3. pp.

4 Jede Zivil- oder Strafsache, in der die deutschen Gerichte nach den geänderten Bestimmungen des Gesetzes Nr. 2 oder kraft ausdrücklicher Genehmigung Gerichtsbarkeit ausüben, kann ohne weitere Fühlungnahme mit der Militärregierung zur endgültigen Entscheidung gebracht werden; der Beklagte kann Rechtsmittel einlegen; falls dem Kläger Kosten auferlegt werden, kann der Beklagte sie ohne Fühlungnahme mit der Militärregierung aus seinem Vermögen beitreiben.

7.: Technische Anweisung Nr. 19 der Britischen Militärregierung[1]

1. Bezug: Ziffer 10 (b) des Abschnittes VI Gesetz Nr. 2 in der Fassung der VO. Nr. 29.

2. a) In streitigen Fällen, bei denen irgendeine der Vereinten Nationen oder irgendein Staatsangehöriger der Vereinten Nationen Beklagter ist oder als Kläger durch eine Gegenklage zum Beklagten wird, muß die Ermächtigung der Militärregierung eingeholt werden, bevor ein deutsches Gericht Rechtsprechung ausüben kann. Eine solche Ermächtigung ist nicht nötig, wenn eine solche Nation oder ein solcher Staatsangehöriger Kläger ist und eine Gegenklage nicht erhoben wird.

[1a] Abdr. a. JBl. Hamm 1946 S. 85; gilt nur für brit. Zone, soweit nicht wie Ziff. 4 von allgem. Bedeutung als Auslegungsregel — vgl. Anm. 9 z. Ges. Nr. 2 (S. 17).

[1b] Abdr. a. JBl. Brschwg. 46 Sp. 107. Gültig nur f. brit. Zone. Die Ziff. 4 u. 5 jedoch von großer Bedeutung auch für die Gerichte in Berlin, weil sie die Grundsätze erkennen lassen, nach denen eine Erm. erteilt oder verweigert wird. Vgl. z. Ziff. 4 a auch Ziff. 4 d AO. d. All. Kdtur. v. Bln. v. 28. 7. -47 — BK/O (47) 172 (S. 111). Aehnlich wie nach der Techn. Anw. Nr. 19, insbes. Ziff. 5, ist die Rechtslage in der franz. Zone.

b) In nichtstreitigen Fällen wird zur Ausübung der Gerichtsbarkeit durch deutsche Gerichte die Ermächtigung der Militärregierung nicht benötigt, wenn das Verfahren von oder seitens der Vereinten Nationen oder eines Staatsangehörigen irgendeiner der Vereinten Nationen eingeleitet wird. In allen anderen nicht streitigen Fällen, in denen eine der Vereinten Nationen oder ein Staatsangehöriger irgendeiner der Vereinten Nationen beteiligt ist, muß die Ermächtigung der Militärregierung eingeholt werden.

3. Die Befugnis, eine solche Ermächtigung zu erteilen, soll folgendermaßen ausgeübt werden:

a) Wo irgendeine der Vereinten Nationen beteiligt ist, wie oben, durch dieses Hauptquartier.

b) Wo irgendein Staatsangehöriger der Vereinten Nationen beteiligt ist, wie oben, durch das zuständige „P" Detachement (Provinzial-Det.).[2]

4. Bei dem Beschluß, ob die notwendigen Ermächtigungen zu erteilen sind oder nicht, müssen die (P) Detachements die folgenden Erwägungen berücksichtigen.

a) Bei Klagen, die auf Schadenersatz oder Vertrag beruhen, ist in der Regel die Ermächtigung nicht zu erteilen, wenn der Grund der Klage vor dem 8. Mai 1945 entstanden ist, es sei denn, daß offensichtlich dem Beklagten keine Härte zugefügt wird. Der Grund dafür liegt darin, daß wegen der ungünstigen wirtschaftlichen Verhältnisse, unter denen die Mehrheit der Staatsangehörigen der Vereinten Nationen vor der Beendigung der Feindseligkeiten in Deutschland lebten, eine Härte sich ergeben könnte, wenn eine solche Klage verhandelt werden dürfte.

b) Bei Klagen, die auf Schadenersatz oder Vertrag beruhen, ist in der Regel eine Ermächtigung zu erteilen, wenn der Grund für die Klage nach dem 8. Mai 1945 entstanden ist, es sei denn, daß sich aus den in a) oben angeführten wirtschaftlichen Verhältnissen offensichtlich eine unzulässige Härte ergeben würde.

c) In Klagen, die Familiensachen betreffen (z. B. Scheidung, Unterhaltsansprüche, Verfahren zur Feststellung der Vaterschaft usw.) ist die Ermächtigung normalerweise zu erteilen, einerlei ob der Grund der Klage vor oder nach dem 8. Mai 1945 entstand.

d) Die Ermächtigung ist nicht zu erteilen, wenn ein Mitglied der Besatzungsstreitkräfte usw. beteiligt ist, und in diesem Zusammenhang wird auf die Unterziffer 10 (a) des Abschnittes VI Gesetz Nr. 2 hingewiesen.

e) In nicht streitbaren Fällen ist die Frage zu berücksichtigen, ob der Antrag zum Nutzen der Vereinten Nationen oder des beteiligten Staatsangehörigen der Vereinten Nationen ist.

5. Es muß darauf geachtet werden, daß eine Ermächtigung nicht erteilt wird, wenn der Fall derartig ist, daß Sachen ans Tageslicht gebracht werden könnten, die das Ansehen der Besatzungsmächte zu schmälern imstande wären.

---

[2] Vgl. auch JMBl. (NW) 48 S. 44.

8.: Anweisung Nr. 29 der Britischen Militärregierung.[1]

1. Wenn sich in einem Zivil- oder Strafprozeß vor einem deutschen Gericht herausstellt, daß ein Befehl, der von der Militärregierung erlassen wurde (ausgenommen eine Verordnung, Anordnung oder Anweisung, die sich eigens mit der Gerichtsbarkeit der deutschen Gerichte befaßt), unmittelbaren Bezug auf den Fall hat oder wenn es sich um einen Befehl einer im Dienste der Streitkräfte der Vereinten Nationen stehenden Person oder einer Person handelt, die bei der Alliierten Verwaltung Deutschlands ein öffentliches Amt ausübt, so finden auf den Prozeß die Bestimmungen des Militärregierungsgesetzes Nr. 2 (Fassung der VO. Nr. 29), Artikel VI Abs. 10 (a), (I), (II) oder (III) oder Abs. 10 (b) (I) 1 oder 2 oder 3 oder 4 Anwendung. Es darf in diesem Fall kein deutsches Gericht die Gerichtsbarkeit ohne ausdrückliche Ermächtigung der Militärregierung ausüben.[2]

---

[1] Abdr. a. JMBl. (NW) 48 S. 3 u. 47 S. 39; gültig unmittelbar nur brit. Zone; für Berlin nur als allgem. Auslegungsregel. Vgl. auch Anm. 10 z. Ges. Nr. 2 (S. 17), Anm. 6 z. 2. Aender. Ges. (S. 24), Anm. 4 z. VO. Nr. 29 (S. 27).

[2] Ziff. 1 nimmt den 2. Tatbestand der Ziff. 10 (d) des Ges. Nr. 2 (ursprüngl. Fassung) in etwa wieder auf; zwar ist nicht mehr die Rede von „Sachen, welche die Gültigkeit oder Auslegung . . . zum Gegenstand haben", und es ist auch nicht darauf abgestellt, daß „die Gültigkeit bestritten wird" wie im 2. Aender.-Ges. d. Amerik. Milit.-Reg., sondern es ist davon ausgegangen, daß ein Befehl einer der in Ziff. 1 genannten Personengruppen deren „Verwickelung" in die Sache herbeiführt, in welcher der Befehl eine Rolle spielt, und daß damit eine Erm. nach den in Ziff. 1 a. E. genannten Vorschriften erforderlich wird. Unter „Befehl" wird allgemein der „alliierte Verwaltungsakt" zu verstehen sein (Formulierung von Dr. Kleinrahm in einem auf der Richterbesprechung des LG. Essen am 8. 10. 47 gehaltenen Referat). Die bloße Einwendung eines solchen Verwaltungsaktes begründet nicht die Exemtion, sondern es muß — ev. durch Beweisaufnahme — festgestellt werden, ob ein solcher vorliegt; vgl. dazu Ziff. 1 der Amtlichen Auslegung zur Anw. Nr. 29 (S. 32). Aus dem Wortlaut ergibt sich, daß mit „Befehl" nicht nur der den konkreten Einzelfall betr. Verw.-Akt gemeint ist, sondern auch VO., AO. oder Anw., soweit sie sich nicht eigens mit der Gerichtsbarkeit befassen. Ziffer 2 a d. Amtl. Auslg. (S. 32) kennzeichnet den Zweck der Anw. Nr. 29 dahin, daß den deutschen Gerichten „die Verantwortung für die Auslegung" des Verwaltungsaktes abgenommen werden soll; damit nähert sich die Anw. Nr. 29 dem urspr. Text des Art. VI Ziff. 10 (d) d. Ges. Nr. 2.

Als Befehle, die die Ausübung der Gerichtsbarkeit ohne Erm. verbieten, kommen für die brit. Zone insbesondere in Betracht:

a) Die Technischen Anweisungen der Finanzabteilung Nr. 1, 12, 16, 19, 33, 37, 41, 50, 54, 68, 70 (JBl. Köln 46 S. 100), durch welche in einer großen Zahl von Fällen Zahlungen verboten sind; es handelt sich dabei meist um Forderungen gegen Körperschaften des öff. Rechts, z. B. Kriegssachschäden, Fürsorgeleistungen, Kriegslieferungsaufträge der Wehrmacht, Leistungen auf Grund des Reichshaushalts usw. Für die Vollstreckung solcher Forderungen hat die Britische Milit.-Reg. das Folgende angeordnet:

„1. Deutsche Gerichte dürfen ohne die ausdrückliche Genehmigung der Militärregierung Urteile über die Zahlung von Geldern nicht vollstrecken, soweit diese Zahlung durch die Militärregierung verboten ist.

2. Die Technische Anweisung Nr. 37 der Finance-Division mit Abänderung Nr. 1 vom 17. August bzw. 20. September 1945 enthält ein Verzeichnis verbotener Zahlungen. Dieses Verzeichnis ist jedoch nicht vollständig, und die Finance-Division bereitet augenblicklich eine vollständige Liste vor, die zu gegebener Zeit mitgeteilt wird. Bis dahin sollen die Finance-Sections bei den regionalen HQ's um Rat gefragt werden. Von jeder Zahlung, die außer den in der Anweisung Nr. 37 der Finance-Division aufgeführten verboten wird, werden Sie benachrichtigt werden.

3. In den meisten Fällen fallen die durch die Anweisung Nr. 37 der Finance-Division verbotenen Zahlungen im Endergebnis auch unter Abs. 10 (g) des Art. VI des Ges. Nr. 2 der Militärregierung. Keine Stelle in dieser Anweisung berührt die Genehmigung der Militärregierung, die erforderlich ist, bevor ein deutsches Gericht über einen Fall entscheiden kann, der unter 10 (g) des Art. VI des Ges. Nr. 2 der Militärregierung fällt.

4. Die ausdrückliche Genehmigung der Militärregierung zur Vollstreckung von Urteilen, die in Ziff. 1 und 2 dieses Schreibens behandelt werden, kann — mögen sie unter Abs. 10 (g) des Art. VI des Ges. Nr. 2 der Militärregierung fallen oder unter eine andere Bestimmung — nach Maßgabe der in Nr. 3

2. Die deutsche Übersetzung des Wortes „involving" („betreffend") im Gesetz Nr. 2 der Militärregierung, Artikel VI, Abs. 10 (a) und (b) kann zu Mißverständnissen führen und ist zu eng gefaßt. Eine passendere Übersetzung ist das Wort „verwickeln".

3. In Fällen, in denen es vor Beginn des Prozesses nicht ersichtlich ist, daß ein Befehl der im Abs. 1 beschriebenen Art direkten Einfluß auf den Ausgang des Prozesses haben wird, sich aber dies während der Verhandlung herausstellt, haben die Gerichte die Verhandlung sofort zu vertagen und bei der Militärregierung die Genehmigung zur Ausübung der Gerichtsbarkeit zu beantragen.

4. Die Genehmigung zur Ausübung der Gerichtsbarkeit ist bei den Legal Branches des zuständigen Land HQ. zu beantragen. Wenn sich ein deutsches Gericht ohne ausdrückliche Genehmigung der Militärregierung Gerichtsbarkeit anmaßt, so sind die Entscheidungen des Gerichts ohne weiteres gemäß Artikel VI Abs. 11 des Gesetzes Nr. 2 der Militärregierung nichtig.

5. Die Landesjustizminister haben sicherzustellen, daß diese Anweisung jedem deutschen ordentlichen Gericht und jeder Staatsanwaltschaft in den Ländern zur Kenntnis gebracht wird.

---

der Technischen Anweisung Nr. 33 der Legal Division enthaltenen Vorschriften erteilt werden. Keine Genehmigung wird ohne die Zustimmung des zuständigen Finanzoffiziers erteilt werden."

(JBl. Brschwg. 46 S. 176)

Die Vollstreckung eines solchen Urteils würde aber nicht nur meist wegen Abs. g, sondern immer auch wegen der Anweisung Nr. 29 einer Ermächtigung bedürfen.

b) Die VO. über die Geltendmachung von Kriegsschäden gegen Versicherungsunternehmen v. 30. 8. 1947 (VoBl. f. d. brit. Zone, 47 Nr. 17), die folgendermaßen lautet:

§ 1

Ansprüche auf Ersatz von Kriegsschäden auf Grund von Schadenversicherungsverträgen dürfen vor den ordentlichen Gerichten gegen Versicherungsunternehmungen nur mit Zustimmung der Militärregierung geltend gemacht werden.

§ 2

Soweit Verfahren der im § 1 genannten Art bei Inkrafttreten dieser Verordnung ohne Zustimmung der Militärregierung anhängig sind, sind sie von Amts wegen auszusetzen, bis die Militärregierung der Aufnahme zugestimmt hat.

§ 3

Soweit nach den vereinbarten Versicherungsbedingungen eine Haftung der Versicherungsunternehmung für Kriegsschäden ausgeschlossen ist, bedarf es für eine gerichtliche Entscheidung, ob der Fall eines Kriegsschadens vorliegt, einer Zustimmung der Militärregierung gemäß §§ 1 und 2 nicht.

§ 4

Diese Verordnung tritt mit dem 1. August 1947 in Kraft. Gleichzeitig treten von den Oberlandesgerichtspräsidenten der brit. Zone über die Geltendmachung von Kriegsschädenansprüchen gegen Versicherungsgesellschaften im August 1946 erlassenen Verordnungen und Bekanntmachungen außer Kraft.

Zu der durch Ziff. 4 aufgehobenen gleichlautenden VO. hat der OLGPräs. Braunschweig folgende Erl. gegeben:

„Bei der Anwendung der Verordnung über Klagen gegen Versicherungsgesellschaften vom 3. 8. 1946 (JBl. Brschwg. 1946, Sp. 95) wird zu beachten sein, daß durch sie eine Erhöhung der Reichsschuld, wie sie infolge der Verflechtung des Reichs mit den Versicherungen für Kriegsschäden bei der Anerkennung von Ansprüchen aus solchen Versicherungen zu befürchten ist, vermieden werden soll. Die Verordnung wird daher nur in den Fällen anzuwenden sein, in denen der Kriegsschaden bei Kriegsschadenversicherungen anspruchbegründende Tatsache ist, nicht dagegen in solchen Fällen, in denen es sich um andere Versicherungsarten handelt und in denen sich die Versicherungsgesellschaft einredeweise auf den Ausschluß ihrer Haftung bei Kriegsschaden beruft."

(JBl. Brschwg. 46, Sp. 148)

Ein Urteil des OLG. Hamburg (MDR 47, S. 131) vertritt die gleiche Auffassung, die im Einklang steht mit § 3 vorst. VO. — Vergl. aber auch die neuerdings f. d. Zone erteilte Allgem. Erm. JMBl. (NW) 48 S. 134. u. Anm. 11 z. Nr. 2 a. E., S. 18.

Die Legal Division hat hierzu weiter angeordnet, daß die deutschen Gerichte Fälle, die unter Abs. 1 der Anweisung fallen, ihr zur Entscheidung vorzulegen haben und dabei folgende Angaben zu machen sind:

a) Schilderung des Sachverhalts;

b) eingehende Angaben und Datum des Befehls der Militärregierung sowie Angabe der näheren Umstände.

9.: Amtliche Auslegung der Britischen Militärregierung zur Anweisung Nr. 29[1a]

1. a) Es trifft zu, daß, bevor ein deutsches ordentliches Gericht nach der Anweisung Nr. 29 der Legal Division (Legal/Moj/52333 vom 1. Juli 1947) verpflichtet ist, einen Fall zu vertagen und ihn der Militärregierung zur Entscheidung vorzulegen, dem Gericht Beweis dafür vorliegen muß, daß ein den Fall unmittelbar betreffender Befehl der Militärregierung oder der Befehl einer Person, die bei den Streitkräften irgendeiner der Vereinten Nationen dient, oder der Befehl einer Person, die eine amtliche Stellung in der Alliierten Verwaltung Deutschlands innehat, tatsächlich ergangen ist.

b) Der Beweis für das Vorliegen eines Befehls muß derart sein, daß das Gericht dringende Verdachtsgründe (strong grounds for suspecting) hat, daß der Befehl tatsächlich ergangen ist. Der Beweis braucht jedoch nicht in einer bestimmten Form vorzuliegen.

2. a) Ziel der Anweisung Nr. 29 ist es, zu verhindern, daß den deutschen ordentlichen Gerichten die Verantwortung für die Auslegung der Wirkung eines Befehls der Militärregierung auferlegt wird, die ein solcher Befehl auf das deutsche Recht haben könnte, das sonst auf den gegebenen Einzelfall Anwendung finden müßte.

b) Wo feststeht, daß zwar ein verbindlicher Befehl der Militärregierung vorliegt, jedoch kein Widerspruch zwischen dem fraglichen Befehl, und dem anzuwendenden deutschen Recht besteht, und wo dem Befehl tatsächlich entsprochen wird, braucht der Fall der Militärregierung nicht zur Entscheidung darüber vorgelegt zu werden, ob das betreffende deutsche ordentliche Gericht die Rechtsprechung ausüben kann oder nicht.

c) In Zweifelsfällen ist jeweils der Rechtsabteilung beim Landeshauptquartier zu berichten.

10.: Anordnung der Alliierten Kommandantur von Berlin über die Gerichtsbarkeit der Gerichte von Berlin vom 28. März 1947 BK/O (47) 74[1b]

Zur Ausführung des Gesetzes Nr. 4 des Alliierten Kontrollrates und zur Auslegung des Artikel III dieses Gesetzes erläßt die Alliierte Kommandantur folgende Anordnung:

§ 1. Ohne vorherige Genehmigung der Militärregierung des betreffenden Sektors darf ein deutsches Gericht in Fällen, welche die nachstehend aufgeführten Kategorien betreffen, nicht verfahren:

[1a] Abdr. JMBl. (NW.) 48, S. 5. Unmittelbar gültig nur brit. Zone, als allgem. Auslegungsregel jedoch auch f. Berlin bedeutsam.

[1b] Die AO. ist veröff. i. VOBl. Bln. 1947 S. 116. Hiervon ist jedoch eine Übersetzung abgedr., die v. Chefpr. d. LG. Bln. durch Vfg. v. 30. 5. 47 (1413 A. 1. 46 (129) bekanntgegeben ist; diese ist genauer als die des VOBl.; z. B. spricht letztere von Zivilprozessen, während der engl. Text „civil cases“ lautet, d. h. Zivilsachen einschließlich der Verfahren der freiw. Gerichtsbarkeit, Grundbuchs. etc. Die AO. gilt für alle vier Sektoren von Bln. Wegen der Konkurrenz mit den im amerik., brit. u. franz. Sektor geltenden Best. d. Ges. Nr. 2 siehe Anm. 11 (S. 37).

I. Strafsachen, die berühren oder betreffen:[2]

1. eine der Vereinten Nationen,[3]
2. Streitkräfte einer der Vereinten Nationen oder Militärpersonal dieser Streitkräfte,
3. eine Person (außer Deutschen) im Dienste dieser Streitkräfte,[4]
4. einen Beamten einer der Vereinten Nationen,
5. einen Staatsangehörigen einer der Vereinten Nationen,[5]
6. nahe Verwandte (Familienmitglieder) von Personen, die in § 1 Abs. I Ziffern 2, 3 und 4 aufgeführt sind,

---

[2] Der engl. Text lautet: „affecting or involving"; der Begriff „berühren" ist zwar für den deutschen Sprachgebrauch weiter als der Begriff „betreffen". Es soll wohl aber mit beiden Ausdrücken lediglich der Begriff der „Verwickelung" definiert werden, vgl. dazu Anm. 7 z. Ges. Nr. 2 (S. 16).

[3] Liste der Vereinten Nationen s. S. 114.

[4] Ziff. 3 nimmt im Gegensatz zum 2. Änder.-Ges. der Amerik. Milit.-Reg. (vgl. Anm. 2 S. 21) und auch im Gegensatz z. VO. Nr. 29 (vgl. Anm. 4 S. 27) die Regelung des Ges. Nr. 2 in der alten Fassung wieder auf, indem nicht nur Militärpersonal (I, 2), sondern sonstiges „Gefolge" außer Deutschen als exemt angesehen wird. Zu beachten jedoch, daß auch die Handlung eines Deutschen, der im Dienst der Streitkräfte steht, und der für seine Person nach Ziff. 3 nicht exemt ist, nach Ziff. 2 die sachliche Exemtion herbeiführen kann, wenn die Handlung die Belange der Streitkräfte berührt, d. h. in unmittelbarer Beziehung zu seinem Anstellungsverhältnis steht; so hat z. B. die Brit. Milit.-Reg. in Berlin die Notwendigkeit der Ermächtigung ausgesprochen in der Strafsache 4 Js. 1282/47 Chbg., in welcher der deutsche Fahrer eines britisch. Omnibusses sich dadurch einer Verletzung der Verkehrsvorschriften schuldig gemacht hat, daß er ohne ordnungsgemäße Fahrtrichtungsanzeige gefahren ist (Entsch. v. 16. 12. 47 — 15/50/82/II — 186).

[5] Die Amerik. Milit.-Reg. hat am 7. 11. 47 angeordnet, daß die Staatsangehörigkeit durch gültige Ausweispapiere nachgewiesen sein müsse, bevor die Erm. nach I, 5 u. II, 6 eingeholt werde; in dem Erm.-Gesuch müsse angegeben werden die ausstellende Behörde, das Ausstellungsdatum, der Ausstellungsort, das Datum des Ablaufs (Vfg. d. Chefpr. d. LG. Bln. v. 14. 11. 47, 1413 A 1. 46 (165), Wenn die erforderlichen Angaben von den Betroffenen nicht zu erlangen sind, werden sie wie Deutsche zu behandeln sein, da angenommen werden muß, daß sie die ausl. Staatsangeh. nur zum Zweck der Verfahrenserschwerung behauptet haben, es sei denn, daß der Betroffene ohne sein Verschulden diese Angaben nicht machen kann und daß trotzdem triftige Gründe für die Annahme bestehen, es handele sich um einen Angeh. d. V. N. In diesem Fall wird trotz des Fehlens der Angaben unter genauer Darlegung des Sachverh. die Erm. eingeholt werden müssen. Diese Erwägungen werden wegen ihrer allgem. Bedeutung auch für die anderen drei Sektoren Gültigkeit beanspruchen können. Die Amerik. Milit.-Reg. hat für Strafsachen die verschleppten Staatenlosen den Angeh. d. V. N. gleichgestellt; die AO. v. 21. 4. 47 darüber lautet:

> „Angehörige der V. N. fallen mangels besonderer Ermächtigung niemals unter deutsche Strafgerichtsbarkeit, einerlei ob sie Anspruch auf Fürsorge und Behandlung als Verschleppte haben oder nicht. Dasselbe gilt für Staatenlose, da z. Zt. Staatenlose verschleppten Angehörigen der V. N. gleichstehen. Auch hier ist unerheblich, ob der Staatenlose Anspruch auf Fürsorge und Behandlung erheben kann."

Diese ausdrückliche Anordnung wäre nicht erforderlich gewesen, da der gleiche Rechtszustand durch Art. VI Ziff. 10, a, 5 d. Ges. Nr. 2 (2. Änder.-Ges.) auch weiterhin für den amerik. Sektor v. Bln. aufrechterhalten ist, u. zwar nach VI, 10, b, 6 auch für Zivilsachen gegen verschl. Staatenlose — vgl. Anm. 11 (S. 37). Die AO. v. 21. 4. 46 gilt — wie der Zusammenhang u. insbesondere die Überschrift „Displaced Persons" ergibt — nur für Verschleppte, nicht für Staatenlose allgemein; so auch die zit. Best. des Ges. Nr. 2. Wegen der Regelung der Brit. Milit.-Reg. (auch f. Berlin) s. Anm. 3 z. VO. Nr. 29, S. 26. Betroffen von einer strafbaren Handlung ist auch der Geschädigte — vgl. Anm. 7 z. Ges. Nr. 2 (S. 17). Die Franz. Milit.-Reg. in Bln. hat jedoch anläßl. der Strafsache 8 Ds. 400/47 AG.Wedding durch Schreiben vom 3. 9. 47 — I 876 JUS 15986 SET — erklärt, daß sie ihre Ermächtigung gem. I, 5 nicht für erforderlich halte, wenn der Geschädigte franz. Staatsangeh. sei; sie wünsche jedoch zur Kontrolle ihrer Staatsangeh. über derartige Vorgänge unterrichtet zu werden (Vfg. d. Chefpr. d. LG. Bln. v. 18. 9. 47 — 1413 A 1. 46 (156). Diese Ausnahme von I, 5 gilt nur für Fälle, in denen die Franz. Milit.-Reg. gem. § 3, I u. II zuständig ist.

7. Verbrechen[6], die von Nazis oder anderen Personen gegen Angehörige der Vereinten Nationen oder deren Vermögen begangen worden sind, wie auch Versuche, die die Wiedererrichtung des Naziregimes oder die Tätigkeit von Naziorganisationen zum Ziele haben.

II. Zivilsachen[7], die berühren oder betreffen:

1. eine der Vereinten Nationen,
2. die Streitkräfte einer der Vereinten Nationen oder das Militärpersonal dieser Streitkräfte,
3. eine Person (außer Deutschen)[8] im Dienste dieser Streitkräfte,
4. jeden Staatsangehörigen der Vereinten Nationen, der bei der Alliierten Verwaltung in Deutschland ein Amt bekleidet oder eine amtliche Funktion ausübt,
5. nahe Verwandte (Familienmitglieder) der in § 1 Abs. (II) Ziffern 2, 3, 4 genannten Personen,
6. Ansprüche oder Gegenan üche, die gegen Angehörige der Vereinten Nationen[9] erhoben werden und nicht von § 1 Abs. (II) Ziffern 2, 3, 4 und 5 erfaßt sind.

---

[6] Mit „Verbrechen" sind strafbare Handlungen gemeint. 2 Tatbestände: a) von Nazis oder „sonstigen Personen" gegen Angehörige der V. N. begangen, b) Versuche nazistischer Betätigung. Aus dem Zusammenhang u. der Gesamttendenz der Ziff. 7 ergibt sich, daß auch mit den strafbaren Handlungen „sonstiger Personen" solche aus der Nazizeit gemeint sind, dagegen wohl nicht der Fall, daß jetzt eine sonstige Person eine strafbare Handlung gegen Angeh. d. V. N. begeht — dies kann allein unter Ziff. 5 fallen, s. Anm. 5.

[7] Zivilsachen, nicht nur Prozesse, s. Anm. 5 z. Ges. Nr. 2 (S. 16). Wegen des Begriffs „berühren u. betreffen" s. Anm. 2 hierzu u. Anm. 7 z. Ges. Nr. 2 (S. 16), Liste d. V. N. s. S. 114.

[8] Die Ausnahme gilt nur dann, wenn die Zivilsache das Anstellungsverhältnis des Deutschen bei den Streitkräften in keiner Weise berührt, also z. B. ein bei der Bes.-Macht angest. deutscher Fahrer Alimente schuldet; wenn er dagegen als Führer eines Kfz., das Eigentum der Bes.-Macht ist, für Unfallfolgen haftbar gemacht wird, gilt II, 2 — Entsch. der Brit. Milit.-Reg. v. 28. 11. 47 — 15/50/80/II 660 — in der Sache 5 0 288/47 LG. Bln. — im übrigen s. Anm. 4. Wenn der Gehaltsanspruch des deutschen Angestellten gegen die Bes.-Behörde gepfändet wird, ist diese als Drittschuldnerin betroffen im Sinne von Ziff. 1 u. 2. Vielfach wird es sich in solchen Fällen u. sog. „requisioned labour" handeln, d. h. um Fälle, in denen Personen den Bes. Beh. auf Anforderung vom Arbeitsamt zugewiesen wurden. Dann ist nach einer Entsch. der Brit. Milit.-Reg. in der Sache 10 M 1275/46 AG. Chbg. Drittschuldner der Magistrat von Berlin (50/50/53 — C. v. 27. 1. 47). In der gl. Entsch. ist grundsätzl. ausgesprochen, daß Erm. nicht erteilt wird in Fällen, in denen eine Dienststelle der Milit.-Reg. als Drittschuldnerin in Betracht kommt. Das gleiche gilt in der brit. Zone (JBl. Köln 47 S. 23). Die Amerik. Milit.-Reg. dagegen hat in der Sache 10 M 948/46 Chbg., in welcher es sich um den Erlaß eines Pf. u. Überwsg. Beschl. mit einer Dienstst. der Amerik Milit.-Reg. als Drittschuldnerin handelte, die Erm. erteilt u. d. Schr. v. 10. 3. 47 folgendes mitgeteilt: „Die Militärregierung d. Vereinigten Staaten hat keine Einwendungen gegen die Vollstreckung eines Urteils im Wege der Gehaltspfändung, wenn das Urteil während der Besetzungszeit ergangen ist. Die Vollstreckung der Gehaltspfändung soll durch die zuständigen deutschen Organe ausgeführt werden. Die Amerik. Milit.-Reg. wünscht nicht, daß die Beschäftigung eines deutschen Staatsangehörigen bei der Militärregierung als Vorwand benutzt wird, um ihn vor Maßnahmen der Gerichte zu schützen, die gegen ihn getroffen werden würden, wenn er nicht bei der Militärregierung beschäftigt wäre." Wegen der Passivlegitimation u. anderer Rechtsfragen in solchen Fällen vergl. LAG. Hamburg MDR 47, S. 193.

[9] Über die Erfordernisse für den Nachweis der Staatsangehörigkeit vgl. Anm. 4. Nur Verfahren „gegen" Angeh. d. V. N. Ausnahmen nach Art. VI Ziff. 10, b, (6) Abs. I—V i. d. F. d. 2. Änd.-Ges. gültig für den amerik, Sektor v. Bln. (Vgl. S. 21) und nach der AO. der All. Kdtur. für Ehesachen (vgl. S. 38). Für Angel. d. freiw. Ger. vgl. Anm. 5 z. Ges. Nr. 2 (S. 16).

III. Zuwiderhandlungen gegen Gesetze, Befehle oder Anordnungen der Besatzungsmächte, sofern solche Gesetze oder Befehle nicht ausdrücklich die Gerichtsbarkeit deutscher Gerichte im Falle der Verletzung solcher Befehle vorsehen oder sofern die Gerichtsbarkeit nicht einem deutschen Gericht ebenso wie einem Militärregierungsgericht zugestanden ist.

IV. Fälle, die die Gültigkeit eines Befehls der alliierten Behörden, einer Anordnung oder eines Befehls des Kontrollrats oder einer Militärregierung betreffen[10].

---

[10] Zu Abs. III u. IV s. grundsätzl. Anm. 10 z. Ges. Nr. 2 (S. 17), Anm. 6 z. 2. Änder.-Ges. (S. 24), Anm. 4 z. VO. Nr. 29 (S. 27), u. bes. Anm. 2 z. Anw. Nr. 29 (S. 30); die an letzter Stelle aufgestellten Grundsätze werden — soweit sie allgemeiner Natur sind — auch für Berlin Gültigkeit beanspruchen können, insbesondere die Regelung in der „Amtlichen Auslegung zur Anw. Nr. 29" (S. 32). Auch hier ist die „Gültigkeit" betroffen, wenn die Anwendbarkeit des All. Verwaltungsaktes im Einzelfall zweifelhaft ist, also Auslegungsfragen zur Erörterung stehen. Unter Abs. IV fallen nicht nur Verw.-Akte, die für den Einzelfall ergangen sind, sondern auch solche allgem. Natur. Als besonders bedeutungsvoll zu nennen:

a) AO. d. All. Kdtur. betr. Versicherungen v. 26. 9. 45 BK/O (45) 130:

„4. Bis auf weiteres dürfen weder Zahlungen aus laufenden Konten und Sparguthaben aus der Vorbesetzungszeit noch Bezahlungen von Ansprüchen oder Verpflichtungen auf Grund von Versicherungen aus der Vorbesetzungszeit geleistet werden."

Die Brit. Milit.-Reg. hat in der Sache 5 OH 71/47 am 2. 10. 47 die Erm. verweigert unter Bezugnahme auf diese AO. Das KG. hat in Sachen 4 U 978/46 durch Urt. v. 17. 6. 47 entschieden, daß die vorst. AO. nur Anwendung findet auf reine Versicherungsansprüche, dagegen nicht auf Verwaltungskosten. Dagegen ist diese AO. wohl nicht auf Kriegsschäden beschränkt wie die VO. d. ZJA v. 30. 8. 47 — vgl. Anm. 2 z. Anweisung Nr. 29 (S. 30).

b) Für die Geltendmachung von Ansprüchen der in Berlin geschlossenen Kreditinstitute hat die Finanzabt. der Amerik. Milit.-Reg. dem Chefpr. d. LG. Berlin folgende Mitteilung v. 6. 1. 48 zukommen lassen, die grundsätzliche Bedeutung für alle Sektoren v. Berlin hat:

„Die Alliierte Kommandatura hat eine Einziehungs-Kommission eingesetzt, deren Aufgabe es ist, in Berlin Darlehen und Hypotheken geschlossener Berliner Banken einzuziehen. Diese Kommission mag es für nötig befinden, zwecks Verwirklichung ihrer Ziele die Gerichte in Anspruch zu nehmen, und es muß, wie dieses Büro erfährt, in solchen Fällen eine Klage im Namen der geschlossenen Banken eingereicht werden. Wenn also eine solche Klage im Namen einer geschlossenen Bank angestrengt werden sollte, so glaubt dieses Büro, daß die Sache verhandelt werden kann, sofern die geschlossene Bank den Nachweis erbringt, daß sie seitens der Einziehungs-Kommission zur Einleitung der Klage ermächtigt worden ist."

Die Vertretung der im sowj. Sektor von Berlin geschlossenen Kreditinstitute ist von der SMA. der „Banken-Kommission der Deutschen Zentralfinanzverwaltung" übertragen worden — Einzelheiten s. Zentral-VOBl. 47 S. 217.

c) AO. der All. Kdtur. betr. Devisenkontrolle BK/O (46) 337 v. 21. 8. 46 (VOBl. 46 S. 398). Die hier interessierenden Best. lauten:

„1. Alle Transaktionen, die irgendwelche der nachstehenden Punkte umfassen oder Bezug darauf haben, ausgenommen solche, die von der Militärregierung des betreffenden Sektors oder auf Grund deren Anweisung ordnungsgemäß genehmigt sind, sind verboten:

a) Alle Devisen und Valuten und Devisen- und Valutenguthaben, welche direkt oder indirekt, teilweise oder ganz, Eigentum sind oder in der Verfügungsgewalt irgendwelcher Personen in Berlin stehen
b) Alles Vermögen in Berlin, welches direkt oder indirekt teilweise oder ganz, Eigentum ist oder in der Verfügungsgewalt irgendwelcher sich außerhalb Deutschlands befindenden Personen steht.
c) Eigentum, wo immer es sich befinden möge, falls es sich um eine Transaktion zwischen irgendeiner Person in Berlin und irgendeiner sich außerhalb Deutschlands befindenden Person handelt oder um eine Transaktion, die solche Personen betrifft.
d) Irgendwelche Zahlungs- oder Leistungsverpflichtungen irgendeiner Person in Berlin, gleichgültig ob fällig oder nicht, gegenüber irgendeiner sich außerhalb Deutschlands befindenden Person.
e) Das Einführen nach Berlin oder Hereinbringen auf anderem Wege von Valuten und Devisen. . . .

4. Anträge auf Befreiung von Bestimmungen dieser Anordnung oder Ansuchen betreffend deren Anwendung sind im Einklang mit von den Militärregierungen der betreffenden Sektoren nach zu erlassenden Bestimmungen einzureichen."

Die Erteilung der Genehmigungen in Fällen von geringerer wirtschaftlicher Bedeutung, z. B. für Mietzahlungen, ist der Devisenstelle der Generalsteuerdirektion übertragen. Das Gericht hat also nur zu prüfen, ob eine Gen. d. Dev.-Stelle oder der Milit.-Reg. vorliegt. Ist dies der Fall, so ist eine Erm. nicht erforderlich. Andernfalls ist das Verfahren auszusetzen, bis die Genehmigung von dem Betroffenen beigebracht ist. Es ist bei Devisensachen nicht Aufgabe des Gerichts, die Gen. zu erwirken. Also kein echter Fall des Ermächtigungsverfahrens. Ähnlich bei

d) AO. d. All. Kdtur. betr. Anmeldung u. Verkauf von Kfz. BK/O (47) 149 v. 20. 6. 47 (VOBl. 47 S. 146), deren Ziffer 2 lautet:

„2. Kein Fahrzeug, kein Motorrad, kein Anhänger oder Autowrack darf verkauft, ausgebaut, umgebaut, umgetauscht oder übergeben werden, ohne die Genehmigung der Militärregierung des Sektors, worin das Bezirksamt liegt, bei dem die Meldung stattfand."

Die AO. will die unkontrollierte Verschiebung („changing hands") von Kfz. verhindern. Verboten also wohl nur der Besitzwechsel (auch „Verkauf" meint wohl kaum das nur obligatorische Rgeschäft). Dieser aber wird erst bei der Vollstreckung akut. Verhandlung u. Urteil also nicht verboten. Zur Vollstreckung muß Gl. die Gen. der zust. Kfz.-Abt. d. Milit.-Reg. erwirken, also auch hier nicht Sache des Gerichts. Jedoch Vorbehalt im Tenor angebracht u. durch AO. d. amerik. Milit.-Reg. ausdrücklich vorgeschrieben, um mißbräuchliche Vollstreckung zu unterbinden. (Vfg. des Chefpr. d. LG. v. 1. 3. 48 Gen. 1413 F 1. 48 (12), abgedr. S. 126). Außerdem besteht eine Sonderregelung für Kfz., die in Berlin „zurückgelassen" worden sind, nach der AO. d. All. Kdtur. v. 31. 12. 47 — BK/O (47) 296 (abgedr. VOBl. 48 S. 34). Text:

„1. Als gegenwärtige Eigentümer früher in Berlin zurückgelassener Kfz. sind diejenigen Personen zu betrachten, welche die zurückgelassenen Kfz. vom Magistrat durch das Bengungsamt käuflich erworben haben.
2. Ehemalige Eigentümer zurückgelassener Kfz. können bei ihrer Rückkehr nach Berlin, sofern sie keine aktiven Nazis waren, vom Magistrat Vergütung für diese Kfz. in Höhe des vom Magistrat dafür erzielten Kaufpreises erhalten."

Diese Bestimmungen sind von den Gerichten materiell zu beachten; wenn abweichende Entsch. beabsichtigt, Ermächtigung erforderlich, da damit die Gültigkeit eines Befehls in Frage gestellt würde. Das gleiche gilt für die weiterhin im amerik. Sektor aufrechterhaltene, etwas abweichende Sonderregelung, die die Amerik. Milit.-Reg. durch Befehl Nr. 20 (TRAN) v. 20. 1. 47 getroffen hat; Text:

„1. Mit sofortiger Wirkung wird kein von früheren VBK-Transport-Offizieren oder ihresgleichen erlassener Befehl, was Transporte anbetrifft, ausgeführt. Diese Befehle werden hierdurch für null und nichtig erklärt, betreffend die gegenwärtige und zukünftige Ausführung.
2. Jedwede in der Vergangenheit auf Grund dieser Befehle vorgenommene Handlung ist jedoch als gültige Handlung zu betrachten und soll als gesetzlicher Befehl der Militärregierung aufrechterhalten bleiben.
3. Im Falle, daß irgendein von der auf Grund dieser Befehle beschlagnahmtes Kraftfahrzeug von dem früheren Besitzer beansprucht wird, bleibt das in Frage kommende Kraftfahrzeug Eigentum des jetzigen Besitzers, während der frühere Besitzer eine Vergütung entsprechend dem Taxwert erhält."

e) Die Amerik. Militärregierung hat an die Bergungsämter ihres Sektors folgenden Befehl v. 9. 7./18. 8. 47 gerichtet:

„Möbel, die von den Bergungsämtern sichergestelt worden sind, dürfen den früheren Eigentümern, der mit der Verwahrung seiner Möbel beauftragten Person oder einer oder mehreren Personen, an die der betreffende Hausrat verkauft werden könnte, nicht zurückgegeben werden, wenn sie Personen entzogen werden müssen, die diese Möbel brauchen. Ausnahmen von dieser Bestimmung können von den Bergungsämtern insoweit gemacht werden, daß wirklich notwendige Möbelstücke für den Mindestbedarf für die früheren Besitzer freigegeben werden können, sofern diese außerstande sind, sich diese Gegenstände anderweitig zu beschaffen und ihren gesetzlichen Wohnsitz im amerikanischen Sektor von Berlin haben.
Wird Wohnraum nach dem Wohnungsgesetz Nr. 18 beschlagnahmt so haben die Bergungsämter unverzüglich die Möbel sicherzustellen und nach dem Besitzstand zur Zeit der Beschlagnahme darüber zu verfügen, um den wesentlichen Mindestbedarf der Personen, denen der Wohnraum entzogen wird, und den Bedarf derjenigen Personen, für die der Wohnraum beschlagnahmt wird, zu gewährleisten."

Obwohl der Bef. nur an die Berg.-Ämter gerichtet ist, ist er als Verwaltungsakt im Sinne des Abs. IV aufzufassen, der eine Erm. erforderlich macht, falls ein Betroffener eine Entscheidung anstrebt, die diesem Bef. zuwiderlaufen könnte. Voraussetzung: Sicherstellung der Möbel durch Berg.-Amt.

V. Jeder Fall, in dem ein Militärregierungsgericht sich die Gerichtsbarkeit vorbehalten hat.

VI. Jeder Fall oder Kategorie von Fällen, die von einer Militärregierung der ausschließlichen Gerichtsbarkeit eines Militärregierungsgerichtes zugewiesen worden sind.

VII. Jeder Fall oder Kategorie von Fällen, die von einer Militärregierung der Gerichtsbarkeit deutscher Gerichte entzogen worden sind[11].

VIII. Ansprüche, die Vermögen betreffen, das jetzt oder späterhin der Kontrolle unterworfen ist gemäß Gesetz Nr. 52 der Französischen, Britischen und US-Militärregierung oder Befehl Nr. 124 des Sowjetischen Oberbefehlshabers, sowie Vermögen, das auf Befehl einer der Besatzungsmächte beschlagnahmt wurde oder der Beschlagnahme unterliegt[12].

§ 2. Kein Todesurteil darf vollstreckt werden ohne Ermächtigung der Alliierten Kommandantur von Berlin.

§ 3. In diesem Befehl bedeutet der Ausdruck: „Behörden der Militärregierung des zuständigen Sektors":

I. In den Fällen, die Staatsangehörige der vier Besatzungsmächte betreffen: Nur die Militärregierung derjenigen Besatzungsmacht, der die Angeklagten (in Strafsachen) oder die Parteien (in Zivilsachen) angehören.

II. In den Fällen, die Staatsangehörige einer anderen der Vereinten Nationen, als in Abs. I dieses § aufgeführt, oder Deutsche betreffen: Die Militärregierung des Sektors, in welchem der Angehörige der Vereinten Nationen oder der Deutsche seinen Wohnsitz hat, oder die Militärregierung des Sektors in welchem der Angehörige der Vereinten Nationen (ausgenommen Angehörige der Besatzungsmächte) oder der Deutsche die Tat begangen hat, wenn er in dem Sektor, in dem die Tat begangen worden ist, in Haft gehalten wird.

---

f) Von den verschiedenen Milit.-Reg. sind Anordnungen darüber ergangen, daß keine Möbel aus Berlin verbracht werden dürfen ohne besondere Genehmigung. Dies kein Erm.-Fall im Sinne des Abs. IV. Sache des Betroffenen, ob er die — dem Spediteur zu erteilende — Genehmigung bekommt. Gerichte insoweit nicht an der Ausübung d. Gerichtsbarkeit gehindert.

g) Die Sowjetrussische Milit.-Reg. hat für ihren Sektor durch Befehl vom 2. 10. 46 die „Räumung" von bestimmten Wohnungen verboten. Der Befehl lautet (auszugsweise):

„Alle Verfahren, die gegen nach dem Kontrollratsgesetz Nr. 18 bevorzugt zu berücksichtigende Personen anhängig sind und die die Räumung von Wohnraum zum Gegenstand haben, sind ohne Antrag einzustellen; dies gilt nur für Wohnraum im sowjetischen Sektor von Berlin."

11 Daraus ergibt sich, daß die Ges., VO. u. AO. der Sektoren-Militärregierungen weiterhin in Gültigkeit sind, soweit sie die Gerichtsbarkeit stärker beschränken, als es die vorsteh. AO. d. Kdtur. tut. Dies gilt z. B. für Art. VI Ziff. 10, g des Ges. Nr. 2, und zwar sowohl in der alten Fassung (S. 18), wie in der des 2. Änd. Ges. (S. 23), also für den amerik., brit. u. franz. Sektor v. Bln. Ebenso jedoch, wie jede Milit.-Reg. für ihren Sektor das Erfordernis der Erm. auf Fälle ausdehnen kann, die in der AO. v. 28. 3. 47 nicht enthalten sind, kann erst recht jede Militärregierung für ihren Sektor Erleichterungen schaffen bzw. auf die Erteilung der Erm. verzichten. Soweit die vor der AO. v. 28. 3. 47 geltenden Bestimmungen solche Erleichterungen enthalten u. nicht ausdrücklich aufgehoben sind, wird man deshalb ihre Fortgeltung annehmen müssen. Dies gilt z. B. für den amerik. Sektor von Art VI, Ziff. 10, b (6) Abs. I—V des Ges. Nr. 2 i. d. F. d. 2. Änder. Ges. (S. 22). Neben der AO. v. 28. 3. 47 bleiben auch aufrechterhalten die Sonderbestimmungen für Ehesachen (S. 38), weil dies Spezialbestimmungen sind, die durch die AO. v. 28. 3. 47 weder ausdrücklich noch dem Sinne nach aufgehoben werden.

12 Abs. VIII ist hinfällig geworden durch die AO. der All. Kdtur. v. 28.7. 1947 BK/O (47) 172 (S. 108), die eine von Abs. VIII wesentlich abweichende Sonderregelung getroffen hat. Von Bedeutung ist Abs. VIII lediglich noch in Verbindung mit der weiterhin geltenden Zuständigkeitsregelung des § 3 Abs. III.

III. In den in § 1 Abs. VIII dieses Befehls vorgesehenen Fällen: Die Militärregierung des Sektors, in welchem sich das beschlagnahmte oder unter Beschlagnahme fallende Vermögen befindet[13].

IV. In den in § 1 Abs. III und IV vorgesehenen Fällen: Die Militärregierung, welche den Befehl herausgegeben hat, oder die Alliierte Kommandantur in Fällen, die die Gültigkeit eines Gesetzes des Kontrollrates berühren[14].

§ 4. Dieser Befehl tritt mit dem Tag seiner Verkündigung in Kraft.

11.: Anordnung des Rechtskomitees der Alliierten Kommandantur von Berlin vom 5. April 1946 — Leg/46 I/40 — betreffend Ehesachen[1]

I. In Fällen, für welche die Bestimmungen des Gesetzes Nr. 16 des Kontrollrates maßgebend sind, soll die Angelegenheit, wenn eine der Parteien[2] Staatsangehöriger einer der vier Berliner Besatzungsmächte ist, nur von deutschen Gerichten behandelt werden, wenn die Besatzungsmacht, deren Angehöriger die betreffende Partei ist, ihre Zustimmung dazu gibt.

---

[13] Abs. I u. II regeln die Zuständigkeit nur für die Fälle des § 1, Abs. I u. II; Abs. III kann zu Ausnahmen von Abs. I führen. Wenn z. B. eine Erm. für eine Grundbucheintragung wegen eines Grundstücks erforderlich ist, das einem Franzosen gehört, aber im britischen Sektor liegt, so ist die Erm. der Britischen Militärregierung einzuholen, wenn der Franzose Antragsteller ist und deshalb eine Erm. nicht nach § 1 Abs. II, 6, sondern nach Ziff. 7 der AO. v. 28. VII. 47 (S. 112) in Verb. mit Art. I Ziff. 1, b u. f des Ges. Nr. 52 (S. 45) notwendig ist. Für den Bereich der Brit. Milit.-Reg. begründen Abs. I u. III des § 3 nach Mitteilung der Brit. Milit.-Reg. v. 11. 8. 47 in Sachen 4 C 1151/46 AG. Chlbg. eine konkurrierende Zuständigkeit, d. h.: Die Erm. der Brit. Milit.-Reg. ist ohne Rücksicht auf die außerdem erforderliche Erm. einer anderen Milit.-Reg. sowohl einzuholen, wenn eine Zuständigkeit der Brit. Milit.-Reg. nach § 1 in Verb. mit § 3 Abs. I oder II in Betracht kommt, als auch dann, wenn eine Zuständigkeit nach § 3 Abs. III in Verb. mit der AO. v. 28. 7. 47 (s. S. 108) in Betracht kommt. Für den Bereich der Amerik. Milit.-Reg. dagegen hat diese am 12. 3. 48 mitgeteilt, daß „jede Besatzungsmacht über Fälle in ihrem Bereich ohne Rücksicht auf die Staatsangehörigkeit der Beteiligten“ zu entscheiden habe, und ihre Zuständigkeit nach Abs. I und II verneint, wenn eine andere Milit.-Reg. nach Abs. III zuständig ist, damit also dem Abs. III eine ausschließliche Zuständigkeit gegeben. Es ist auch innerhalb des Abs. III eine mehrfache Zuständigkeit möglich, wenn kontrolliertes Vermögen in mehreren Sektoren liegt oder wenn das in einem Sektor liegende Vermögen durch die Milit.-Reg. eines anderen Sektors kontrolliert wird; in diesem letzteren Fall hat die Brit. Milit.-Reg. am 30. 3. 48 mitgeteilt, daß nur die Ermächtigung der Milit.-Reg., die die Kontrolle ausübt, erforderlich sei.

Erteilt eine Militärregierung, die wegen der Staatsangehörigkeit um Erm. gebeten werden mußte, diese nicht, so kann das Verfahren überhaupt nicht fortgeführt werden. Erteilt eine der Militärregierungen, die wegen der Lage des Verm. um Erm. gebeten werden mußten, diese nicht, so kann das Verfahren nur mit Wirkung für u. gegen die Vermögensteile fortgeführt werden, deretwegen die Erm. von anderen Milit.-Reg. erteilt ist. Insoweit vgl. Anm. 2 z. AO. v. 28. 7. 47 (S. 109). Im übrigen auch hier Sonderregelung f. Ehesachen (S. 38).

[14] Zuständig kann immer nur eine Berliner Dienststelle der Besatzungsmächte sein, da die AO. nur in Berlin gilt. Stammt der fragliche Befehl von einer Dienststelle i. d. Zone, so kann die AO. v. 28. 3. 47 jedenfalls keine Anwendung finden; eine Erm. ist dann nur erforderlich, wenn eine entsprechende Vorschrift in der Zone und in Berlin gilt, so z. B. bei Ges. Nr. 2 Art. VI Ziff. 10, d. Für die russ. Zone ist keine entsprechende Vorschrift bekannt geworden. — Diese Auffassung ist durch eine Mitteilung der Amerik. Milit.-Reg. an den Chefpr. d. LG. in der Sache 13 O. 250/47 LG. Bln. bestätigt worden.

[1] Die AO. ist lediglich durch eine Vfg. d. Chepr. d. LG. Bln. vom 23. 4. 46 — I. 3. 121/45 — bekanntgegeben. Sie gilt für alle 4 Sektoren von Berlin u. ist neben dem Ges. Nr. 2 in seinen verschiedenen Formen und neben der AO. v. 28. 3. 1947 weiterhin in Kraft. Über die Konkurrenzen der einzelnen Bestimmungen s. d. folg. Anm.

[2] Erm. also auch erforderlich, wenn Kläger Staatsangeh. einer Besatzungsmacht. Geht wesentlich weiter als Art. VI Ziff. 10, a. u. b der alten Fassung u. Ziff. 10, b, 2—6 der amerik. Fassung des Ges. Nr. 2, wonach wegen Klägers, der nicht im Dienst der Milit.-Reg. stehender Zivilist, Erm. nicht erforderlich, sondern

II. In Fällen, an denen die Vereinigten Nationen[3] beteiligt[4] sind, soll die Angelegenheit nur von deutschen Gerichten behandelt werden, wenn die Militärregierung des Sektors, in dem der Kläger seinen Wohnsitz hat, ihre Zustimmung dazu gibt.

12.: Anordnung der Britischen Militärregierung in Berlin betreffend Ehesachen, in welche Angehörige der alliierten Streitkräfte oder der Vereinigten Nationen verwickelt sind, vom 12. März 1946 — 15/50/33 — (auszugsweise)[1]

1. . . .

2. Sofern ein Ehescheidungsfall, in dem ein Angehöriger der alliierten Streitkräfte oder der Vereinigten Nationen verwickelt ist, den Britischen Sektor betrifft[2] oder sofern in einem solchen Fall die britischen Streitkräfte

---

nur evtl. bei solchem Beklagten. Wegen des besonderen Interesses, das die Besatzungsmächte an den Ehesachen ihrer eigenen Staatsangehörigen nehmen, als lex specialis grundsätzlich andere Bestimmungen ausschließend, wohlgemerkt, soweit Staatsangehörige der Besatzungsmächte „Parteien". Die Amerik. Milit.-Reg. hat für ihren Sektor jedoch wiederholt erkennen lassen, daß sie auch insoweit die Ausnahmen Art. VI Ziff. 10, b, 6, I—V des 2. Änder. Ges. z. Ges. Nr. 2 angewendet wissen wolle; darnach also auch nach obigem Abs. I Erm. d. Amer. Milit.-Reg. nicht erforderlich, wenn Kläger Amerikaner oder bei Bekl. die genannten Ausnahmen vorliegen. Zuständigkeitsregelung entspricht der in § 3 Abs. I AO. v. 28. 3. 47 (S. 37).

[3] Gemeint ist „Staatsangehöriger d. V. N."

[4] Beteiligt ist ein Staatsangehöriger der V. N. entweder

a) Wenn ein Angeh. einer Besatzungsmacht zwar nicht Partei (Abs. I), sondern irgendwie anders in die Ehesache verwickelt ist, z. B. als Zeuge.

b) Wenn ein Angeh. einer anderen V. N. als einer Besatzungsmacht
aa) Partei ist,
bb) irgendwie anders in die Ehesache verwickelt ist.

Zu a): Es gilt das Anm. 2. Gesagte, Erm. also über den Rahmen des Ges. Nr. 2 u. d. AO. v .28. 3. 47 hinaus erforderlich auch bei Verwickelung eines Staatsangeh. d. Besatzungsmacht, also nicht nur, wenn er Beklagter ist wie nach Art. VI Ziff. 10, b d. Ges. Nr. 2 u. auch nicht nur, wenn er Kl. ist, wie nach Abs. I Begriff der Verwickelung s. Anm. 7 z. Ges. Nr. 2 (S. 16). Abs. II ist für die Verwickelung von Staatsangeh. der Besatzungsmächte in Ehesachen lex specialis gegenüber Art. VI des Ges. Nr. 2 u. § 1 Abs. II der AO. v. 28. 3. 47; für die Zuständigkeit bei Verwickelung eines Angehörigen der Besatzungsmacht wird jedoch mit Rücksicht auf das aus Abs. I erkennbare Interesse der Besatzungsmächte § 3 Abs. I der AO. v. 28. 3. 47 lex specialis gegenüber der Zuständigkeitsregelung des Abs. II der AO. v. 5. 4. 46 sein, d. h. auch wenn ein Angeh. d. Besatzungsmacht nicht Partei, sondern nur verwickelt ist, ist die betreffende Besatzungsmacht für die Ert. d. Erm. zuständig, nicht die Milit.-Reg. des Sektors, wo der Kl. wohnt.

Zu b): Wenn ein Staatsangeh. einer der V. N., die nicht Besatzungsmächte sind, Partei oder sonst in die Sache verwickelt (Zeuge) ist, so ist Abs. II lex specialis gegenüber Art. VI des Ges. Nr. 2 u. § 1 Abs. II der AO. v. 28. 3. 47, es gilt insoweit für das Erfordernis der Erm. grundsätzlich das zu a) Gesagte. Jedoch hat die Amerik. Milit.-Reg. durch mehrere Entscheidungen erkennen lassen, daß sie auch in diesen Fällen zu b) die Ausnahmebestimmungen des Ges. Nr. 2, Art. VI Ziff. 10, b (6) Abs. I—V i. d. F. d. 2. Änder. Ges. angewendet wissen will. Für die Zuständigkeit bei der Beteiligung von Staatsangeh. d. V. N., die nicht Besatzungsmächte sind, ergibt sich aus der Verbindung von obigem Abs. II u. § 3 Abs. II der AO. v. 28. 3. 47: Wenn der Beteiligte in Bln. wohnt, ist zuständig die Milit.-Reg. des Sektors, in dem der Beteiligte wohnt. Wenn er außerhalb Berlins wohnt, die Milit.-Reg. des Sektors, wo der Kläger wohnt. Die Brit. Milit.-Reg. hat Sonderbestimmungen erlassen, die im Folgenden abgedruckt sind (Nr. 12).

[1] Veröff. d. Vfg. d. Chefpr. d. LG. Bln. v. 30. 3. 46 — I. 3. 121. 45 —,

[2] Gemeint sind alle die Fälle, in denen die Brit. Milit.-Reg. für die Erteilung der Erm. zuständig ist.

oder britische Staatsangehörige betroffen werden, wird die Ermächtigung lediglich unter folgenden Bedingungen erteilt[3] werden:

I. Der in den Fall verwickelte Angehörige der alliierten Streitkräfte oder der Staatsangehörige der Vereinigten Nationen soll nicht an den Verhandlungen teilnehmen.

II. Der Angehörige der alliierten Streitkräfte oder Staatsbürger der Vereinigten Nationen, der in den Fall verwickelt ist, soll nicht als Zeuge geladen werden.

III. Der Name des Angehörigen der allierten Streitkräfte oder der einer anderen Person mit einer Staatsbürgerschaft von einer der Vereinigten Nationen, welche in die Angelegenheit verwickelt sind, soll nicht in dem Gerichtsurteil angeführt werden. Ein solches Urteil soll verzeichnen, daß Ehebruch mit „X, einem Mitglied der alliierten Streitkräfte" oder „X, einer Person mit der Staatsbürgerschaft der Vereinigten Nationen" begangen worden ist.

IV. Gegen einen Angehörigen der alliierten Streitkräfte oder eine andere Person mit der Nationalität der Vereinigten Nationen soll weder ein Urteil gefällt oder irgendein anderer Befehl des Gerichts erteilt werden hinsichtlich Zahlung der Kosten, des Schadens oder des Unterhalts, noch soll irgendein Gesuch, Gerichtsvorladung oder irgendein anderer gerichtlicher Befehl einer solchen Person zugestellt werden.

3. . . .

13.: Anweisung Nr. 9 der Britischen Militärregierung[1]

Scheidungsklagen wegen Ehebruchs mit alliierten Militärpersonen oder anderen Staatsangehörigen der Vereinigten Nationen

1. Nach Maßgabe der nachstehenden Bestimmungen sind die deutschen Gerichte gemäß Artikel III des Kontrollratsgesetzes Nr. 4 und Artikel VI des Militärregierungsgesetzes Nr. 2 ermächtigt, die Gerichtsbarkeit in Scheidungsklagen auszuüben, die damit begründet sind, daß einer der Ehegatten Ehebruch mit einer alliierten Militärperson oder einem sonstigen Staatsangehörigen einer der Vereinigten Nationen begangen haben soll.

2. Sofern die Militärregierung nichts anderes bestimmt, sind bei diesen Klagen die folgenden Bedingungen zu erfüllen:

---

[3] Dazu hat die Brit Militär.-Reg. in Berlin durch Schreiben vom 4. März 1947 — 15/50/55/P — folgende Allgemeinermächtigung erteilt:
„Bei allen im britischen Sektor von Berlin entstandenen Ehesachen, in welche ein Mitglied der alliierten Streitkräfte oder ein Staatsangehöriger der Vereinigten Nationen verwickelt ist, darf die Anordnung vom 12. März 1946 als Allgemeine Ermächtigung angesehen werden, solche Fälle zu verhandeln, jedoch unter der Voraussetzung, daß die in Ziffer 2 dieser Anordnung vorgeschriebenen Bedingungen beachtet werden, und daß der Name der verwickelten Person in dem Verfahren nicht erwähnt wird.
Unter der Voraussetzung, daß diese Bedingungen eingehalten werden, ist ein Gesuch um Ermächtigung zur Ausübung der Gerichtsbarkeit in jedem einzelnen Fall nicht erforderlich."
(Vfg. d. Chefpr. d. LG. Bln, v. 15. 3. 47 — 1413 A, 1. 46 (113) —.)

[1] Abgedr. JBl. Brschwg. 46 Sp. 28. Gültig nur für die britische Zone. Erläutert durch die nachstehend Nr. 14 abgedruckte „Mitteilung". Eine ähnliche Regelung gilt in der franz. Zone.

a) Ein Angehöriger der alliierten Streitkräfte oder ein Staatsangehöriger einer der Vereinigten Nationen, welcher in die Sache verwickelt ist, kann weder
(I) an dem Gerichtsverfahren als Partei beteiligt werden noch
(II) als Zeuge in dem Verfahren vorgeladen werden.

b) Der Name der betreffenden alliierten Militärperson oder des betreffenden Staatsangehörigen einer der Vereinigten Nationen darf in dem Gerichtsurteil nicht genannt werden, doch kann das Urteil feststellen, daß Ehebruch mit „X, einer alliierten Militärperson" oder „X, einem Staatsangehörigen einer der Vereinigten Nationen" begangen worden ist.

c) Das Gericht darf kein Urteil oder sonstigen Beschluß gegen in eine Scheidungsklage verwickelte Militärpersonen oder Staatsangehörige einer der Vereinigten Nationen auf Zahlung von Kosten, Schadenersatz oder Unterhalt ergehen lassen oder ihnen Klagen, Vorladungen oder sonstige Gerichtsbeschlüsse zustellen.

Die Militärregierung hat in einem Begleitschreiben — 229/MG/5684 — NN/LEG — darauf hingewiesen, daß

1. § 624 ZPO durch die vorstehenden Anweisungen bei Scheidungsklagen wegen Ehebruchs mit alliierten Militärpersonen oder anderen Staatsangehörigen der Vereinigten Nationen nur im Rahmen der Vorschrift unter 2 (b), d. h. durch Bezeichnung mit „X, einer alliierten Militärperson" bzw. „X, einem Staatsangehörigen der Vereinigten Nationen" angewandt werden darf und

2. die Bestrafung von alliierten Militärpersonen oder anderen Staatsangehörigen einer der Vereinigten Nationen auf Grund des § 172 RStGB nach dem Gesetz Nr. 2 Artikel VI der Militärregierung nicht zulässig sei.

14.: Mitteilung der Britischen Militärregierung vom 26. Juli 1946 betreffend Ehescheidungen bei verschiedener Staatsangehörigkeit[1]

1. Die folgenden Bemerkungen über Verfahren und Politik werden als Richtschnur für die Ermächtigung deutscher Gerichte zur Verhandlung von Ehescheidungssachen herausgegeben, die Personen betreffen, welche nicht deutsche Staatsangehörige sind.

2. Bei den meisten gemischten Ehen nimmt die Frau die Staatsangehörigkeit des Ehemannes an, so daß beide Parteien in einer Ehescheidungsklage gewöhnlich je nach der Lage der Sache als Staatsangehörige der Vereinten Nationen, neutrale oder deutsche Staatsangehörige zu betrachten sind. Die wichtigste Ausnahme hiervon bilden die Amerikaner und die Franzosen, die mit der Eheschließung nicht ohne weiteres die Staatsangehörigkeit erwerben oder verlieren. Ferner gibt es einige weitere Ausnahmen von geringerer Bedeutung.

3. Ehescheidungen von Personen, von denen eine oder beide weder Deutsche noch Angehörige der Vereinten Nationen sind, wie im Gesetz der Militärregierung Nr. 3 aufgeführt[2], werden

[1] Abgedr. Hann. Rpfl. 46 S. 129. Gilt unmittelbar nur für die brit. Zone, jedoch werden die darin Ausdruck findenden allgem. Gesichtspunkte auch für den brit. Sektor v. Berlin Anwendung finden können.

[2] Ersetzt durch die S. 114 abgedr. Liste d. V. N.

entsprechend dem ordentlichen deutschen Gesetz behandelt; die Militärregierung wird hiervon nicht betroffen.

4. Ehescheidungen von Angehörigen der Vereinten Nationen einerseits und Deutschen anderseits sind durch das Gesetz der Militärregierung Nr. 2 — in der Fassung der Verordnung Nr. 29 — und durch die Technische Anweisung Nr. 19 — geregelt.

5. Eine Ermächtigung ist nicht erforderlich, wenn eine den Vereinten Nationen angehörende Person Kläger ist und das ordentliche deutsche Gesetz Anwendung findet.

6. Die Technische Anweisung Nr. 19 bestimmt in Ziffer 3, daß, wenn eine den Vereinten Nationen angehörende Person Beklagter ist, die Ermächtigung deutscher Gerichte zur Verhandlung von Ehescheidungssachen — außer, wenn politische Streitfragen auftauchen — von dem zuständigen Militärregierungsamt der Provinz erteilt wird. Diese Genehmigung wird nunmehr von den regionalen Militärregierungsämtern erteilt.

7. Wenn die Ehescheidung nicht strittig, aber von dem deutschen Ehegatten beantragt ist, muß die Erlaubnis, wie vorstehend in Ziffer 6 angegeben, nachgesucht werden; sie ist jedoch gewöhnlich ohne weiteres zu erteilen.

8. Wenn die klagende Partei die deutsche Staatsangehörigkeit besitzt und die beklagte Partei den Vereinten Nationen angehört, ist die Genehmigung nach dem Ermessen des Hauptquartiers des Militärregierungsamtes der Region zu erteilen.

9. Die Anweisung an die Oberlandesgerichtspräsidenten Nr. 9 ist auf alle Ehescheidungssachen anzuwenden, in denen das Verfahren auf Ehebruch mit Angehörigen der alliierten Streitkräfte oder anderen Staatsbürgern der Vereinten Nationen gestützt wird.

10. Eine Ehescheidung zwischen zwei Angehörigen der Vereinten Nationen kann von den deutschen Gerichten entsprechend dem ordentlichen deutschen Gesetz verhandelt werden, nachdem die Erlaubnis hierzu durch das Militärregierungsamt der Region erteilt worden ist.

Abschnitt B

Bestimmungen materiellrechtlichen Inhalts betreffend die Kontrolle über Vermögen (Nr. 15 bis 21)

15.: Militärregierungsgesetz Nr. 52[1]

Sperre und Kontrolle von Vermögen

Artikel I

Arten von Vermögen[2]

1. Vermögen[3] innerhalb[4] des besetzten Gebietes, das unmittelbar oder mittelbar, ganz oder teilweise im Eigentum oder unter der Kontrolle[5]

[1] Abdr. aus „Handb. f. Gesetzgeb. u. Gesetzesvorschr.“, herausgegeb. v. d. Brit. Milit.-Reg. Berlin, S. 23. Gleichlautend Amtsbl. d. Brit. Milit.-Reg. Nr, 3 S, 13, Text entspricht dem im Amtsbl. d. Amerik. Milit.-Reg. A S. 24 veröffentlichten. Franz. Text i. d. Fass d. VO. Nr. 81 (Journal off. S. 585). Änderungen und Abweichungen sind jeweils bei den einzelnen Bestimmungen vermerkt. Gesetz gültig i. d. amerik., brit., franz. Zone u. diesen Sektoren von Berlin. Soweit sich nicht auf Grund der durchaus anderen wirtschaftlichen Struktur, insbesondere des Kredit- u.

Finanzwesens, u. nach ausdrücklichen Anordnungen für Berlin etwas Entgegenstehendes ergibt, werden die in den nachstehenden Anmerkungen zum Gesetz Nr. 52 wiedergegebenen Anordnungen in den Zonen mindestens als Auslegungsquelle für die Auffassungen der Milit.-Reg. auch für Berlin von Bedeutung sein.

[2] Art. I gibt lediglich eine Aufzählung der Vermögensarten, welche irgendwelchen Maßnahmen der Kontrolle unterworfen werden können — engl. Text: „property ... is hereby declared to be subject to seizure ... —, d. h. diese Vermögensarten werden für geeignet erklärt, Gegenstand von Maßnahmen der Kontrolle zu sein. Aus Art. 1 selbst ergibt sich also zunächst keine Verfügungsbeschränkung. Vgl. Dölle-Zweigert S. 46 Ziff. 18.

[3] „Vermögen" ist im weitesten Sinne zu verstehen, bewegliches u. unbewegliches, alle subjektiven Rechte u. Interessen, absolute oder relative, gegenwärtige oder zukünftige, alle „subjektiven Befugnisse, die in unserer Rechtsordnung anerkannt sind, sofern sie vermögensrechtlichen Charakter haben und nicht etwa nur persönlicher Natur sind" (Dölle-Zweigert, S. 55 Ziff. 26). Dieser weitgehende Vermögensbegriff entspricht der Definition in Art. VII, Ziff. 9, c, des Ges. Nr. 52. Im übrigen wird aber auch die Abgrenzung des Begriffes „Vermögen" unter dem für das ganze Ges. Nr. 52 richtunggebenden Leitsatz zu stehen haben, daß eine Beeinträchtigung oder Verminderung der wirklich wesentlichen Substanz verhindert werden soll. Deshalb hat die Amerik. Milit.-Reg. in Bln. mitgeteilt, daß Möbel u. für den höchstpersönlichen Gebrauch bestimmte Gegenstände nicht zu den in Art. I erfaßten Verm. gehören (Vfg. d. Chefpräs. d. LG. Bln. v. 17. 11. 47 — Gen. 1413 A. 1. 46 (166) —, abgedr. S. 122). Im übrigen wird dieser Grundsatz aber hauptsächlich bei dem Verfügungsverbot des Art. II u. den Ausnahmen, die Art. IV davon zuläßt, zu berücksichtigen sein (vgl. Anm. 15 S. 49 u. Anm. 19 S. 53).

[4] Vermögen außerhalb des besetzten Gebietes unterliegt nicht dem Ges. Nr. 52, sondern dem Kontrollratsges. Nr. 5 (Amtsbl. d. KR. Nr. 2 S. 27).

[5] Engl. Text: „owned or controlled"; der Begriff „owned" ist weiter als der deutsche Eigentumsbegriff, besser zu übersetzen mit „gehört". Begriff „controlled" bedeutet „jede Möglichkeit aktiven Eingreifens" (Dölle-Zweigert S. 62 Ziff. 30). Entscheidend wirtschaftliche Zugehörigkeit zum Vermögen, auch Diebes- oder Plünderungsgut ist „controlled". Fällt ein Ehegatte unter die Best. des Ges. Nr. 52, so ist grundsätzlich auch alles Vermögen des anderen Ehegatten davon betroffen. Dies bestimmt für die amerik. Zone Rundschreiben der Reichsbankhauptstelle Stuttgart v. 16. 5. 46. Für die Brit. Zone ist insoweit die Mitteilung der Reichsbankleitstelle betr. Vermögenssperre bei Eheleuten von Bedeutung:

„Wenn das Vermögen eines Ehegatten den Vorschriften des Ges. Nr. 52 unterliegt, ist grundsätzlich auch das Vermögen des anderen Ehegatten zu sperren. Nach Rundverfügung Nr. 76/46 gilt dieser Grundsatz jedoch nicht, soweit das Vermögen der Eheleute vor dem 8. 5. 45 „rechtlich getrennt" war. In Auslegung des Begriffs „rechtlich getrennt" hat die Militärregierung entschieden, daß bei Ehen, die vor dem 8. 5. 45 rechtskräftig geschieden wurden, oder in denen vor diesem Zeitpunkt Gütertrennung vereinbart war, nur jeweils der Ehepartner zu sperren ist, in dessen Person ein selbständiger Sperrgrund vorliegt. In ausdehnender Auslegung der Rundverfügung Nr. 76/46 hat die Militärregierung ferner entschieden, daß die Sperre des einen Ehegatten das Vermögen des anderen insoweit nicht angreift, als das Vermögen des anderen Ehegatten durch im Erbgang oder durch Schenkung gemachte Auflagen von der Verwaltung und Nutznießung durch den anderen Ehegatten ausgeschlossen ist. Soweit diese Ausnahmen nicht zutreffen, muß auch bei in Zukunft geschlossenen Ehen das Vermögen beider Ehegatten gesperrt werden, sofern einer der Verlobten nach dem Gesetz Nr. 52 gesperrt ist. Eine Ausnahme gilt nur, wenn die Witwe eines nach dem 8. 5. 45 Verstorbenen, der der Sperre unterlag, wieder heiratet. Alsdann unterliegt zwar ihr Vermögen weiterhin der Sperre, jedoch ist das Vermögen ihres neuen Ehemannes sperrfrei. Diese Vergünstigung gilt nicht bei der Wiederverheiratung geschiedener mitgesperrter Ehefrauen. Soweit die Anwendung des Grundsatzes der gleichmäßigen Behandlung beider Ehegatten bei künftig zu schließenden Ehen jedoch zu besonderen Härten führt, kann über die zuständige Reichsbankanstalt ein Entsperrungsantrag an die Reichsbankleitstelle gestellt werden. Dieser Antrag kann vorsorglich auch schon durch den gegegenenfalls zu sperrenden Verlobten gestellt werden.

Bei Scheidungen, die nach dem 8. 5. 45 erfolgen, kann das derzeitige Arbeitseinkommen des Ehegatten, der nicht die Veranlassung zur Sperre gegeben hat, auf ein freies Konto gezahlt werden, soweit dieses den Betrag von 500 RM je Monat netto nicht übersteigt. Ebenfalls können sonstige Unterstützungsbeträge, die die geschiedene Ehefrau außerhalb jeden Zusammenhanges mit ihrem geschiedenen Ehemann von dritter Seite erhält, diesem freien Konto zusätzlich gutgeschrieben werden. Zur selbständigen Inanspruchnahme des Hauptbetrages der Allgemeinen Genehmigung Nr. 1 ist die geschiedene Ehefrau auch dann nicht berechtigt, wenn sie mit ihrem früheren Ehemann keinen gemeinsamen Haushalt mehr führt. Es steht ihr jedoch frei, wegen der ihr zustehenden

Unterhaltsleistungen ihres Ehemannes eine gerichtliche Feststellung oder ein Urteil zu erwirken. Auf Grund dieser Unterlagen kann der geschiedene Ehemann eine Sondergenehmigung zur Leistung des Unterhalts über den Rahmen der Allgemeinen Genehmigung Nr. 1 hinaus erwirken. Sofern sich der Ehemann weigert, diesen Antrag zu stellen, kann dieser von der Ehefrau vorgelegt werden.

Witwen vor dem 8. 5. 45 Verstorbener sind nicht zu sperren, es sei denn, daß in ihrer Person ein selbständiger Sperrgrund vorliegt, oder daß es sich nach Auffassung der zuständigen Reichsbankanstalt um die Witwe eines notorischen Nazis oder Kriegsverbrechers handelt. Soweit darüber im Einzelfalle Zweifel bestehen, ist zu berichten.

Sollten demnach Sperren von Witwen aufgehoben werden können, ist entspechender Entsperrungsantrag der Reichsbankstelle vorzulegen.

Entsperrungsanträge können hinsichtlich des Nachlasses vor dem 8. 5. 45 Verstorbener vorgelegt werden, wenn in der Person des Erben kein selbständiger Sperrgrund vorliegt und der Verstorbene kein notorischer Nazi oder Kriegsverbrecher war.

Die Witwe eines nach dem 8. 5. 45 verstorbenen, sperrpflichtigen Ehemannes unterliegt mit ihrem gesamten Vermögen weiterhin der Vermögenssperre."

(Abdr. aus JBl. Köln 47 S. 58, s. auch JMBl. (NW) 47 S. 31.)

Ganz allgemein wird Vermögen, an dem „Verwaltung u. Nutznießung" im Sinne des BGB. besteht, dann unter das Gesetz Nr. 52 fallen, wenn in der Person die Voraussetzungen des Ges. Nr. 52 vorliegen, der die Verwaltung und Nutznießung zusteht.

Ein Nachlaß fällt dann nicht unter das Ges. Nr. 52, wenn der Erblasser vor Inkrafttreten gestorben ist u. die Erben nicht darunter fallen (LG. Hagen in MDR. 47 S. 103); für die amerik. Zone Rundschreiben der Reichsbankhauptstelle Stuttgart v. 22. 8. 46; für die britische Zone ist insoweit folgende Entscheidung der Milit.-Reg. ergangen:

„1. Nach Ansicht der Legal-Division und der Property Control Branch unterliegt das Vermögen einer vor der Besetzung verstorbenen Person nicht der Kontrolle, da es zur Zeit des Inkrafttretens des Ges. Nr. 52 nicht ihr, sondern ihren Erben gehörte, gleichgültig, ob es verteilt war oder nicht.

2. Wenn die Witwe eines vor der Besetzung verstorbenen Mannes nicht selbst der Sperre unterliegt, so ist ihr Vermögen (d. h. einschließlich des in ihrem Besitz befindlichen Nachlasses des verstorb. Mannes) gleichfalls nicht zu sperren, selbst wenn ihr Gatte auf der schwarzen Liste stehen würde (d. h. dem Gesetz Nr. 52 unterworfen wäre), wenn er noch am Leben wäre."

Zu Nr. 2 der vorstehenden Entscheidung weist die Reichsbankhauptstelle Hannover darauf hin, daß wegen sonstiger Erben und wegen notorischer Nazis und Kriegsverbrecher noch die nachstehende RdVfg. der Reichsbankleitstelle Hamburg vom 10. 1. 1947 (M 1709/46) gilt:

„Die Regelung, nach der Witwen von Personen, die vor dem 8. 5. 1945 gestorben oder gefallen sind, nur dann gesperrt werden müssen, wenn die Verstorbenen notorische Nazis oder Kriegsverbrecher waren, und daß Witwen, sofern sie bereits gesperrt sind, Entsperrungsanträge einreichen dürfen, gilt nach einer neueren Entscheidung der Militärregierung, Finance Division, Hamburg, allgemein für die Erben solcher Personen. Voraussetzung hierfür ist, daß die Erben nicht selbst unter das Gesetz Nr. 52 fallen. (Niedersächs. Rpfl. 47 S. 72.)

Gesamthandvermögen fällt unter das Ges. Nr. 52, wenn nur einer der Gesamthänder darunter fällt (Gesellschaft d. BGB., Erbengemeinschaft). Dagegen wird das sonstige private Vermögen eines Gesamthänders nicht deshalb vom Ges. Nr. 52 betroffen, weil das Gesamthandvermögen darunter fällt. Unterliegt Gesellschaftsvermögen als solches dem Ges. Nr. 52, so ist dies auf das Privatvermögen eines persönlich vom Gesetz Nr. 52 nicht betroffenen Gesellschafters ohne Einfluß (§ 736 ZPO., § 124 HGB.). Juristische Personen, die als soche sebst nicht dem Ges. Nr. 52 unterliegen, werden dann von ihm erfaßt, wenn sie von einer Person „kontrolliert" werden, die dem Ges. Nr. 52 unterliegt, d. h. wenn eine solche Person die bestimmende Mehrheit der Anteile in der Hand hat. Für die brit. Zone ist insoweit folgende Anweisung der Milit.-Reg. ergangen:

„Aufhebung bestehender Sperren:

1. Bei offenen Handelsgesellschaften:
Wird der Gesellschafter von der Sperre befreit, der den Anlaß zur Sperrung des Firmenvermögens gegeben hat, so kann die Entsperrung des Gesellschaftsvermögens beantragt werden.

2. Bei Kommanditgesellschaften:
Anträge auf Entsperrung können vorgelegt werden, wenn weniger als 50 % des an der Gesellschaft beteiligten Kapitals unter die Sperre fallen. Jedoch gilt dies nur dann, wenn einwandfrei nachgewiesen wird, daß jegliche Form der Zeichnungsberechtigung, Kontrolle oder Leitung (signing, controlling or managing) der sperrpflichtigen Personen an der Kommanditgesellschaft ausgeschlossen ist.

3. Bei Gesellschaften mit beschränkter Haftung:
Entsperrungen können eingereicht werden, wenn weniger als 50 % des an der Gesellschaft beteiligten Kapitals der Sperre unterliegen.

der folgenden Personen steht, wird hiermit hinsichtlich Besitz oder Eigentumsrecht der Beschlagnahme, Weisung, Verwaltung, Aufsicht oder sonstigen Kontrolle durch die Militärregierung[6] unterworfen:

a) Das Deutsche Reich oder jedes seiner Länder, Gaue oder Provinzen oder eine gleichartige staatliche oder kommunale Verwaltung, deren Dienststellen oder Organe, einschließlich aller gemeinwirtschaftlicher Nutzungsbetriebe, Unternehmen, öffentlicher Körperschaften und Monopolbetriebe, die durch irgendeine der vorgenannten Organisationen kontrolliert werden[7];

b) Regierungen, Staatsangehörige oder Einwohner von Staaten — mit Ausnahme des Deutschen Reiches — die sich mit einem Mitglied der Vereinigten Nationen zu irgendeinem Zeitpunkt seit dem 1. September 1939 im Kriegszustande befanden, und Regierungen, Staatsangehörige und Einwohner von Ländern, die seit diesem Tage von den vorgenannten Staaten oder von Deutschland besetzt waren[8];

---

4. Bei Aktiengesellschaften:
Dasselbe gilt bei Aktiengesellschaften.
5. Bei Genossenschaften:
Anträge auf Entsperrung können eingereicht werden, wenn weniger als 50 % der stimmberechtigten Genossen den Sperrvorschriften des Ges. Nr. 52 unterliegen. Die Anträge sind auf dem üblichen Wege an die Reichsbankleitstelle zu richten." (Niedersächs. Rpfl. 47 S. 73)

6 Die Maßnahmen nach dem Ges. Nr. 52 stehen nur den Militärregierungen zu, bzw. den Stellen, an welche sie durch ausdrückliche Anordnung delegiert worden sind, dagegen sind deutsche Behörden nicht berechtigt, von sich aus irgendwelche Maßnahmen (auch vorbereitender Natur) auf Grund des Ges. Nr. 52 zu ergreifen (Urteil des Bez.-Verw.-Ger. amerik. Sektor v. Berlin in HuW. 47 S. 59, Schreib. d. Mag. v. Berlin v. 9. 12. 47 in Sachen 5 0 234. 47 LG. Bln.)

7 Abs. a erfaßt das Vermögen der Gebietskörperschaften nur bis herunter zum Gau und zur Provinz, dagegen wird Kreis- u. Gemeindevermögen von dieser Bestimmung nicht ergriffen, wohl aber unterliegt es dem Verfügungsverbot des Art. II Ziff. 3, b. Nach Dölle-Zweigert S. 83 Ziff. 68 liegt eine Kontrolle des Reiches über eine öff.-rechtl. Körperschaft dann nicht vor, wenn lediglich eine öff.-rechtl. Aufsicht gegeben ist, dagegen ist das Vorliegen einer Kontrolle zu bejahen, wenn das Reich auf Grund Gesetzes oder Satzung die maßgebenden Vertretungsorgane bestellt. Bei Unternehmen, die in privatrechtlicher Form betrieben werden, liegt eine Kontrolle des Reiches auch vor, wenn es entscheidenden Einfluß auf die Geschäftsführung hat, z. B. weil sich die beherrschende Mehrheit der Anteile in den Händen des Reiches befindet. Die in Anm. 11 z. Ges. Nr. 2 wiedergegebenen Verlautbarungen beziehen sich nur auf Art. VI. Ziff. 10 g des Ges. Nr. 2. Die Brit. Militärregierung insbesondere hat die Auffassung ausdrücklich bestätigt, daß Unternehmen, an denen das Reich die Anteilsmehrheit hat, unter Abs. a fallen ((JBl. Hamm 46 S. 93). Die in Betracht kommende Anweisung ist i. JBl. Dü.dorf 46 S. 48 ausführlich wiedergegeben u. lautet in den wesentlichen Punkten:

„1. Es werden folgende Bestimmungen in bezug auf die Durchführung des Art. VI obigen Gesetzes betr. Geldansprüche gegen irgendeine Körperschaft des öffentlichen Rechts erlassen:
2. Eine Gesellschaft wird nicht dadurch zu einer Körperschaft, daß dem Deutschen Reich früher die Mehrzahl der Anteile gehörte.
3. In Fällen, bei denen es sich um eine derartige Gesellschaft handelt, soll der zuständige Richter die Angelegenheit nicht weiterbehandeln, bis auf seine Anordnung hin durch Erklärung der Gesellschaft nähere Einzelheiten über die Aktionäre festgestellt sind, woraufhin der Richter dann entscheidet, ob das Reich der Hauptaktionär war.
4. Die in Abs. 2 oben beschriebenen Gesellschaften fallen laut Art. I, Abs. 1 a des Ges. Nr. 52 der Militärregierung unter die Bestimmungen dieses Gesetzes, wonach Urteile nicht vollstreckt werden können ohne die vorherige Genehmigung der Abteilung Property Control."

8 Unter Abs. b fallen nicht nur Staatsangehörige — dazu s. Art. VII Ziff. 9, d —, sondern auch „Einwohner von Staaten". Voraussetzung gegeben nicht nur bei „Wohnsitz" im Sinne der deutschen Gesetze, sondern auch bei „ständigem Aufenthalt". (Vgl. Dölle-Zweigert S. 85 Ziff. 71 ff). Für die franz. Zone u. den franz.

c) die NSDAP, deren Ämter und Stellen; Formationen und Organisationen, die zur NSDAP gehören, der NSDAP angeschlossen sind oder von ihr betreut werden; deren Beamte und diejenigen ihrer leitenden Mitglieder oder Anhänger, die von der Militärregierung bezeichnet werden[9];

d) alle Personen so lange, als sie von der Militärregierung in Haft oder sonstwie in Verwahrung gehalten werden[10];

e) alle Organisationen, Klubs oder andere Vereinigungen, die von der Militärregierung verboten oder aufgelöst werden[11];

f) Eigentümer außerhalb des Kontrollgebietes des Obersten Befehlshabers, ferner Regierungen und Staatsangehörige der Vereinigten Nationen und neutraler Staaten[12];

Sektor v. Berlin gilt Abs. b in der Fassung d. VO. Nr. 81 d. Franz. Oberkommandos (Journal officiel S. 585), die den 2. Tatbestand der obigen Fassung nicht kennt, sondern folgendermaßen lautet:

„Regierungen, Staatsangehörige oder Einwohner von Staaten, mit Ausnahme Deutschlands, die sich mit einer der Vereinigten Nationen zu irgendeinem Zeitpunkt seit dem 1. September 1939 im Kriegszustand befunden haben."

Für die amerik. Zone u. den amerik. Sektor v. Bln. sehen die Allgem. Genehmigungen Nr. 6 u. 12 eine Freigabe der unter b fallenden Vermögen vor (abgedr. S. 73 u. 77). Für den amerik. Sektor von Bln. hat die Amerik. Milit.-Reg. dem Chefpr. d. LG. ausdrücklich mitgeteilt, daß Staatsangeh. d. V. N. u. neutraler Länder, die in Bln. wohnen, nicht unter das Ges. Nr. 52 fallen (Vfg. d. Chefpr. d. LG. Bln. v. 17. 11. 47 — Gen. 1413/A. 1. 46 (166) abgedr. S. 122). In der brit. Zone unterliegen die Bankkonten der Angehörigen nachfolgender Länder nicht mehr der Sperre: Österreich, Ungarn, Rumänien, Bulgarien, Italien, Finnland, (Nied.sächs. Rpfl. 48 S. 31). Für den brit. Sektor v. Berlin dagegen hat die Brit. Milit.-Reg. den Chefpr. d. LG. durch Schreiben vom 17. 4. 48 (15/50/80/I—506) wissen lassen, daß das Vermögen von österr. Staatsangeh. dem Ges. Nr. 52 unterliegt. Nach Vfg. Nr. 64 des Commandant en Chef Français unterliegen die Vermögen von Staatsangehörigen u. Einwohnern von Bulgarien, Finnland, Ungarn, Italien und Rumänien nicht mehr der Sperre nach Art. I, 1, b (VOBl. Bln. 48 S. 373).

[9] s. dazu Allgemeine Anordnung (Verfügung) Nr. 1 u. Ergänzungen, abgedruckt S. 59.

[10] Voraussetzungen nur gegeben, solange die Haft oder Verwahrung andauert. Auf Kriegsgefangene findet Abs. d keine Anwendung; so ausdrücklich f. d. brit. Zone Verlautbarung der Brit. Milit.-Reg. in Hann. Rpfl. 46 S. 102; dazu Bekanntmachung des OLGPräs. Celle in Hann. Rpfl. 46 S. 112. Gleichlautend Verlautbarung d. Amerik. Milit.-Reg. v. 28. 7. 46, zit. S. 31 des Kurzkom. des Württ. Sparkassen- u. Giroverb. z. Ges. Nr. 52 u. 53. Gleiches wird auch für Berlin gelten.

[11] Zeitweilige Suspension genügt nicht, es muß sich um endgültige Maßnahmen handeln. Aus der Vielzahl der Gesetze, durch welche solche Vereinigungen betroffen worden sind, seien als besonders bedeutsam genannt das Kontrollratsges. Nr. 2 (Amtsbl. S. 19), das Militärregierungsges. Nr. 5 (Amtsbl. d. Amerik. Milit.-Reg. A S. 17, der Brit. Milit.-Reg. Nr. 3 S. 11, Handbuch der Brit. Milit.-Reg. Bln. S. 19, Recueil S. 8, gültig westliche Zonen u. Sektoren von Berlin), das Milit.-Reg.-Ges. Nr. 77 (Amtsbl. d. Amerik. Milit.-Reg. A S. 48, der Brit. Milit.-Reg. Nr. 3 S. 29 Recueil S. 18, nicht gültig in Berlin), Ziff. 1 der Prokl. Nr. 2 d. Kontrollrats und Art. III des KRGes Nr. 8 betr. Militär- und Kriegervereine, sowie Kontrollratsges. Nr. 57 betr. Versicherungsgesellsch. d. DAF.

[12] Durch VO. v. 14. 7. 45 hat Abs. f für die amerik. Zone und den amerikanischen Sektor von Berlin folgende Fassung erhalten:

„(f) Abwesende Eigentümer nichtdeutscher Staatsangehörigkeit, einschließlich Vereinte Nationen und neutrale Regierungen, sowie Deutsche außerhalb Deutschlands."

Abwesend ist nach Dölle-Zweigert S. 130 Ziff. 112 ein Eigentümer, der sich — nicht nur kurzfristig — dort nicht befindet, wo seine Vermögensgegenstände gelegen sind, und deswegen nicht auf diese rechtlich oder tatsächlich einzuwirken vermag; dies würde bedeuten, daß Vermögen eines solchen „nichtdeutschen Eigentümers" auch dann dem Gesetz Nr. 52 unterliegen kann, wenn er innerhalb Deutschlands ist; das Vermögen Deutscher dagegen unterliegt dem Ges. Nr. 52 nur, wenn sie sich außerhalb Deutschlands (Grenzen s. Art. VII Ziff. 9, e) befinden. Im Gegensatz zu der Auffassung Dölle-Zweigerts hat für Berlin die Amerikanische Militärregierung dem Chefpr. d. LG. durch Schreiben v. 5. 8. 47 als authentische Interpretation mitgeteilt, daß alle in Abs. f genannten Personen — also Deutsche und Nichtdeutsche — nur dann dem Ges. Nr. 52 unterliegen können, wenn sie sich außerhalb Deutschlands aufhalten. Die Franz. Milit.-Reg. in Berlin hat durch Schrb. v. 16. 9. 47 mitgeteilt, daß sie die gleiche Fassung wie die

g) alle anderen Personen, die von der Militärregierung durch Veröffentlichung in Listen oder auf andere Weise bezeichnet werden[13].

2. Der Beschlagnahme hinsichtlich Besitz oder Eigentumsrecht, der Weisung, Verwaltung, Aufsicht oder sonstigen Kontrolle durch die Militärregierung ist Vermögen unterworfen, das Gegenstand von Zwang, rechtswidriger Maßnahmen der Beschlagnahme, Besitzentziehung oder Plünderung entweder in Deutschland oder in Gebieten außerhalb Deutschlands gewesen ist, gleichgültig, ob dies auf Grund von Gesetzgebung, von angeblich rechtmäßigen Verfahren oder auf andere Weise geschehen ist[14].

Amerik. Milit.-Reg. angewendet wissen wolle, wie es auch dem franz. Text: „. . . propriétaires absents y compris les. . . .“ entspricht. Nach der oben im Text wiedergegebenen brit. Fassung des Abs. f dagegen fallen unter Ges. 52 Eigentümer außerhalb des Kontrollgebietes, außerdem schlechthin Regierungen und Staatsangehörige Vereinigter Nationen und neutraler Staaten, also auch, wenn sie „anwesend“ sind. Dies entspricht dem berichtigten engl. Text:

„Owners absent from the Supreme Commander's Area of Control and nationals and governments of United and neutral nations“,

nicht etwa „absent owners, including . . .“, wie die erste britische Fassung lautete (Amtsbl. d. Brit. Milit.-Reg. Nr. 1 S. 24). Die Brit. Milit.-Reg. in Berlin hat auch den Chefpr. d. LG. durch Schreiben vom 24. 7. 1947 — 15/50/80/I als authentische Interpretation wissen lassen, daß die Vorschrift des Abs. f unabhängig davon Anwendung finde, ob der Angehörige der Vereinten Nationen oder der Neutrale anwesend oder abwesend sei. Bereits vorher hatte die Brit. Milit.-Reg. in Berlin durch Schreiben vom 16. 5. 47 — 15/50/80/I klargestellt, daß „auch jedes Vermögen, das ein Staatsangehöriger der Vereinten Nationen nach Beendigung der Feindseligkeiten in Deutschland erworben hat oder in Zukunft erwerben wird, unter das Ges. Nr. 52 fällt.“ Für die britische Zone vertreten offenbar Dölle-Zweigert die Ansicht, daß auch Angehörige der V. N. u. neutraler Staaten nur unter Abs. f fallen, wenn sie „abwesend“ sind (S. 130 Ziff. 112). Für die brit. Zone fällt unter Abs. f auch Vermögen der Personen, die sich in der Ostzone u. Bln. befinden (JMBl. (NW) 48 S. 22, Hann. Rpfl. 47 S. 27.) Im brit. Sektor v. Bln. hat die Brit. Milit.-Reg. für das Vermögen von abwesenden Angehörigen d. VN. durch Verord. v. 27. 5. 48 (15/50/80/I) eine Sonderregelung getroffen; darnach wird derartiges Vermögen von der Verwaltung durch die Milit.-Reg. entbunden, bleibt jedoch den Bestimmungen des Ges. Nr. 52 unterworfen; die Ausübung der Verwaltung geht auf die Amtsgerichte bzw. die von diesen zu bestellenden Abwesenheitspfleger über; auf die Verwaltung finden die Bestimm. d. BGB., d. Ges. Nr. 52 und der Devisengesetzgebung Anwendung — Vfg. d. Chefpr. d. LG. Bln. v. 21. 6. 48 Gen. 1413 F 1. 48 (25).

[13] Als solche „Listen“ sind die Allgem. Anordnungen (Verfügungen) Nr. 1 bis 10 anzusehen, s. S. 59 ff.

[14] Diese Fassung hat Ziff. 2 für die brit. Zone und den brit. Sektor v. Bln. durch die Verordnung Nr. 38 der Brit. Milit.-Reg. erhalten (Handbuch II S. 15), während sich die Fassung, die Ziff. 2 für die amerik. Zone und den amerik. Sektor durch die Verordnung z. Änderung des Ges. Nr. 52 v. 14. 7. 45 (Amtsbl. A S. 27) erhalten hat, nur dadurch unterscheidet, daß es statt „subject of duress“ heißt „subject of transfer under duress“ und daß in der amerik. Fassung die Worte „committed either in Germany or in territories outside Germany“ fehlen. Die Fassung, die Ziff. 2 für die franz. Zone und den franz. Sektor von Berlin durch die VO. Nr. 81 (Journal officiel S. 585) erhalten hat, verbindet die amerikanische und die britische Formulierung, indem Vermögen als unter diese Bestimmung fallend erklärt wird, „qui ont été l'object d'un transfert sous contrainte etc.“ und außerdem Zwangsmaßnahmen „en Allemagne ou dans les territòires situés hors de l'Allemagne“ genannt sind. Die sprachlichen Unterschiede sind für den Sinn ohne Bedeutung, jedenfalls ist für alle drei westlichen Zonen und die entsprechenden Sektoren von Berlin klargestellt, daß es gleichgültig ist, ob die Zwangsmaßnahmen in Deutschland oder außerhalb Deutschlands erfolgt sind. Unter Ziff. 2 fällt einmal Vermögen, das durch einen nach heutiger Auffassung ungerechten Akt der Gesetzgebung oder Verwaltung seinem Inhaber entzogen worden ist, also z. B. früheres Vermögen der Polen, wenn es nach der VO. über die Behandlung von Vermögen etc. v. 17. 9. 40 (RGBl. S. 1270) zugunsten des Reichs eingezogen worden ist, ebenso Vermögen der Juden, wenn es gem. der 11. VO. z. Reichsbürgerges. v. 25. 11. 41 (RGBl. S. 722) dem Reich verfallen ist. Unter Ziff. 2 fällt aber vor allem auch Vermögen, das infolge der in dieser Ziffer genannten Zwangsmaßnahmen von Juden oder Ausländern im Wege des Privatrechtsgeschäfts unmittelbar an Private veräußert worden ist, also auch die rechtsgeschäftlichen „Arisierungen“. Zweck dieser Bestimmung ist folgendes: Das gesamte, auf die vorstehend beschriebene Weise in andere Hände gelangte Vermögen soll zusammengefaßt und unbeeinträchtigt erhalten werden, um für die Gesamtregelung der

Wiedergutmachung zur Verfügung zu stehen; es soll verhindert werden, daß Einzelansprüche auf Wiedergutmachung vor dieser Gesamtregelung erfüllt werden und dadurch im Umfang und Zeitpunkt eine bevorzugte und möglicherweise weitergehende Berücksichtigung erfahren, als dies später in dem Gesamtplan vorgesehen ist. Infolgedessen muß dieses Vermögen in der Hand des derzeitigen Besitzers, dem nach Art. II jede Verfügung verboten ist, völlig unbeeinträchtigt blockiert werden. Diesen Grundsatz hat insbesondere die Amerik. Milit.-Reg. in Berlin in einer Anzahl Einzelentscheidungen ausgesprochen, so besonders in den vom 13. und 22. 11. 46 in Sachen 1. T. 212/45 LG. Berlin, vom 1. 7. 47 in Sachen 7/VI/815/46 AG. Schönberg, vom 17. 10. 47 in Sachen 17. O. 191. 47 LG. Berlin. Ebenso Entscheidung der Brit. Milit.Reg. v. 26. 11. 47 in Sachen 4. Q. 29. 47 LG. Berlin. Soweit Vermögen derart blockiert ist, ist auch jedenfalls für Berlin die Eintragung eines Widerspruchs oder einer Vormerkung unzulässig, vergl. insoweit Vfg. d. Chefpr. d. LG. Bln. v. 12. 3. 48 Gen. 1413 S 1. 48 (14), abgedr. S. 127. Das Prinzip ist allerdings durch die inzwischen regional ergangenen Rückerstattungsgesetze teilweise durchbrochen worden, ohne daß dadurch aber etwas an seiner grundsätzlichen Tragweite geändert worden ist. Soweit Rechtsgeschäfte mit einem solchen im Gesetz vorgesehenen Rückerstattungsanspruch zusammenhängen, ist unter bestimmten Voraussetzungen für sie die Allgemeine Genehmigung Nr. 10 erteilt (s. S. 75). Von besonderer Bedeutung wird sein, ob für Ziff. 2 genügt, daß die Vermögensveräußerung auf Grund des damaligen allgemeinen politischen Drucks erfolgt ist oder ob im Einzelfall individuelle Zwangsmaßnahmen gegen den Veräußerer vorgelegen haben müssen. Nicht nur der Wortlaut — „duress" umfaßt allgemeine und spezielle Maßnahmen —, sondern vor allem auch der Zweck der Bestimmung zwingt zu der Annahme, daß auch Vermögen, das unter Einwirkung des allgemeinen politischen Drucks den Inhaber gewechselt hat, unter Ziff. 2 des Ges. Nr. 52 fällt. Auch der nicht seltene Fall, daß der infolge des allgemeinen politischen Drucks erfolgte Vermögensübergang auch nach objektiver, heutiger Betrachtungsweise durchaus zugunsten des Veräußerers erfolgt ist, kann nach dem Zweck und dem klaren Wortlaut der Ziff. 2 keine Ausnahme begründen; auch solches Vermögen wird zunächst der Blockierung unterliegen; wenn dann später eine Einziehung und Neuverteilung dieses Vermögens zur Erörterung steht, kann dabei geprüft werden, wieweit solche Umstände Berücksichtigung finden können. — Dem vorstehend gekennzeichneten Zweck der Ziff. 2 tragen zwei Entscheidungen Rechnung: In Sachen 15/1. T. 178. 46 hat das Landgericht Berlin durch Beschluß vom 24. 5. 46 die Eintragung eines Widerspruchs gegen das Eigentum zugunsten des früheren jüdischen Eigentümers für unzulässig erklärt (NJW. 48 S. 230); in Sachen 2. U. 399/119/46 hat das Kammergericht durch Urt. v. 1. 11. 46 eine auf Feststellung des Eigentums gerichtete Klage mit der Begründung abgewiesen, der für die Wiedergutmachung zu erwartenden Gesetzesregelung könne nicht durch ein Feststellungsurteil vorgegriffen werden, auch sei mit Rücksicht auf Ziff. 2 des Ges. Nr. 52 das Feststellungsinteresse zu verneinen (Jur. Rdschau. 47 S. 26). In Sachen 9. O. 67/47 aber hat das Landgericht Berlin durch Urteil v. 13. 2. 46 entschieden, daß der Kläger Möbel herausverlangen kann, die nach der 11. DVO. z. Rbges. durch den Oberfinanzpräsidenten an den Beklagten veräußert worden sind, und zwar begründet das LG. die Entscheidung in diesem Fall damit, daß der Kl. nicht seinen „Aufenthalt im Ausland genommen" habe, sondern dahin verschleppt worden sei, und daß deshalb die Voraussetzungen der 11. DVO. nicht vorgelegen hätten, so daß selbst nach damaligem Recht die Beschlagnahme nichtig gewesen sei (NJW. 48 S. 302). Das KG. hat in Sachen 2. U. 595/247/46 durch Urteil v. 8. 11. 46 die Eintragung eines Widerspruchs für zulässig erklärt, weil die frühere jüdische Verkäuferin eines Grundstücks den Kaufvertrag wegen „Kollektivdrohung durch Naziterror" nach § 123 BGB. rechtswirksam anfechten könne und angefochten habe (Jur. Rdschau. 47 S. 83). Die beiden letztgenannten Entscheidungen tragen der materiell-rechtlichen Wirkung der Ziff. 2, die derartiges Vermögen vor jeder Beeinträchtigung schützen soll, und vor allem dem oben gekennzeichneten Zweck der Bestimmung nicht hinreichend Rechnung; dies dürfte aber in erster Linie auf die Wirkung der AO. der All. Kdtur. v. 28. 8. 47 zurückzuführen sein, vergl. insoweit Anm. 4 dazu, S. 110. Übereinstimmend Kleine in SJZ. 46 S. 36 zu einer ähnl. Entsch. d. AG. Wiesbaden. Bei der Entscheidung des KG. kommt noch folgendes hinzu: Wie oben erörtert, reicht ein „allgemeiner Zwang" oder eine „Kollektivdrohung" ohne Zweifel aus, um Vermögen der Ziff. 2 zu unterwerfen. Die „Drohung" des § 123 BGB. aber ist ein vollkommen anderer Begriff als „duress" in Ziff. 2. Nach dem Wortlaut, dem gesamten System des BGB., und auch mit Rücksicht auf eventuelle Folgen aus § 826 kann unter der Drohung des § 123 nur eine Individualmaßnahme verstanden werden (so auch der 1. Ziv. Senat d. KG. in Sachen 1 W 268/47 und 1 W 927/47). Dieser Auffassung und zugleich auch dem Zweck der Ziff. 2 dient eine instruktive Verlautbarung der Kontrollkommission (Legal Division BE) vom 10. 7. 47 (abgedr. Schleswig-Holst. Anz. 47 S. 242) folgenden Inhalts:

„1. Bei den deutschen ordentlichen Gerichten der brit. Zone sind bestimmte Fälle anhängig geworden, in denen Juden und andere Personen, die sich den Haß des Naziregimes zugezogen hatten, Klagen auf Ersatz oder Wiedererstattung von Eigentum eingereicht haben, das sie zwischen 1933 und dem 8. Mai 1945 infolge allgemeinen oder indirekten Zwanges verkauften oder

Artikel II

Verbotene Handlungen

3. Sofern nicht nachstehend etwas anderes bestimmt ist oder sofern nicht die Militärregierung ihre Ermächtigung oder Anweisung dazu erteilt hat, darf niemand Vermögen der nachbezeichneten Art einführen, erwerben, in Empfang nehmen, damit handeln, es verkaufen, vermieten, übertragen, ausführen, belasten oder sonstwie darüber verfügen, es zerstören oder den Besitz, die Verwaltung oder die Kontrolle darüber aufgeben[15].

anderweitig veräußerten, im Gegensatz zu einem bestimmten Zwang, ausgeübt seitens irgendeiner bekannten Person oder irgendwelcher bekannten Personen.

2. Die Forderungen sind im allgemeinen erfolglos gewesen, weil das Gesetz keine Rechtsmittel hat, außer in Fällen, in denen bestimmter Zwang nachgewiesen werden kann.

3. a) H. Q. Legal Division, Berlin, hat erklärt, daß das Verhandeln weiterer Fälle ähnlicher Art vor deutschen ordentlichen Gerichten im gegenwärtigen Zeitpunkt unerwünscht ist.

b) Die Frage der Gesetzgebung mit Bezug auf Wiedererstattung oder Ersatzleistung an Personen, die allgemein unter den Nazis gelitten haben, wird in Berlin noch verhandelt, und eine Entscheidung hierüber wird zu gegebener Zeit erfolgen.

4. Es besteht keine Gesetzgebung noch ist eine solche beabsichtigt, die irgend jemand verhindert, eine Klage wie in § 1 beschrieben anzubringen. Es ist jedoch wichtig, daß alle möglichen Schritte unternommen werden sollten, auf die Kläger einzuwirken, daß sie in ihrem eigenen Interesse die Klage zurückziehen, oder von der Einreichung von Zivilverfahren vor den deutschen ordentlichen Gerichten absehen und warten, bis geeignetere Bestimmungen zur Gutmachung des ihnen evtl. zugefügten Unrechts vorliegen."

Im Einzelnen vergl. Abhandlung d. Verf. in H u. W 1948 S. 227.

Vermögen aus den früher von Deutschland besetzten Gebieten fällt beispielsweise dann unter Ziff. 2, wenn es als sogenanntes „volks- und reichsfeindliches" Vermögen konfisziert worden ist oder wenn es sich um Plünderungsgut handelt. Wenn es dagegen im Rahmen der Haager LKO. völkerrechtsgemäß in Anspruch genommen worden ist, fällt es nur in der britischen Zone und im brit. Sektor von Berlin unter Ziff. 2, und zwar auf Grund der Allgem. Verfg. Nr. 6 (abgedr. S. 68), die ausdrücklich in Ausführung der Ziff. 2 ergangen ist und von ihr betroffene Vermögen der Ziff. 2 unterwirft. Aus den in der amerik. und franz. Zone in dieser Hinsicht ergangenen Gesetzen und Verordnungen dagegen kann eine Unterwerfung solchen völkerrechtsmäßig betroffenen Vermögens unter Ziff. 2 nicht entnommen werden, sondern dafür ist lediglich eine Meldepflicht festgelegt (vgl. f. d. amerik. Zone die Ges. der Länderregierungen v. 19./20. 4. 46 — Dölle-Zweigert S. 142 Ziff. 126 —, für die franz. Zone VO. Nr. 19 u. Vfg. Nr. 24 — Journal officiel S. 61 u. 63). Erst recht gelten diese Meldepflichten natürlich für Vermögen, das entgegen dem Völkerrecht in Anspruch genommen worden ist und deshalb außerdem unter Ziff. 2 fällt. Vgl. im einzelnen Dölle-Zweigert S. 138 Ziff. 124 ff.

[15] Art. II verhängt über das darin genannte Verm. eine „totale Aktionssperre" (Dölle-Zweigert S. 150), die das gesamte gegenwärtige und in Zukunft erworbene Verm. erfaßt, u. zwar ipso iure u. ohne besondere Einzelanordnung. Absolutes Veräußerungsverbot im Sinn des § 134 BGB., gutgläubiger Erwerb ausgeschlossen (Dölle-Zweigert S. 186 Ziff. 173). Der Inhaber solchen, nach Art. II blockierten Vermögens darf es auch dann nicht herausgeben, wenn gegen ihn etwa Urteil ergangen ist und Vollstreckung versucht wird, es sei denn, daß bereits für das Verfahren u. für die Vollstreckung die Genehmigung vorliegt. Befreiung von der Aktionssperre a) im Rahmen des Art. IV, b) durch Allgemeine Genehmigung, c) durch Genehmigung der Militärregierung im Einzelfall.

Durch Art. II im einzelnen verboten: a) Jedes Erwerbsgeschäft, gleichgültig, ob entgeltlich oder unentgeltlich. b) Jeder Handel — „geschäftliches Umgehen" (Dölle-Zweigert S. 161 Ziff. 142). c) Jede Art von Verpflichtungsgeschäft mit Ausnahme von Verträgen über die Arbeitskraft (Dölle-Zweigert S. 156 Ziff. 134 ff). d) Jedes Verfügungsgeschäft, auch solche, zu denen eine rechtlich wirksame Verpflichtung bereits früher entstanden war; auch die Einziehung einer Forderung ist verboten, wenn der Gl. unter Ges. Nr. 52 fällt (Dölle-Zweigert S. 152 Ziff. 131). e) Die im Art. II am Schluß des ersten Absatzes genannten Realakte.

Aus der Fülle der Einzelanordnungen, die zu der Frage, welche Handlungen nach Art. II verboten sind, für die brit. Zone ergangen sind, seien einige — besonders instruktive — ohne Anspruch auf Vollständigkeit herausgegriffen (weitere finden sich im Rahmen des Art. IV): Die Errichtung von Eheverträgen ist im Rahmen folgender Anordnung zulässig, die für die brit. Zone als Anweisung Nr. 111 (Niedersächs. Rpfl. 47 S. 95, JMBl. (NW) 47 S. 70) und für den brit. Sektor als AO. der Milit.-Reg. v. 25. 9. 47 ergangen ist:

„(I) Ein Ehevertrag als solcher bedarf auch dann nicht der vorherigen Genehmigung durch die Militärregierung, wenn das Eigentum eines oder beider Ehegatten unter das Gesetz Nr. 52 der Militärregierung fällt.

(II) Enthält jedoch ein Ehevertrag Bestimmungen, durch welche ein Ehepartner, dessen Eigentum unter das Gesetz Nr. 52 fällt, über bestimmte Posten verfügt und sie damit für Zahlungen von Verbindlichkeiten seiner- oder ihrerseits (vergangener oder zukünftiger) unverfügbar macht, dann muß die Zustimmung der Militärregierung zu einer solchen Vereinbarung eingeholt werden."

Jeglicher Erwerb von Todes wegen fällt nicht unter die Aktionssperre (Niedersächs. Rpfl. 47 S. 19, Dölle-Zweigert S. 160 Ziff. 141), ebensowenig die Errichtung eines Testaments oder Erbvertrages; nicht verboten die Übernahme des Amtes als Testamentsvollstrecker (Hann. Rpfl. 46 S. 148), die Durchführung des Erbscheinverfahrens (JBl. Hamm. 46 S. 171). Weiterhin ist nicht nach Art. II verboten für eine Person, deren Vermögen unter Ges. Nr. 52 fällt, der Eintritt in eine Genossenschaft (Niedersächs. Rpfl. 47 S. 51, JMBl. (NW) 47 S. 31), und auch die Kündigung der Mitgliedschaft stellt keine Vfg. im Sinne von Art. II dar (Hann. Rpfl. 47 S. 45, JMBl. (NW) 47 S. 31). Dagegen ist die Tilgung eines Darlehns durch eine dem Ges. Nr. 52 unterliegende Person verboten (Niedersächs. Rpfl. 47 S. 51), ebenso die Ausschlagung einer Erbschaft (JBl. Brschwg. 47 S. 238, JBl. Hamm 47 S. 33, JBl. Dü.dorf 47 S. 31, JMBl. (NW) 47 S. 23). Verboten ist auch die Ausübung des Stimmrechts auf Grund von Anteilen an Kapitalgesellschaften durch Personen, die dem Ges. Nr. 52 unterliegen (JBl. Brschwg. 47 S. 308, JMBl. (NW) 47 S. 30, siehe auch Ergänzung in Niedersächs. Rpfl. 48 S. 30). Auf derselben Ebene liegt das Verbot der Ausübung der Prokura in einer nicht dem Ges. Nr. 52 unterliegenden Firma durch einen Prokuristen, der dem Ges. Nr. 52 unterliegt (Hann. Rpfl. 47 S. 67). Das Handlungsverbot des Art. II geht soweit, daß es dem Notar verboten ist, Gesellschafterbeschlüsse, die dem Ges. Nr. 52 zuwiderlaufen würden, zu protokollieren (Niedersächs. Rpfl. 47 S. 97). Auch die Erteilung von Vollmachten, die zur Vfg. über gesperrtes Vermögen berechtigen, ist verboten (JMBl. (NW) 47 S. 3, auch S. 109 wegen der Verantwortung der Notare). Löhne u. Gehälter dürfen an Personen, die unter das Ges. Nr. 52 fallen, nur auf ein Sperrkonto gezahlt werden (JMBl. (NW) 48 S. 4). — Wegen weiterer Einzelheiten vgl. Dölle-Zweigert, S. 152 Ziff. 131.

Im übrigen wird genau wie für die Abgrenzung des Begriffes „Vermögen" in Art. I Ziff. 1 und des „normalen Geschäftsbetriebes" in Art. IV auch für die Frage, welche Handlungen durch Art. II verboten werden, der Leitsatz u. Zweck des Ges. Nr. 52 von ausschlaggebender Bedeutung sein, daß jede Beeinträchtigung und Verminderung des darunter fallenden Vermögens oder auch ihre Möglichkeit verhindert werden soll. Deshalb wird beispielsweise die Vermietung einer Wohnung in einem unter Ges. Nr. 52 fallenden Miethause nicht verboten sein, weil gerade das Unterlassen einer solchen Vermietung das Vermögen vermindern würde. Diesen Grundsatz hat die Amerik. Milit.-Reg. in Berlin in einer Anordnung vom 20. 1. 48 klar herausgestellt (vgl. Vfg. d. Chefpr. d. LG. Bln. v. 29. 1. 47, Gen. 1413 F. 1. 48 (3), abgedr. S. 122). Aus demselben Grund hat die Amerik. Milit.-Reg. v. Bln. in einer vorhergehenden Anordnung v. 5. 11. 47 erkennen lassen, daß Unterhaltsansprüche u. Anspr. betr. Besitz von Wohnraum ohne Beschränkung geltend gemacht u. dementsprechend natürlich auch durch freiwillige Leistung erfüllt werden können (vgl. Vfg. d. Chefpr. d. LG. v. 17. 11. 47, Gen. 1413 A. 1. 46 (166), abgedr. S. 122).

Bei konsequenter Übertragung der materialrechtlichen Wirkung des Art. II auf das Verfahren der streitigen u. freiwilligen Gerichtsbarkeit dürfte das Gericht keine Gerichtsbarkeit ausüben in allen Fällen, die Handlungen betreffen, welche nach Art. II verboten sind, es sei denn, eine Genehmigung dazu läge vor. Diesen Weg hat man lediglich einmal in Berlin auf Grund der Kommandanturanordnung vom 21. 2. 47 — BK/O. (47) 50 — beschritten, er hat sich jedoch nach kurzer Zeit als ungangbar herausgestellt, so daß diese Anordnung am 28. 7. 47 bereits wieder aufgehoben worden ist. Man ist in den Zonen u. in Berlin verschiedene Wege gegangen. In den Zonen hat man im allgemeinen die Berücksichtigung der Sperre durch das Ges. Nr. 52 in das Stadium der Zwangsvollstreckung gelegt, und zwar erfassen die Anordnungen, die in dieser Hinsicht für die amerik. Zone ergangen sind, die streitige u. freiwillige Gerichtsbarkeit (AVO. Nr. 1 m. Erl., s. S. 89); die Anordnungen für die brit. Zone dagegen erfassen nur das streitige Verfahren u. gewisse Teile der freiwilligen Gerichtsbarkeit, für die im übrigen die notwendigen Folgerungen unmittelbar aus Art. II gezogen werden müssen (Anweisungen Nr. 109, 109 A u. 110, s. S. 101). Für Berlin hat man die Prüfung, ob das Ges. Nr. 52 eingreift, nicht der Zwangsvollstreckung überlassen, sondern die durch das Gericht von Amts wegen einzuholende Ermächtigung der Militärregierung im Verfahren der streitigen u. freiwilligen Gerichtsbarkeit zur Voraussetzung für deren Ausübung gemacht, jedoch nur in den Fällen, in denen über Vermögen, das dem Ges. Nr. 52 unterliegt, die Kontrolle durch die Militärregierung tatsächlich ausgeübt wird oder in denen es eingezogen worden ist (AO. d. All. Kdtur. v. 28. 7. 47 — BK/O. (47) 172, s. S. 108). Über die Einzelheiten der Wirkung des Ges. Nr. 52 auf die gerichtl. Verfahren siehe bei den betreffenden Bestimmungen.

a) Vermögen, das in Artikel I aufgezählt ist;
b) Vermögen im Eigentum oder unter Kontrolle eines Kreises, einer Gemeinde oder einer sonstigen gleichartigen staatlichen oder kommunalen Verwaltung[16];
c) Vermögen im Eigentum oder unter der Kontrolle einer Institution, die dem öffentlichen Gottesdienst, der Wohlfahrt, der Erziehung, der Kunst oder den Wissenschaften gewidmet ist;
d) Kunstbesitz und wertvolle oder bedeutende Kulturgegenstände, ohne Rücksicht auf Eigentum oder Kontrolle.

Artikel III

Verpflichtungen hinsichtlich der Verwaltung des Vermögens

4. Alle Verwahrer, Pfleger, Amtspersonen[17] oder andere Personen[18], die Vermögen der in Artikel I oder II aufgezählten Art in Besitz, in Ver-

[16] Die in Art. II Abs. b bis d genannten Vermögensgruppen unterliegen nicht den Maßnahmen, die in Art. I Ziff. 1 vorgesehen sind, sondern fallen lediglich unter die totale Aktionssperre. Dies ist von besonderer Bedeutung wegen des Vermögens der Kreise und Gemeinden. Für diese gilt nicht die durch Art. IV Ziff. 6, Abs. b ausgesprochene Lockerung, wohl aber die Allgemeine Genehmigung Nr. 3 (abgedr. S. 72). Wegen des Vermögens der Stadt Berlin s. Anm. 3 z. Allgem. Gen. Nr. 3 (S. 72) sowie Vfg. des Chefpr. d. LG. Bln. v. 2. 2. 48 — Gen. 1413 F. 1. 48 (4) —, abgedr. S. 124). Für die unter Abs. c genannten Vermögen gilt die Allgemeine Genehmigung Nr. 5 abgedr. S. 73).

[17] Engl. Text: „custodians, curators, officials“; alle gesetzl. oder vertragl. Verwalter fremden Vermögens nach deutschem Recht, z. B. Vormünder, Pfleger, Ehemann, Eltern, Treuhänder, Beamte; vor allem aber die besonders in Verfolg des Ges. Nr. 52 besonders eingesetzten „Custodians“, deren Begriff allmählich Gemeingut geworden ist. Übersetzung mit „Treuhänder“ ungenau u. irreführend, da er nicht Treuhänder des Eigentümers, sondern in erster Linie Verwaltungsperson der Militärregierung ist. Aus diesem Grund ist vielfach eine Amtspflicht des Custodian gegenüber dem Eigentümer des Vermögens, deren Verletzung ihn schadensersatzpflichtig machen könnte, verneint worden (Dölle-Zweigert S. 223 Ziff. 206, Engler DRZ. 47 S. 252, Urt. LG. Bln. v. 25. 9. 47 — 15 S. 1344/46), Aus dem gleichen Grund soll der Eigentümer von dem Custodian nicht Herausgabe des durch die Verwaltung Erlangten verlangen können (LG. Bln. v. 29. 6. 46 — 3 O 73/46. NJW. 48 S. 225). Gegen diese Folgerungen wendet sich mit durchaus zutreffenden Ausführungen Haidinger in MDR. 48 S. 7 unter Berufung auf Urteile des OLG. Kiel u. LG. Hamburg mit dem allein befriedigenden Ergebnis, daß der Treuhänder dem Eigentümer nicht nur aus Delikt, sondern auch im Rahmen u. auf Grund des § 276 BGB. hafte. Auch die Tatsache, daß die Brit. Milit.-Reg. in Bln. durch Anordnung v. 27. 5. 48 die Fürsorge für das Vermögen der abwesenden Angeh. d. VN. den deutschen Gerichten übertragen hat u. daß die von diesen zu bestellenden Abwesenheitspfleger nach § 1833 BGB. haftbar sind, obwohl das Vermögen dem Ges. Nr. 52 unterworfen bleibt, spricht dafür, daß allgemein die Verwalter fremden Vermögens im Sinn von Art. III u. also auch die Treuhänder dem Eigentümer verantwortlich sein müssen (vergl. wegen dieser Regelung auch Anm. 12 a. E., S. 47). Wegen Einzelheiten über das Institut des Custodian, insbesondere den „managing custodian“, über seine Rechtsstellung, über die Unterschiede in den westlichen Zonen vgl. Dölle-Zweigert S. 219 Ziff. 204 ff, Engler in DRZ. 47 S. 253, Barz, NJW 48 S. 44, Godin, NJW. 48 S. 46, Blanke, NJW 48 S. 129 u. besonders auch JBl. Köln 47 S. 59. Wegen der prozessualen Wirkungen der custodianschip siehe Anm. 5 z. AVO. Nr. 1 (S. 91), Anm. 4 z. Anw. Nr. 109 (S. 104), Anm. 3 z. Anw. Nr. 110, S. 105, für Berlin Anm. 5 z. AO. v. 28. 7. 47 (S. 111) Die „Treuhänderschaft“ kann auf Antrag in das Handelsregister eingetragen werden (vgl. Dölle-Zweigert, S. 222 Ziff. 206). Das Problem wird erläutert durch eine instruktive Verlautbarung d. OLGPräs. Köln im JBl. Köln 46 S. 102 — s. auch JBl. Brschwg. 46 S. 180 u. Hann. Rpfl. 46 S. 85 — folgenden Inhalts:

„Feste Richtlinien für die Behandlung von Treuhänderschaften (Vermögensverwaltungen) auf Grund des Ges. Nr. 52 der Militärregierung zu geben, erscheint mir nicht erforderlich, sie würden auch einheitlich für die gesamte Britische Zone erlassen werden müssen. Es erscheint mir aber unbedenklich, wenn die Gerichte in folgender Weise verfahren:

a) Die Tatsache der Beschlagnahme als solcher von Amts wegen einzutragen, dürfte nicht in Frage kommen. Die Registergerichte erhalten von Amts wegen weder von der Militärregierung noch von einer deutschen Stelle eine Mitteilung über die Beschlagnahme auf Grund des Ges. 52. Ein Verfahren entsprechend § 32 HGB. oder § 14 Abs. 2 der VO. über die Behandlung feindlichen

wahrung oder unter Kontrolle haben, unterliegen den folgenden Verpflichtungen:

a) 1. Sie müssen das Vermögen nach den Weisungen der Militärregierung verwalten und dürfen bis zum Erlaß dieser Anweisung dieses Vermögen weder übertragen nach aushändigen noch anderweitig darüber verfügen;

2. Sie müssen das Vermögen pfleglich behandeln, unversehrt erhalten und beschützen und dürfen nichts unternehmen, das den Wert oder die Brauchbarkeit derartigen Vermögens beeinträchtigt, noch derartige Handlungen durch Dritte zulassen;

3. Sie müssen hinsichtlich des Vermögens und dessen Einnahmen genaue Aufzeichnungen führen und Abrechnungen aufstellen.

Vermögens vom 15. 1. 1940 (RGBl. I, S. 191) dürfte daher nicht in Frage kommen, denn es fehlt an einer Benachrichtigung des Registergerichts von Amts wegen, wie sie auf Grund von § 112 KO. und Nr. 14 der AV. des RJM. vom 20. 6. 1940 (Dt. Just. 1940, S. 728) erfolgt.

b) Auch die Tatsache der Bestellung eines Treuhänders (Verwalters) von Amts wegen einzutragen, kommt m. E. aus den unter a) angegebenen Gründen nicht in Frage. Sie auf Antrag der Militärregierung oder des Treuhänders einzutragen, erscheint mir aber zulässig. Für einen Sonderfall (Bestellung eines Treuhänders für einen Abwesenden, Art. I, 1 f des Ges. Nr. 52) hat die Militärregierung die Eintragungsfähigkeit ausdrücklich anerkannt (JBl. Köln Nr. 10 S. 77). Damit der Nachweis der Treuhänderbestellung einwandfrei geführt wird, erscheint es mir angezeigt, daß die Registergerichte auf Beibringung einer mit einem Amtssiegel der Militärregierung versehenen Treuhänderbestellung Wert legen. Beantragt der Treuhänder seine Eintragung, so wird er zur Zeichnung seiner Unterschrift gem. § 12 HGB. zu veranlassen sein. Da die Befugnisse des Treuhänders sich mit den Befugnissen eines Verwalters der unter a) genannten VO. vom 15. 1. 1940 gem. § 14 Abs. 1 daselbst allem Anschein nach decken, werden auch die Bestimmungen unter Nr. 13 und 14 der unter a) genannten AV. entsprechend angewandt werden können. Die Löschung der bisherigen Vertretungsbefugnis eines Gesellschafters, Vorstandsmitgliedes usw. dürfte daher nicht in Frage kommen, sondern höchstens ein Vermerk dahin, daß die Befugnis ruht (§ 14 Abs. 1 der genannten VO. und Nr. 14 Abs. 1 der gen. AV.).

c) Wenn der Treuhänder die Löschung einer Prokura beantragt, so wird einem solchen Antrag stattzugeben sein (vgl. entsprechend auch Nr. 14 Abs. 2 der wiederholt genannten AV.).

d) Die Beschlagnahme und die Bestellung eines Treuhänders werden in die Spalte „Rechtsverhältnisse" (Spalte 5 des Handels-Reg. Abtlg. A und Spalte 6 des Handels-Reg. Abtlg. B) einzutragen sein. Die Bestellung eines Treuhänders in die Spalten 3 bzw. 4 einzutragen, würde nicht erkennen lassen, daß diese Bestellung auch für die Spalte „Prokura" Spalte 4 bzw. 5) Bedeutung hat."

Für Berlin hat die Sowj. Milit.-Reg. am 3. 7. 47 eine Anweisung an die für den sowj. Sektor zentral mit den Verwaltungsaufgaben befaßte „Deutsche Treuhandverwaltung" erlassen, in allen Fällen die Bestellung eines „Treuhänders" zur Eintragung in H. R. anzumelden (Vfg. d. Chefpr. d. LG. v. 25. 7. 47 — 1413 A. 1. 46 (146)). — Das Registergericht in Bln. hat sich mit Recht auf den Standpunkt gestellt, daß sich die Eintragung der Treuhandschaft auf diejenigen Vermögensteile beschränkt, die in dem Sektor der Milit.-Reg. liegen, welche die Treuhandschaft angeordnet hat, während im übrigen die bisherigen Inhaber als verfügungsberechtigt eingetragen bleiben. Die scharfe regionale Begrenzung der Gültigkeit der Milit.-Reg.-Ges. zwingt zu dieser Auffassung. Es kann dafür auch keine Rolle spielen, welche Teile eines Unternehmens nun in dem einen oder anderen Gebiet gelegen sind, ob es die Hauptniederlassung ist, die unter Treuhänderschaft steht, oder eine Zweigniederlassung. Auch wenn also z. B. die Hauptniederlassung in einem Sektor unter Treuhandschaft steht, erstreckt sich die Verfügungsbefugnis der Treuhänder nicht auf die Zweigniederlassungen in anderen Sektoren oder Zonen, für die dann — wenn keine Treuhänder bestellt sind — die früheren Inhaber verfügungsberechtigt bleiben.

[18] Nicht nur den Fremdbesitzer, sondern auch den Eigenbesitzer treffen die Pflichten der Ziff. 4. Wichtig besonders für alle die Fälle, in denen keine Verwaltungspersonen bestellt worden sind.

b) Sie müssen nach Maßgabe der Weisungen der Militärregierung:

1. Berichte einreichen und darin die hinsichtlich dieses Vermögens verlangten Angaben machen, sowie alle hinsichtlich des Vermögens empfangenen Einnahmen und gemachten Angaben aufführen;
2. die Verwahrung, den Besitz oder die Kontrolle solchen Vermögens und alle darauf bezüglichen Bücher, Aufzeichnungen und Abrechnungen übertragen und aushändigen; und
3. über das Vermögen, alle Einnahmen und die daraus erzielten Früchte Rechenschaft ablegen.

5. Niemand soll eine Handlung oder Unterlassung begehen, verursachen, noch durch Dritte zulassen, sofern hierdurch Vermögen, das den Bestimmungen dieses Gesetzes unterliegt, beschädigt oder verheimlicht wird.

Artikel IV

Betrieb geschäftlicher Unternehmen und Benutzung öffentlicher Vermögen

6. Vorbehaltlich anderweitiger Anordnungen und weiterer Beschränkungen, die von der Militärregierung erlassen werden können, wird folgendes bestimmt:

a) Jedes geschäftliche Unternehmen, das der Kontrolle auf Grund dieses Gesetzes unterliegt, kann alle Geschäfte eingehen, die normalerweise der ordentlichen Geschäftstätigkeit innerhalb des besetzten Gebietes Deutschlands entsprechen, vorausgesetzt, daß das Unternehmen nicht Geschäfte eingeht, die unmittelbar oder mittelbar die Werte des Unternehmens erheblich vermindern oder gefährden oder sonst dessen finanzielle Lage nachteilig beeinflussen. Diese Bestimmung ermächtigt nicht zur Eingehung von Geschäften, die aus anderen als auf diesem Gesetz beruhenden Gründen verboten sind[19];

---

[19] „Geschäftliches Unternehmen" bedeutet jede Betätigung auf dem Gebiet des Handels, der Industrie oder der öff. Wohlfahrt, u. zwar durch eine physische oder juristische Person (s. Art. VII Ziff. 9, a u. b). Die Verfügungsmöglichkeit kann also nicht nur von dem, was volkswirtschaftlich als „Industrie" oder „Handelsunternehmen" bezeichnet wird, in Anspruch genommen werden und auch nicht nur von Einzelkaufleuten als Firmeninhabern, sondern auch von Anwälten, Ärzten, Architekten u. a. freien Berufen (Kommentar des Württ. Sparkassen- u. Giroverbandes S. 47). Voraussetzung der Möglichkeit des Art. IV ist jedoch einmal, daß das Geschäft innerhalb des „Geschäftsbetriebes" liegt — also z. B. nicht ein mit seiner Praxis in keinem Zusammenhang stehendes Privatgeschäft eines Arztes ist. Weiterhin muß es „gewöhnliches", d. h. dem Unternehmen arteigenes Geschäft sein — nicht z. B. Hypothekenaufnahme durch Apotheker. Schließlich dürfen nur solche Geschäfte geschlossen werden, die „nach dem Urteil eines ordentlichen Kaufmannes als für das Unternehmen risikofrei angesehen werden konnten" (Dölle-Zweigert, S. 269 Ziff. 219). — Art. IV findet keine Anwendung, wenn das Unternehmen durch Anordnung der Militärregierung abgeschafft, aufgelöst oder zeitweilig aufgehoben ist (s. Allgem. Anordnung Nr. 1 Abs. I, abgedr. S. 59 sowie Anm. 11, S. 46. Art. IV wird ergänzt, insbesondere nach der Seite des Privatvermögens, durch die Allgemeinen Genehmigungen (abgedr. S. 71 ff.). Außerdem sind insbesondere für die brit. Zone zahlreiche Einzelanordnungen u. Klarstellungen ergangen, von denen die wesentlichsten ohne Anspruch auf Vollständigkeit im Anschluß an diese Anm. wiedergegeben werden. — Wie weit sog. „alte Schulden" im Rahmen des Art. IV beglichen werden können, wird jeweils auf den Einzelfall ankommen, d. h. darauf, ob sie aus dem laufenden Geschäftsbetrieb gedeckt werden können; im übrigen werden dabei jeweils noch zahlreiche andere Probleme eine Rolle spielen, vgl. insoweit die Entscheidungen mit Anmerkungen in NJW 48 Nr. 1 u. 2. Für Berlin ist bei der Berücksichtigung „alter Schulden" besondere Vorsicht geboten wegen Ziff. 4 der AO. der All. Kdtur. v. 28. 7. 47, vgl. dort S. 112. — Wegen einer ausdehnenden Anwendung des Art. IV in Berlin vgl. Anhang zu Nr. 17, S. 77. — Soweit auf Grund von Art. IV oder der Allgem. Genehmigungen ein freies, rechtsgeschäftliches Handeln erlaubt

ist, wird auch von den Berliner Gerichten für die Prozeßführung u. Zwangsvollstreckung eine Genehmigung nicht für erforderlich gehalten. Eine andere Auffassung würde den Zweck des Art. IV durchkreuzen. Für die brit. Zone jedoch gilt in dieser Hinsicht folgende AV. d. Präs. d. ZJA. v. 19. 4. 48 (JMBl. (NW) 1943 S. 112):

„Es sind Zweifel entstanden, ob Zwangsvollstreckungen gegen eine blockierte Person ohne besondere Genehmigung der Militärregierung zulässig sind insoweit, als die blockierte Person gemäß Artikel IV des Militärregierungsgesetzes Nr. 52 oder auf Grund anderer allgemeiner Genehmigungen, wie z. B. auf Grund der Allgemeinen Genehmigung Nr. 1 zu einer freihändigen Verfügung befugt ist.
Nach einer mir von der Legal Division mitgeteilten Entscheidung der Property Control Branch der Finance Division bedarf es auch in diesen Fällen einer Genehmigung der Militärregierung zur Vornahme der Zwangsvollstreckung gemäß der Anweisung Nr. 109 (ZJBl. 1947 S. 96). Die Property Control Branch hat für diese Fälle ihre Zustimmung zur Vornahme von Zwangsvollstreckungen grundsätzlich in Aussicht gestellt, es sei denn, daß eine sofortige Vollstreckung die finanzielle Leistungsfähigkeit des Schuldners gefährdet.“

An weiteren Einzelanordnungen sind zu erwähnen:

a) Erklärung der Deutschen Rentenbank Kreditanstalt v. 30. 7. 46 betreffend die Löschung der zu Gunsten der Deutschen Rentenbank Kreditanstalt bei Entschuldungs- und Ablösungshypotheken eingetragenen Pfandrechte (auszugsweise, JBl. Hamm 46 S. 135, JBl. Brschwg. 46 Sp. 159):

„Bei der Abgabe der Löschungsbewilligung (löschungsfähigen Quittung) und Pfandentlassungserklärung für Entschuldungshypotheken sind die Entschuldungsstellen von uns bevollmächtigt worden, die uns als Pfandgläubigerin obliegende Zustimmung in unserem Namen zu erklären (vgl. Allgemeine Verfügung des Reichsjustizminsters v. 8. 9. 1944 — 3850 — VI b 2 — 1889 — in Deutsche Justiz 1944 S. 269).
Ferner haben wir die rentenverwaltenden Stellen durch Rundschreiben vom 22. November 1944 bei Voll- oder Teilablösungen von Entschuldungsrenten bevollmächtigt, die nach Art. 29 Abs. 5 der 9. Verordnung zur Durchführung der landwirtschaftlichen Schuldenregelung von uns gegenüber dem Entschuldungsamt abzugebende Ablösungserklärung in unserem Namen abzugeben (vgl. Bekanntmachung des Reichsjustizministers vom 14. 12. 1944 — 8050 — VI b 2 — 1803 — in Deutsche Justiz 1944 S. 316).
Wir erklären hiermit, daß die vorgenannten Vollmachten der Entschuldungsstellen und rentenverwaltenden Stellen noch Gültigkeit haben und daß die hiernach in unserem Namen abzugebenden Erklärungen ihrer Natur nach stets unter die allgemeine Genehmigung des Art. IV Ziff. 6 des Ges. Nr. 52 der Militärregierung fallen und durch sie das Ges. Nr. 53, soweit sich nicht im einzelnen Fall aus der Person des Darlehnsunternehmers (Grundstückseigentümers) etwas anderes ergibt, nicht berührt wird.“

b) Schreiben der Militärregierung v. 19. 2. 47 betreffend Zahlung von Anwaltsgebühren aus gesperrten Konten (JBl. Hamm 47 S. 63):

„Es ist bereits in Anweisung Nr. 21/46 an die Reichsbankleitstelle vom 9. Mai 1946 durch die Banking Branch festgesetzt worden, daß Gebühren von Rechtsanwälten, Notaren usw. bis zu 500 Reichsmark halbjährlich aus gesperrten Konten gezahlt werden können. Jeder darüber hinausgehende Betrag ist durch die Bank des Verteidigers der Reichsbank mit einer Bescheinigung des Regional Legal Officer einzureichen, aus welcher hervorgeht, daß der Betrag nicht als zu hoch angesehen wird, und wird daraufhin berücksichtigt werden.“

c) Mitteilung der Reichsbank betreffend die Aufteilung von Nachlässen (JBl. Brschwg. 46 Sp. 148 u. Hann. Rpfl. 46 S. 139, ergänzt u. modifiziert durch Mitteilung in Niedersächs. Rpfl. 48 S. 31):

„1. Ein nur aus Banknoten bzw. bankmäßigen Werten bestehender Nachlaß einer nicht sperrpflichtigen Person, an dem ein oder mehrere der Vermögenssperre unterliegende Erben beteiligt sind, ist tunlichst nicht zu sperren, sondern aufzuteilen. Die Aufteilung bedarf in diesem Falle keiner Genehmigung; sie kann auch genehmigungsfrei erfolgen, wenn der Nachlaß vorher lediglich aus dem Grunde gesperrt wurde, weil zu der Erbengemeinschaft durch die Vorschriften des Ges. Nr. 52 und / oder Nr. 53 erfaßte Personen gehören. Bei der Erbteilung ist der Anteil des bzw. der Sperrpflichtigen auf ein auf seinen bzw. ihren Namen lautendes gesperrtes Konto zu übertragen. Erfolgt die Erbschaftsteilung nicht, so muß das Nachlaßvermögen gesperrt werden.

2. Das Nachlaßvermögen muß gesperrt werden, wenn
a) der Erblasser.
b) der Testamentsvollstrecker,
c) ein Bevollmächtigter der Erbengemeinschaft oder
d) sämtliche Erben
den Bestimmungen der Gesetze Nr. 52 bzw. Nr. 53 unterliegen. Die Aufteilung des Nachlasses bedarf in diesem Falle der Genehmigung, die mit Vordruck MGAF. — A (1) zu beantragen ist.

3. Gehören zu einem Nachlaßvermögen nicht bankmäßige Werte (z. B. Grundbesitz, Rechte oder Sachen), so kann die Aufteilung der bankmäßigen Werte genehmigungsfrei erfolgen; hinsichtlich der nichtbankmäßigen ist die Zustimmung des örtlichen Property Control Officer einzuhlolen.
4. Es ist zu beachten, daß bei Aufteilung von den nach Gesetz Nr. 53 gesperrten Nachlaßkonten die vorgeschriebenen Änderungsanzeigen in der üblichen Weise zu erstatten sind (vgl. Rundschreiben 21/46, IV u. 26/46,V)."

d) Mitteilung der Reichsbank betreffend Gewinnbeteiligung bei Handelsfirmen und -Gesellschaften (Niedersächs. Rpfl. 47 S. 73):

„1. Bei offenen Handelsgesellschaften und Kommanditgesellschaften bedarf die Gutschrift von Gewinnen auf dem Kapitalkonto eines Gesellschafters grundsätzlich keiner Genehmigung, gleichgültig ob der begünstigte Gesellschafter nach dem Ges. Nr. 52 oder Nr. 53 gesperrt ist und gleichgültig, ob die Gesellschaft selbst nach diesen Gesetzen geperrt ist oder nicht.
Zahlungen dieser nach dem Ges. Nr. 52 gesperrten Gesellschaft an ihre Gesellschafter zu Lasten des Kapitalkontos der Gesellschafter dürfen im Rahmen des Art. IV in Höhe des jährlichen Gewinnanteils in der bisher üblichen Höhe vorgenommen werden. Diese Zahlungen dürfen an nach dem Gesetz Nr. 52 oder Nr. 53 gesperrte Gesellschafter nur auf ein Sperrkonto erfolgen. Die Zahlung auf Sperrkonto ist durch die Allgemeine Genehmigung Nr. 2 gedeckt. Barzahlungen an die gesperrten Gesellschafter sind nicht zulässig. Das gleiche gilt in sinngemäßer Anwendung der Rundverfügung Nr. 49/47 auch für nach dem Gesetz Nr 53 gesperrte Firmen.

2. Aktiengesellschaften, Kommanditgesellschaften auf Aktien, Genossenschaften und Gesellschaften mit beschränkter Haftung, die nach dem Gesetz Nr. 52 und 53 gesperrt sind, dürfen im Rahmen des Art. IV Gewinnausschüttungen vornehmen, soweit diese Gewinnausschüttungen sich im Rahmen des in früheren Jahren üblichen halten und nach der derzeitigen Ertragslage und der allgemeinen wirtschaftlichen Lage des Unternehmens verantwortet werden können. Die Verantwortung dafür, daß vorgenommene Gewinnausschüttungen sich in diesem Rahmen bewegen, liegt bei den zuständigen Organen der ausschüttenden Gesellschaften und Genossenschaften. Sollten jedoch Fälle von Gewinnausschüttungen bekannt werden, in denen ernste Zweifel daran bestehen, daß dieser Rahmen eingehalten wurde, so bitten wir um Bericht. Gewinnausschüttungen zugunsten nach den Gesetzen Nr. 52 und 53 gesperrter Gesellschafter und Genossen dürfen nur auf Sperrkonto vorgenommen werden. Die Zahlung auf Sperrkonto ist durch die Allgemeine Genehmigung Nr. 2 gedeckt.
Auch die Gewinnausschüttungen nicht gesperrter Gesellschafter und Genossenschaften dürfen nur auf Sperrkonto vorgenommen werden."

e) Anordnung der Milit.-Reg. betreffend genehmigungsfreie Rechtsgeschäfte der gemeinnützigen Wohnungsunternehmen (JBl. Brschwg. 47 Sp. 227):

„Die Abteilung für Siedlungs- und Wohnungwesen des Hauptamtes der Arbeitsverwaltung für die brit. Zone hat auf Anfrage, ob bestimmte Rechtsgeschäfte nach Art. IV des Ges. Nr. 52 der Milit.-Reg. den gemeinnützigen Wohnungsunternehmen erlaubt seien, von der Kontrollkommission der brit. Besatzungszone Finance Division Property Control Branch (Fin 20 723/50 (PC) vom 12. 9. 1946 nachstehende Auskunft erhalten:
Folgende Rechtsgeschäfte gehören zur normalen Geschäftstätigkeit und sind im Rahmen des Art. IV des Ges. Nr. 52 der Milit.-Reg. erlaubt:

1. Die Übertragung des Eigentums an Häusern von Wohnungsunternehmen auf Mieter bzw. Pächter, sofern diese die Hypothekenverpflichtungen erfüllt haben.
2. Die Rückzahlung von Hypotheken und die folgende Löschung zurückgezahlter Hypotheken mit der Einschränkung, daß die Rückzahlung nicht vor dem in der Schuldurkunde angegebenen Datum erfolgen darf, da eine vorzeitige Rückzahlung zu einer Verminderung der Guthaben des Unternehmers führt.

f) Bekanntmachung des OLGPräs. Celle betreffend Übernahme eines laufenden Kredits und dessen dingliche Sicherstellung (Hann. Rpfl. 46 S. 86):

„1. Die Aufnahme eines laufenden Kredits bei Banken und öffentlichen Kreditanstalten durch kaufmännische Unternehmungen und die dingliche Sicherstellung eines solchen Kredits sind in einem solchen Maße üblich, daß sie „der gewöhnliche Geschäftsbetrieb normalerweise mit sich bringt". Daher wird in der Regel auf solche Geschäfte die Bestimmung des Art. IV des Ges. Nr. 52 zutreffen, so daß die Genehmigung der Militärregierung nicht erforderlich ist. Da im Falle der Eintragung einer Höchstbetrag-Sicherungs-Hypothek (§ 1190 BGB.) für einen laufenden Kredit der Gläubiger der Hypothek nur in Höhe des tatsächlich gewährten Kredits erlangt, wird durch die vom Grundbuchamt erwogene

Eintragung einer solchen dem Gedanken des Ges. Nr. 52, eine Minderung des gesperrten Vermögens zu vermeiden, noch besonders Rechnung getragen. Die Frage, ob nicht auch die Eintragung einer Grundschuld für einen laufenden Kredit unbedenklich ist, kann bei dieser Sachlage dahingestellt bleiben.

2. Die Frage, ob im Einzelfalle die Genehmigung der Militärregierung erforderlich ist oder ob es sich um ein Geschäft handelt, das „normalerweise und gewöhnlich der Geschäftsbetrieb mit sich bringt", hat das Grundbuchamt nicht von Amts wegen aufzuklären. Vielmehr ist es Sache des Antragstellers, nach § 29 GBO. dem Grundbuchamt die für die Eintragung erforderlichen urkundlichen Nachweise zu erbringen. Zwar handelt es sich bei den Verfahren in Grundbuchsachen gem. § 1 Abs. 1 Satz 1 GBO. um ein Verfahren in Angelegenheiten der freiwilligen Gerichtsbarkeit (vgl. Güthe-Triebel GBO. 6. Auflage 1936 § 1 Anmerkung 34). Für das Antragsverfahren der GBO. ist aber die Bestimmung des § 12 FGG. nicht anwendbar (Güthe-Triebel § 1 Anmerkung 41), so daß also nicht der Grundbuchrichter von Amts wegen, sondern der Antragsteller den Beweisstoff herbeizuschaffen hat. Dem Antragsteller hierzu Gelegenheit zu geben, bietet § 18 GBO. die rechtliche Handhabe. Welche den Erfordernissen des § 29 GBO. genügenden urkundlichen Beweise beizubringen das Grundbuchamt dem Antragsteller aufzugeben für angezeigt hält, muß der Entscheidung des Grundbuchamtes im Einzelfalle überlassen bleiben. Die Beibringung einer gutachtlichen Äußerung der zuständigen Industrie- und Handelskammer oder einer anderen öffentlichen Stelle wird vielfach naheliegen. Aber auch der Gedanke, dem Antragsteller eine in die Einzelheiten gehende, durch Tatsachen belegte und der Formvorschrift des § 29 GBO. genügende Erklärung aufzugeben, wird nicht von der Hand zu weisen sein (vgl. entsprechend KG. in FGG., Band 7 S. 284 ff. und Güthe-Triebel Vorbem. 78 vor § 13 S. 236/38)."

g) Mitteilung der Reichsbankleitstelle Hamburg v 18. 2. 47 betreffend Kapitalrückzahlungen (Hann. Rpfl. 47 S. 44):

„Nach einer Entscheidung der Militärregierung Banking Branch, Finance Division, dürfen regelmäßige Kapitalrückzahlungen im Rahmen des Art. IV vorgenommen werden. Unter „regelmäßige Kapitalrückzahlungen" versteht die Militärregierung in diesem Zusammenhang alle Rückzahlungen einschl. der durch eine im Vertrage vorgesehene Kündigung fällig gewordener Beträge, sowie solche Rückzahlungen, die im beiderseitigen Einverständnis von Gläubigern und Schuldnern erfolgen."

h) Mitteilung der Reichsbankleitstelle Hamburg v. 24. 2. 47 betreffend Ausübung von Bezugsrechten bei Kapitalerhöhungen (Hann. Rpfl. 47 S. 45):

„Die Militärregierung hat entschieden, daß die Ausübung von Bezugsrechten bei Kapitalerhöhungen von Gesellschaften durch nach dem Ges. Nr. 52 gesperrte Personen oder durch für ihr Vermögen eingesetzte Treuhänder einer Genehmigung nicht bedarf. Die bezogenen Anteile sind in ein Sperrdepot einzulegen. Die zur Ausübung des Bezugsrechts erforderlichen Zahlungen können daher ohne Sondergenehmigung zu Lasten vorhandener Sperrkonten erfolgen. Auch die Veräußerung eines Bezugsrechts kann nach dieser Entscheidung der Militärregierung genehmigungsfrei erfolgen. Der erzielte Gegenwert ist jedoch einem Sperrkonto gutzubringen. Eine unentgeltliche Verfügung über ein Bezugsrecht darf nur mit Genehmigung vorgenommen werden."

i) Mitteilung der Reichsbankleitstelle Hamburg v. 23. 10. 47 betreffend Anwendung des Art. IV im Grundbuchverkehr (JMBl. (NW) 48 S. 4).

„Die Veräußerung von Grundstücken wird nur in seltenen Fällen als innerhalb des gewöhnlichen Geschäftsbetriebes eines geschäftlichen Unternehmens liegend anzusehen sein. Im wesentlichen wird das nur für die Grundstücksverwaltungen von Banken, Versicherungsgesellschaften und anderen Unternehmen von ähnlicher Bedeutung gelten, es sei denn, daß der Erwerb und die Veräußerung von Grundstücken eigens Zweck des geschäftlichen Unternehmens wäre. Die Hingabe von Hypotheken oder durch Grundschulden gesicherten Darlehen wird bei den vorgenannten geschäftlichen Unternehmen ebenfalls als im Rahmen des gewöhnlichen Geschäftsbetriebes liegend gelten müssen. Inwieweit das auch für sonstige geschäftliche Unternehmen, insbesondere umfangreiche Vermögensverwaltungen gilt, wird dagegen nur von Fall zu Fall bestimmt werden können. Es wird im einzelnen darauf ankommen, ob die Hingabe von dinglich gesicherten Darlehen auch bereits vor der Verhängung der Sperre im gewöhnlichen Geschäftsbetrieb des Unternehmens oder Unternehmens gleicher Art vorzukommen pflegte. Die Erteilung von Löschungsbewilligungen für Hypotheken und Grundschulden im Zusammenhang mit gänzlicher oder teilweiser Rückzahlung des gesicherten Darlehns bei Fälligkeit stellt dagegen eine Rechtshandlung dar, die erfahrungsgemäß bei jeder Verwaltung von Vermögen, zu dem Grundpfandrechte gehören, vorzukommen pflegen. Die Abgabe solcher Löschungsbewilligungen durch geschäftliche Unternehmen

b) Sofern nicht die Militärregierung ein Verbot erläßt, darf Ver-Vermögen, der in Artikel I, 1a) beschriebenen Art entsprechend seinem normalen Gebrauchszweck benutzt werden.

Artikel V

Nichtige Geschäfte

7. Nichtig und unwirksam ist jedes verbotene Geschäft, das ohne ordnungsgemäß erteilte Genehmigung oder Ermächtigung der Militärregierung abgeschlossen wird, sowie jede Übertragung, jeder Vertrag und jede Vereinbarung, gleichgültig, ob diese Geschäfte vor oder nach dem Inkrafttreten dieses Gesetzes getätigt wurden, vorausgesetzt, daß die Absicht bestand, die Befugnisse oder Aufgaben der Militärregierung oder die Rückgabe von Vermögen an den berechtigten Eigentümer zu vereiteln oder zu umgehen[20].

Artikel VI

Gesetzeswidersprüche

8. Im Falle eines Widerspruchs zwischen diesem Gesetz oder einer auf Grund desselben erlassenen Anordnung und deutschem Recht geht das

---

wird deswegen in der Regel zum gewöhnlichen Geschäftsbetrieb rechnen. Für die Abtretung von Grundpfandrechten müssen dagegen die vorstehend für die Veräußerung von Grundstücken dargelegten Gesichtspunkte gelten."

[20] Zwei Tatbestände: a) „Any prohibited transaction — toute transaction interdite" ist nichtig; darunter fallen nicht nur die nach Art. II verbotenen Akte, sondern auch die, deren Verbot sich aus Art. III und Art. IV ergibt, z. B. ein zum Nachteil des Unternehmens ausgehendes Spekulationsgeschäft (Dölle-Zweigert, S. 278 Ziff. 229). Um die Nichtigkeit zur Folge zu haben, genügt es, daß das Geschäft objektiv verboten war — die subjektiven Merkmale in dem Nachsatz „vorausgesetzt, daß . . ." beziehen sich lediglich auf den zweiten Tatbestand: b) Die sogen. „fraudulosen" Akte (Dölle-Zweigert, S. 279 Ziff. 232), d. h. Verträge, Übertragungen u. Vereinbarungen, die von der in Art. V gekennzeichneten fraudulosen Absicht begleitet sind. — Nichtigkeit tritt ipso iure ein und wirkt absolut, nicht nur Vernichtbarkeit. Wird ein verbotenes Geschäft unter dem Vorbehalt der Genehmigung abgeschlossen, so wird es ohne Rückwirkung erst mit der Genehmigung wirksam.

Für die Anwendbarkeit des Art. V auf gerichtliche Akte: Obwohl nach der AVO. Nr. 1 (S. 89) u. den Anweisungen Nr. 109 ff., in der amerik., brit. u. wohl auch franz. Zone die Verhandlung und Urteilsfällung bei Leistungsklagen normalerweise ohne Genehmigung zulässig ist, verlangen Dölle-Zweigert S. 166 Ziff. 150 für Anerkenntnis, Verzicht, Prozeßvergleich die Genehmigung, weil diese Akte wegen der ihnen zugesprochenen Doppelnatur zugleich Geschäfte des materiellen Rechts seien. Insoweit müßte man auch dann Art. V anwenden, u. dies scheinen Dölle-Zweigert S. 279 Ziff. 230 auch tun zu wollen. Diese Auffassung scheint mir nicht völlig im Einklang zu stehen mit der prozessualen Regelung durch die oben angegebenen Anordnungen. Man wird nach der Parteirolle unterscheiden müssen: Unterliegt der Bekl. dem Ges. Nr. 52, so zwingt man ihn durch die Auffassung von Dölle-Zweigert, kontradiktorisches oder Versäumnisurteil gegen sich ergehen zu lassen, obwohl nach der Sachlage ein Anerkenntnis oder ein Vergleich in Betracht käme. Ein Anlaß, ihn zu diesem Vorgehen zu zwingen, besteht deshalb nicht, weil weder auf Grund des kontradiktorischen oder Versäumnisurteils noch auf Grund des Anerkenntnisurteils oder Vergleichs ohne Genehmigung geleistet oder vollstreckt werden kann. Unterliegt dagegen der Kläger dem Ges. Nr. 52, so könnte er durch einen Verzicht oder einen Vergleich die Forderung zum Erlöschen bringen, jedenfalls das Vermögen unmittelbar beeinträchtigen, ohne daß noch eine Vollstreckung in Betracht käme. Eine solche Handlung wäre auch nach den eingangs erwähnten Bestimmungen über das gerichtliche Verfahren ebensowenig zulässig wie eine Zwangsvollstreckung selbst. Wenn also einem prozessualen Akt gleichzeitig rechtsgechäftlicher Charakter innewohnt, so werden für die Frage, ob er ohne Genehmigung zulässig oder nach Art. V nichtig ist, in erster Linie die Bestimmungen über die Ausübung der Gerichtsbarkeit, nicht dagegen die über Vornahme rechtsgeschäftlicher Handlungen entscheidend sein. Ergibt sich aus den Bestimmungen über die Ausübung der Gerichtsbarkeit, daß der betreffende Akt ohne Genehmigung unzulässig ist — wie z. B. ein Verzicht des unter Kontrolle stehenden Klägers — so läßt dann die rechtsgeschäftliche Natur dieses Aktes ihn auch der Nichtigkeit des Art. V unterworfen sein. Kleinrahm (H. u. W. 48 S. 52) will Art. V auch auf gerichtliche Akte angewendet wissen.

erstere vor. Alle deutschen Gesetze, Erlasse und Bestimmungen, die Beschlagnahme, Einziehung oder Zwangsankauf von Vermögen der in Artikel I und II aufgezählten Art vorsehen, werden hiermit außer Kraft gesetzt.

Artikel VII

Begriffsbestimmungen

9. Für die Zwecke dieses Gesetzes gelten die folgenden Begriffsbestimmungen:

a) „Personen" bedeutet jede natürliche Person, Gesamthandsgemeinschaft und juristische Person des öffentlichen und privaten Rechts, ferner eine Regierung einschließlich staatlicher oder kommunaler Verwaltungen, Körperschaften des öffentlichen Rechts, deren Dienststellen und Organe;

b) „Geschäftliches Unternehmen" bedeutet jede Person der unter a) beschriebenen Art, die sich auf dem Gebiete des Handels und der Industrie oder der öffentlichen Wohlfahrt betätigt;

c) „Vermögen" bedeutet jedes bewegliche und unbewegliche Vermögen sowie alle Rechte und Interessen oder Ansprüche auf solches Vermögen, gleichgültig, ob diese fällig sind oder nicht. Es schließt ein, ist aber nicht beschränkt auf Grundstücke und Gebäude, Geld, Beteiligungen, Aktien, Patente, Gebrauchsmuster oder Lizenzen für deren Ausübung und andere Urkunden zum Nachweis von Eigentum, Schuldverschreibungen, Bankguthaben, Ansprüche, Verbindlichkeiten, andere Urkunden zum Nachweis von Verbindlichkeiten, sowie Kunstbesitz und andere Kulturgegenstände;

d) ein „Staatsangehöriger" eines Staates oder einer Regierung bedeutet ein Untertan oder Staatsbürger oder eine Personenvereinigung, Körperschaft oder sonstige juristische Person, die auf Grund der Gesetze eines derartigen Staates oder einer derartigen Regierung besteht oder in dem Gebiet eines derartigen Staates oder einer derartigen Regierung eine Niederlassung hat;

e) „Deutschland" bedeutet das Gebiet des Deutschen Reiches, wie es am 31. Dezember 1937 bestanden hat.

Artikel VIII

Strafen

10. Jeder Verstoß gegen die Bestimmungen dieses Gesetzes wird nach Schuldigsprechung des Täters durch ein Gericht der Militärregierung nach dessem Ermessen mit jeder gesetzlich zulässigen Strafe, einschließlich der Todesstrafe, bestraft.

Artikel IX

Inkrafttreten

11. Dieses Gesetz tritt am Tage seiner ersten Verkündung in Kraft.

16.: General Orders[1]

a) Allgemeine Anordnung (Verfügung) Nr. 1[2]

I. Es wird hiermit verordnet, daß Artikel IV des Gesetzes Nr. 52 der Militärregierung im Falle von Organisationen, wirtschaftlichen Unternehmen, sowie deren Vermögen, von dem Tage ab nicht mehr anzuwenden ist, an dem ihre Auflösung, Abschaffung oder zeitweilige Aufhebung durch Anordnung der Militärregierung verkündigt worden ist.

II. Das gesamte Vermögen aller hiernach aufgeführten Personen ist hiermit von der Militärregierung gemäß Artikel I, Paragraph 1, Absatz c) und g) des Gesetzes Nr. 52 der Militärregierung allen Vorschriften des Gesetzes Nr. 52 der Militärregierung unterworfen; es darf darüber nicht verfügt werden, es sei denn, daß eine Erlaubnis, Genehmigung oder Anweisung der Militärregierung oder des Gesetzes Nr. 52 hierfür erteilt worden ist.

1. Alle Personen, die zu irgendeiner Zeit Mitglieder irgendeiner der deutschen Generalstäbe einschließlich der Generalstäbe des Oberkommandos des Heeres, des Oberkommandos der Kriegsmarine oder des Oberkommandos der Luftwaffe oder des Generalstabskorps waren;
2. Minister, Staatssekretäre und Ministerialdirektoren in allen Reichsministerien;
3. Alle Beamte, mit Ausnahme von Büroangestellten, zu irgendeiner Zeit, seit dem 30. Januar 1933, der Reichskanzlei, der Präsidialkanzlei oder des Pressechefs der Reichsregierung;
4. Minister, Chefadjutant, Staatssekretär, Ministerialdirektoren, Leiter und stellvertretende Leiter der Zentralämter, Ämter und Amtsgruppen des Ministeriums für Rüstungs- und Kriegsproduktion, einschließlich der Leiter aller Hauptausschüsse und Ringe;
5. Alle Reichskommissare, Reichsbevollmächtigte, Generalbevollmächtigte und Generalinspektoren;
6. Landesminister, Staatssekretäre und Ministerialdirektoren der Landesregierungen;
7. Oberpräsidenten, Reichsstatthalter und deren Abteilungsleiter;
8. Regierungspräsidenten;
9. Landräte;
10. Oberbürgermeister;
11. Reichsjugendführer zu irgendeiner Zeit;
12. Der Präsident, Mitglieder des Reichsbankdirektoriums, Mitglieder des Beirats und alle Reichsbankdirektoren beim Direktorium der Deutschen Reichsbank in Berlin; alle Mitglieder der Bezirksbeiräte der Hauptstellen und Stellen der Reichsbank;

---

[1] Die Bestimmungen, die im einzelnen angeben, welche Vermögensinhaber dem Ges. Nr. 52 unterliegen, ergehen in der amerik. Zone als Allgem. Anordnungen, in der brit. als Allgem. Verfügungen der Militärregierungen, in der franz. Zone als Anordnungen (Décisions) des Commandant en Chef oder als Verfügungen (Arrêtés) des Administrateur Général, bis auf a), die auch da als „Ordre général" bezeichnet wird.

[2] Abgedr. Amtsbl. d. Amerik. Milit.-Reg. A S. 27, der Brit. Milit.-Reg. Nr. 5 S. 58, Journal officiel S. 585 i. Fassung d. VO. Nr. 81. Hier ist die Übersetzung aus dem „Handb. f. Gesetzgeb. u. Gesetzesvorschr." der Brit. Milit.-Reg. (S. 27) gewählt. Geringe Unterschiede zu den anderen Fassungen sind rein sprachlicher Natur. Gültig in amerik., brit., franz. Zone u. den entprechenden Sektoren von Berlin.

13. Die Mitglieder des Aufsichtsrats und des Vorstandes:
  a) der Deutschen Golddiskontbank, der Konversionskasse für Deutsche Auslandsschulden, der Reichskreditkasse und der Deutschen Verrechnungskasse;
  b) der Deutschen Girozentrale — Deutschen Kommunalbank;
  c) der Bank der Deutschen Luftfahrt, der Heeres-Rüstungs-AG., der Rüstungskontor G.m.b.H., der Deutschen Bau- und Boden-Bank, der Deutschen Industriebank, der Deutschen Gesellschaft für öffentliche Arbeiten („Oeffa"), der Deutschen Siedlungsbank, der Deutschen Verkehrs-Kredit-Bank;
  d) der folgenden elf Berliner Großbanken:
    1. Deutsche Bank,
    2. Dresdner Bank,
    3. Commerzbank,
    4. Reichs-Kredit-Gesellschaft,
    5. Berliner Handels-Gesellschaft,
    6. Bank der Deutschen Arbeit,
    7. Deutsch-Südamerikanische Bank, Berlin und Hamburg,
    8. Deutsch-Überseeische Bank, Berlin,
    9. Deutsch-Asiatische Bank, Berlin und Hamburg,
    10. Bank für Ostasien, Berlin,
    11. Yokohama Specie Bank, Berlin.
    Außerdem alle Mitglieder der örtlichen Beiräte dieser Banken;
  e) der Preußischen Staatsbank (Seehandlung), Berlin. Auch der Vorsitzende und Stellvertretende Vorsitzende des Aufsichtsrates und der gesamte Vorstand aller anderen staatlichen Kreditbanken;
14. Reichskommissare, Vorstand und Aufsichtsrat:
  a) der Deutschen Zentralgenossenschaftskasse,
  b) der Deutschen Rentenbank-Kreditanstalt und der Deutschen Rentenbank;
15. Alle Teilhaber der folgenden Privatbanken:
  a) Merck, Finck und Co.. München und Berlin,
  b) Brinkmann, Wirtz und Co., Hamburg,
  c) Pferdmenges und Co., Köln,
  d) J. H. Stein, Köln,
  e) Delbrück, Schickler und Co., Berlin,
  g) Burkhardt und Co., Essen,
  h) Eichborn und Co., Breslau und Berlin,
  i) Münchmeyer und Co., Hamburg,
  j) Sponholz und Co. (Bankgeschäft), Berlin,
  k) Comes und Co., Berlin;
16. Alle Geschäftsführer von Hardy und Co., G.m.b.H., Berlin;
17. Der Vorsitzende und der stellvertretende Vorsitzende des Aufsichtsrates und alle Mitglieder des Vorstands aller Kreditbanken, die nicht hierin erwähnt sind und deren Aktiva im Einzelfalle den Betrag von RM 50 000 000 überschreiten;
18. Leiter des Reichsausschusses zum Schutze des Deutschen Blutes, der Reichsstelle für Umsiedlung, des Reichsversicherungsamtes, des Reichsarchivs;

19. Alle Beamten oder Offiziere der folgenden Reichsbehörden:
   a) Amt des Beauftragten für den Vierjahresplan und alle Unterabteilungen desselben,
   b) Oberkommando der Wehrmacht (OKW),
   c) Reichsministerium für Volksaufklärung und Propaganda und dessen Reichsämter, Zweigstellen und nachgeordneten Geschäftsstellen,
   d) Reichsluftfahrtministerium,
   e) Reichsministerium für die besetzten Ostgebiete,
   f) Reichsministerium für kirchliche Angelegenheiten,
   g) Europaamt für den Arbeitseinsatz,
   h) Reichsstelle für Raumordnung,
   i) Reichsstelle für Umsiedlung,
   j) Akademie für das deutsche Recht,
   k) Deutsche Akademie, München,
   l) Reichsärzte-, Tierärzte-, Zahnärzte- und Apothekerkammern,
   m) Amt für Forstwirtschaft,
   n) Reichspatentamt;
20. Alle Mitglieder des Deutschen Reichstags seit dem 1. Januar 1934;
21. Reichstreuhänder der Arbeit;
22. Die folgenden Amtsträger des Reichsnährstandes: alle Kreisbauernführer und höhere Bauernführer; Vorsitzende der Hauptvereinigungen, Wirtschaftsverbände und Kreis- oder örtliche Unterverbände, Präsidenten der Landesernährungsämter und Ernährungsämter und ihre Stellvertreter;
23. Alle Universitätsrektoren und -kuratoren, die seit dem 30. Januar 1933 ernannt worden sind, einschließlich der Leiter aller Institutionen, die mit Universitäten auf gleicher Stufe stehen (Hochschulen);
24. Mitglieder des Reichsgerichts, Volksgerichts, Reichsverwaltungsgerichts, Reichskriegsgerichts, Reichserbhofgerichts, Reichsarbeitsgerichts, Reichsehrengerichtshofs, Obersten Fideikommißgerichts, Oberprisenhofs;
25. Mitglieder der Oberlandesgerichte;
26. Oberreichsanwälte, Generalstaatsanwälte und Oberstaatsanwälte;
27. Alle Mitglieder der SS; alle Offiziere und Unteroffiziere der Waffen-SS und SA vom Unterscharführer aufwärts;
28. Beamte und Führer(innen) der Hitler-Jugend vom Stammführer oder Mädelringführerin aufwärts;
29. Beamte und Leiter der NSDAP vom Ortsgruppenleiter aufwärts, Direktoren, Beamte und Leiter irgendeiner Organisation, eines Unternehmens, einer Abteilung, Amtsstelle, Geschäftsstelle oder einer anderen Stelle, welche einen Teil einer Organisation bildet, die im Militärregierungsgesetz Nr. 5 erwähnt ist, dieser angegliedert oder angeschlossen ist oder in irgendeiner Weise von einer solchen überwacht oder betreut wird, sowie der folgenden Stellen der NSDAP:
   a) Reichsausschuß für Volksgesundheitsdienst,
   b) Reichssportamt,
   c) Reichssippenamt,
   d) Staatsakademie für Rassen- und Gesundheitspflege, Dresden;

e) Alle Verlagshäuser und Druckereien, die der NSDAP gehören oder von ihr kontrolliert werden, z. B. die Phoenix G.m.b.H., der Eher-Verlag und alle Unternehmen, die ihnen gehören oder von ihnen kontrolliert werden;
f) Verband Deutscher Vereine im Ausland, VDVA,
g) Kameradschaft U.S.A.,
h) Ibero-Amerikanisches Institut,
i) Weltdienst,
j) Reichssicherheitshauptamt,
k) Hauptamt für Haushalt und Bauten,
l) Hauptamt für Verwaltung und Wirtschaft,
m) Gemeinschaftslager Hanns Kerrl,
n) Deutscher Fichte-Bund,
o) SA (Sturmabteilungen) und alle deren Gliederungen, Unterabteilungen und angeschlossenen Organisationen, einschließlich der SA-Wehrmannschaft oder für den Wehrdienst vorbereitende Übungsgruppen,
p) NSKK (NS-Kraftfahrkorps),
q) NSFK (NS-Fliegerkorps),
r) Hitler-Jugend — HJ und untergeordnete Organisationen,
s) Deutsche Christen-Bewegung,
t) Deutsche Glaubensbewegung,
u) Technische Nothilfe (TN),
v) Volksdeutsche Bewegung.

30. Jede Person, welche außerhalb Deutschlands zu irgendeiner Zeit seit dem 1. April 1933 im Dienste oder Auftrage der Deutschen Lufthansa A.G. tätig war und jeder Beamte oder Offizier, welcher innerhalb Deutschlands zu irgendeiner Zeit seit dem 1. April 1933 in derem Dienste oder Auftrage tätig war;

31. Polizeipräsidenten und Polizeidirektoren und alle Polizeioffiziere vom Oberstleutnant aufwärts[3];

32. Alle Mitglieder der Sipo (Sicherheitspolizei), der Geheimen Staatspolizei (Gestapo), des Sicherheitsdienstes und der Grenzpolizei;

33. Beamte der Deutschen Arbeitsfront (einschließlich Kraft durch Freude) im Reich und allen Gauen, mit dem Rang eines Arbeitsführers oder höher;

34. Zivil- und Militärbeamte mit dem Rang eines Hauptmanns oder einem anderen gleichstehenden oder höheren Rang in der deutschen Verwaltung der besetzten Länder und alle Personen, die als Vertreter der NSDAP in besetzten Ländern aufgetreten sind, soweit dieselben in dieser Vorschrift anderweitig nicht erwähnt sind;

35. Die Leiter, Vorsitzende und Präsidenten der Reichswirtschaftskammer, der Reichsgruppen, der Reichsverkehrsgruppen, Wirtschaftsgruppen, Gauwirtschaftskammern und angeschlossenen Wirtschaftskammern sowie deren Stellvertreter;

36. Offiziere, die für die Organisation Todt verantwortlich sind;

37. Alle Wehrwirtschaftsführer;

Nach der franz. Fassung erst vom Oberst an.

38. Der Vorsitzende und alle anderen Mitglieder des Werberates der deutschen Wirtschaft und der ihm angehörigen Organisationen;
39. Alle Geschäftsführer und Mitglieder des Aufsichtsrats der Reichsrundfunk G.m.b.H. und des Deutschen Nachrichtenbüros;
40. Alle Leiter, Direktoren und höhere Beamte oder leitende Angestellte der Deutschen Umsiedlungs-Treuhand GmbH.;
41. Präsidenten, Vizepräsidenten und Sekretäre der Reichskulturkammer, jeder untergeordneten Kammer und die Abteilungsleiter derselben;
42. Redakteure, Hilfsredakteure, Direktoren, Geschäftsführer und Mitglieder des Aufsichtsrats aller Zeitungen, Zeitschriften und sonstiger der Verbreitung von Nachrichten gewidmeter Unternehmen, die der NSDAP gehören oder von ihr kontrolliert werden, oder irgendeines Unternehmens einer Abteilung, Behörde, Amtsstelle, Geschäftsstelle oder sonstiger Organisation, welche der NSDAP angegliedert oder angeschlossen ist oder von ihr überwacht oder betreut wird;
43. Alle Amtsleiter und höhere Beamte der Reichspropagandaleitung;
44. Personen, die hier nicht angeführt sind und nationalsozialistische Auszeichnungen wie den Blutorden, den Ehrensold oder den Ehrendolch angenommen haben;
45. Alle Personen, die aus ihrem Amt oder ihrer Stellung, gleichgültig, ob diese öffentlich oder privat war, entlassen oder verhaftet und von den Streitkräften oder der Militärregierung suspendiert sind für die Dauer ihrer Suspendierung, gleichgültig, ob sie hier aufgezählt sind oder nicht.

III. 1. Die Aufstellung vorstehender Personen schließt alle diejenigen ein, die Posten in vorstehend bezeichneter Art gegenwärtig innehaben oder sie zu irgendeinem Zeitpunkt seit dem 31. Dezember 1937 inehatten, sowie alle solche Personen, die von ihnen als Strohmänner ernannt wurden;

2. Die Aufstellung der im Vorstehenden angeführten Amtsstellen, Organisationen und anderen Verbände soll auch alle ihre Nachfolger-, Ersatz- oder Tochterstellen-, -Organisationen und sonstige derartige Verbände einschließen.

IV. Das Wort „Beamter", soweit es in dieser Vorschrift im Zusammenhange mit Aktiengesellschaften (A.G.), eingetragenen Vereinen (e.V.) und Gesellschaften mit beschränkter Haftung (G.m.b.H.) gebraucht wird, soll alle Personen einschließen, die, ohne Rücksicht darauf, ob sie eine Amtsstellung innehaben oder nicht, entweder einzeln oder gemeinsam ermächtigt sind, Verbindlichkeiten zu Lasten des Vereins oder der Gesellschaft einzugehen oder in deren Namen oder Auftrag zu zeichnen (z. B. Aufsichtsratsmitglieder, Geschäftsführer, Vorstandsmitglieder oder Prokuristen); im Zusammenhange mit Regierungsabteilungen oder Amtsstellen soll das Wort „Beamter" alle Vorsteher von Abteilungen, Unterabteilungen, Amtsstellen oder anderen ähnlichen organisatorischen Einheiten einschließen.

V. Alle Verwahrer, Pfleger, Beamte oder andere Personen, die irgendwelche vorerwähnte Vermögensteile im Besitz oder Verwahrung haben oder die Verfügung über dieselben ausüben, sind verpflichtet, den Vorschriften des Gesetzes Nr. 52 der Militärregierung Folge zu leisten.

b) Ergänzung Nr. 1 zur Allgemeinen Anordnung Nr. 1[4]

1. In Ausführung des Gesetzes Nr. 52, Paragraph 1 (g), der Militärregierung wird hiermit die Deutsche Kriegsversicherungsgemeinschaft als den Bestimmungen dieses Gesetzes unterworfen bezeichnet.

2. Der Betrieb der Deutschen Kriegsversicherungsgemeinschaft wird hiermit von der Militärregierung für zeitweilig aufgehoben erklärt; auf Grund der allgemeinen Vorschrift Nr. 1, Artikel I, sind somit die Bestimmungen des Artikels IV, Paragraph 6, des Gesetzes Nr. 52 der Militärregierung mit den nachfolgenden Ausnahmen nicht mehr anwendbar.

3. Die Verfügung über Vermögenswerte oder Vermögensinteressen im Eigentum oder unter Kontrolle der Deutschen Kriegsversicherungsgemeinschaft zur völligen oder teilweisen Erfüllung eines gerichtlichen Urteils oder eines außervertraglichen oder anderweitigen Anspruchs gilt als erhebliche Minderung oder Gefährdung der Werte der besagten Gemeinschaft im Sinne des Paragraphen 6 (a) des Gesetzes Nr. 52 der Militärregierung; ausgenommen sind Verfügungen zum Zwecke der Begleichung von Verwaltungsunkosten, einschließlich Kosten für Untersuchungen von Schäden und Ansprüchen und solcher Kosten, die zur Führung und Vervollständigung genauer Aufstellungen der Werte und Verpflichtungen oder anderer erheblicher Daten erforderlich sind.

4. Alle Klagen gegen die Deutsche Kriegsversicherungsgemeinschaft, die vor deutschen Gerichten auf Grund von Versicherungs- oder Rückversicherungsansprüchen zum Zwecke der Erlangung oder Vollstreckung von Urteilen schweben, werden als erledigt erklärt.

c) Ergänzung Nr. 2 zur Allgemeinen Anordnung Nr 1[5]

1. In Ausführung des Gesetzes Nr. 52 Artikel I (g) der Militärregierung werden hiermit folgende Personen zu der Gruppe solcher Personen gehörig erklärt, „die von der Militärregierung durch Veröffentlichung in Listen oder auf andere Weise bezeichnet" und damit den Bestimmungen des genannten Gesetzes unterworfen sind:

a) Alle Personen, die vom öffentlichen Kläger als Hauptschuldige oder Belastete (Aktivisten, Militaristen und Nutznießer) angeklagt wurden.

b) Alle Personen, die nach einer Mitteilung des Ministeriums für politische Befreiung beziehungsweise seiner ermächtigten Vertreter oder Amtsstellen unter die Gruppen der Klasse I oder II der dem Gesetz angefügten Liste fallen.

c) Alle Personen, deren Vermögen der Sperre gemäß Artikel 61 des Gesetzes zur Befreiung vom Nationalsozialismus und Militarismus unterliegt.

d) Alle Personen, über deren Vermögen gemäß Artikel 40 des Gesetzes zur Befreiung vom Nationalsozialismus und Militarismus die Sperre angeordnet ist.

e) Alle Personen, für deren Vermögen ganz oder teilweise die Sperre auf Grund eines Spruches der Kammer angeordnet wurde.

---

[4] Amtsbl. d. Amerik. Milit.-Reg. B S. 9. Gültig in der amerikanischen Zone und im amerik. Sektor von Berlin (Amtsbl. C, S. 14).

[5] Amtsbl. d. Amerik. Milit.-Reg. B S. 9 u. D S. 4. Gültig nur für amerik. Zone. Amtsbl. C, S. 14 nimmt zwar Gültigkeit auch für Berlin an, da aber das Befreiungsgesetz, das die Grundlage der Erg. Nr. 2 bildet, in Berlin nicht in Kraft ist, ist die Erg. Nr. 2 für Berlin gegenstandslos.

d) Allgemeine Anordnung (Verfügung) Nr. 2[6]

[6] Die Allgem. Anordnung (Vfg.) Nr. 2 stellt das gesamte Vermögen der I. G. Farbenindustrie A. G. unter Kontrolle (Amtsbl. der Amerik. Milit.-Reg. A S. 31, Amtsbl. der Brit. Milit.-Reg. Nr. 5 S. 62 und Handb. II S. 19. Für die I. G. Farbenindustrie A. G. ist das nachstehend wiedergegebene Kontrollratsges. Nr. 9 ergangen, durch das die im Bereich der einzelnen Militärregierungen erfolgte Unterstellung unter das Ges. Nr. 52 mit umfaßt werden dürfte.

Gesetz Nr. 9

Beschlagnahme und Kontrolle des Vermögens der I. G. Farbenindustrie

Um jede künftige Bedrohung seiner Nachbarn oder des Weltfriedens durch Deutschland unmöglich zu machen, und mit Rücksicht auf die Tatsache, daß die I. G. Farbenindustrie sich wissentlich und in hervorragendem Maße mit dem Ausbau und der Erhaltung des deutschen Kriegspotentials befaßt hat, erläßt der Kontrollrat das folgende Gesetz:

Art. I

Die gesamten in Deutschland gelegenen industriellen Anlagen, Vermögen und Vermögensbestandteile jeglicher Art, die am 8. Mai 1945 oder nach diesem Zeitpunkt im Eigentum oder unter der Kontrolle der I.G. Farbenindustrie A.G. standen, sind hiermit beschlagnahmt, und alle diesbezüglichen Rechte gehen auf den Kontrollrat über.

Art. II

Zwecks Kontrolle der beschlagnahmten industriellen Anlagen, Vermögen und Vermögensbestandteile, die ehemals der I. G. Farbenindustrie gehörten, wird ein Ausschuß gebildet; dieser besteht aus 4 Kontrollbeamten, die jeweils von ihren Zonenbefehlshabern ernannt werden. Grundsätzliche Richtlinien, auf die sich der Ausschuß namens des Kontrollrates geeinigt hat, werden in jeder Zone von dem Befehlshaber durch seinen Kontrollbeamten durchgeführt.

Art. III

In bezug auf die industriellen Anlagen, Vermögen, Vermögensbestandteile und den Betrieb der I. G. Farbenindustrie A. G. sollen durch den Ausschuß folgende Endziele verwirklicht werden:

a) Bereitstellung von industriellen Anlagen und Vermögensbestandteilen für Reparationen;
b) Zerstörung derjenigen industriellen Anlagen, die ausschließlich für Zwecke der Kriegführung benutzt wurden;
c) Aufspaltung der Eigentumsrechte an den verbleibenden industriellen Anlagen und Vermögensbestandteilen;
d) Liquidierung aller Kartellbeziehungen;
e) Kontrolle aller Forschungsarbeiten;
f) Kontrolle der Produktionstätigkeit.

Mit industriellen Anlagen, die nach dem Bericht des Ausschusses entweder für Reparationen oder für Zerstörung zur Verfügung stehen, wird in üblicher Weise verfahren.

Art. IV

Alle Handlungen und Maßnahmen, die bisher von den Zonenbefehlshabern und ihren Kontrollbeamten im Zusammenhang mit der Beschlagnahme, Verwaltung, Leitung und Kontrolle der I. G. Farbenindustrie A.G. in ihren Zonen durchgeführt wurden, sind hiermit genehmigt, gebilligt und bestätigt.

Ausgefertigt in Berlin, den 30. November 1945.

(Amtsbl. d. KR. Nr. 2 S. 34)

In einer am LG. Berlin anhängigen Sache 4 P 8/47 hat das Rechtskomitee der Alliierten Kdtur. Bln. am 19. 1. 48 (Leg. I (48) 14) bestimmt, daß bei Verfahren gegen die I.G. Farben A.G. sich die betreibende Partei wegen der Ermächtigung zur Ausübung der Gerichtsbarkeit an den gem. Art. II eingesetzten IG. Farben Kontrollausschuß zu wenden habe. In dem gleichen Rechtsstreit hat die Amerik. Milit.-Reg. durch Schreiben v. 4. 3. 48 mitgeteilt, daß passiv legitimiert allein der betreffende IG.-Farben-Kontrolloffizier sei, u. daß eine Ermächtigung zur Ausübung der Gerichtsbarkeit in diesem Einzelfall nicht gewährt werde. Für den Bereich der Brit. Milit.-Reg. darf gemäß Anweisung Nr. 109 B (JMBl (NW) 48 S. 46) kein Rechtsstreit gegen IG. Farbenwerke durchgeführt werden, die Anweisungen Nr. 109 u. Nr. 109 A finden insoweit keine Anwendung, Genehmigung dazu wird grundsätzlich nicht erteilt.

e) Allgemeine Anordnung Nr. 3[7]

In Anbetracht dessen,

daß die Bank der Deutschen Arbeit AG., ein unter deutschen Gesetzen gegründetes und bestehendes Bankunternehmen mit Stammsitz in Berlin, in ihrer Gesamtheit Eigentum der Deutschen Arbeitsfront ist, deren Auflösung als amtliche Organisation der NSDAP angeordnet ist; und

daß die Bank der Deutschen Arbeit AG. von der NSDAP dazu benutzt wurde, den größten Teil ihrer weniger einwandfreien Finanzgeschäfte in Deutschland und in den zeitweise von der deutschen Wehrmacht besetzten Ländern durchzuführen; und

daß die Bank der Deutschen Arbeit AG. zur Ansammlung der Mitgliederbeiträge der Partei und anderer halbfreiwilliger Zahlungsleistungen diente und zur Finanzierung der wirtschaftlichen Unternehmungen der Deutschen Arbeitsfront benutzt wurde; und

daß die Direktoren und leitenden Beamten der Bank der Deutschen Arbeit AG. politische Günstlinge der Partei und Parteibeamte oder sonstige Personen waren, denen die Tätigkeit im Bankgeschäft verboten worden ist und

daß die Ausschaltung sämtlicher Organisationen der NSDAP zu den Zielen der Vereinten Nationen gehört;

wird hiermit folgendes angeordnet:

1. Mit dem Inkrafttreten dieser Verordnung finden die Bestimmungen des Artikels IV des Gesetzes Nr. 52 der Militärregierung keine Anwendung mehr auf die Bank der Deutschen Arbeit AG. (im folgenden kurz Bank genannt) sowie auf deren gesamtes Vermögen.

2. Das gesamte der Bank gehörende oder von ihr unmittelbar oder mittelbar, ganz oder teilweise kontrollierte Vermögen in der amerikanischen Zone Deutschlands wird hierdurch zur Beschlagnahme, Verwaltung oder Kontrolle durch die Militärregierung nach Artikel 1 (g) des Gesetzes Nr. 52 der Militärregierung bestimmt.

3. Die Übernahme der Verwaltung und Kontrolle aller Niederlassungen, Büros und Filialen der Bank sowie die Inbesitznahme ihres gesamten Vermögens und ihrer Guthaben in der amerikanischen Zone durch die Militärregierung erfolgt hierdurch.

4. Die erwähnten Niederlassungen, Büros und Filialen sind am 1. September 1945 um 0 Uhr 01 für alle Zwecke zu schließen.

5. Sämtlichen Direktoren, leitenden Beamten oder sonstigen Personen, gleichviel ob im Amt oder nicht, welche Vollmacht haben, entweder allein oder gemeinsam mit andern innerhalb der amerikanischen Zone namens der Bank zu zeichnen oder Verpflichtungen einzugehen, wird ihre Berechtigung, Handlungen in bezug auf die Bank oder deren Vermögen vorzunehmen, entzogen, abgesehen von den in Artikel 6 festgelegten Ausnahmen.

6. Diejenigen Beamten und Angestellten der Niederlassungen und Filialen der Bank, die von der Militärregierung dazu bestimmt werden, zeitweilig noch in ihren Stellungen bei der Bank zu verbleiben, haben alle Bestimmungen der Gesetze der Militärregierung zu befolgen, insbesondere das Gesetz Nr. 52 der Militärregierung und die Allgemeine Anordnung Nr. 1

---

[7] Amtsblatt d. Amerik. Milit.-Reg. A. S. 32. Gilt nur in der amerikanischen Zone.

zu diesem Gesetz. Darüber hinaus sind sie für die Erfüllung folgender Pflichten verantwortlich:

a) Sie dürfen keine Geschäfte irgendwelcher Art im Namen der Bank durchführen.

b) Sie dürfen keine Auszahlungen zur Abwicklung der Einlagen bei der Bank oder anderer Verbindlichkeiten der Bank vornehmen.

c) Sie dürfen Zahlungen zum Ausgleich von Forderungen der Bank von deren Schuldnern entgegennehmen.

d) Sie haben alle Vorkehrungen und erforderlichen Maßnahmen zu treffen, um die vorhandenen Bestände und Unterlagen sicherzustellen.

e) Sie dürfen Wertpapiere oder andere für Rechnung der Kundschaft aufbewahrte Werte nur mit vorheriger Genehmigung der Militärregierung herausgeben.

f) Bis zum Ergehen weiterer Weisungen dürfen sie niemand den Zutritt zu den Schrankfächern oder den Zugang zu Verwahrstücken gestatten.

7. Diese Allgemeine Anordnung tritt am 1. September 1945 um 0 Uhr 01 in Kraft.

f) Allgemeine Verfügung Nr. 3[8]

1. Gemäß Artikel I, Absatz 1 g) des Gesetzes Nr. 52 der Militärregierung wird sämtliches Vermögen innerhalb des Britischen Kontrollgebiets in Deutschland, das unmittelbar oder mittelbar im Besitz, Eigentum oder unter Kontrolle der Firma Friedrich Krupp, Essen, steht, der Beschlagnahme des Besitzes, sowie der Weisung, Verwaltung, Aufsicht oder sonstigen Kontrolle durch die Militärregierung unterworfen.

2. Das von dieser Allgemeinen Verfügung betroffene Vermögen oder Unternehmen wird von den Bestimmungen des Artikels IV des Gesetzes Nr. 52 der Militärregierung nur insoweit berührt als hierzu eine besondere Ermächtigung der Militärregierung oder des im nachfolgenden erwähnten „Alleinigen Gesetzlichen Vertreters" (Controller) vorliegt.

3. Ein „Alleiniger Gesetzlicher Vertreter" (Controller) ist ernannt worden, der die Herausgabe aller notwendigen Anweisungen veranlassen wird.

4. Diese Allgemeine Verfügung tritt am 16. November 1945 in Kraft.

g) Allgemeine Verfügung Nr. 4 und Nr. 8[8a]

---

[8] Amtsbl. der Brit. Milit.-Reg. Nr. 5 S. 62, Handbuch II S. 21. Gilt in der brit. Zone und im brit. Sektor von Berlin. Durchführung von Prozessen im Rahmen der Anweisung Nr. 109 u. 109 A ohne besondere Genehmigung zulässig (Anw. Nr. 109 B, JMBl. (NW) 48 S. 46). Die Entsch. d. LG. Essen im MDR. 47 S. 155 ist dadurch überholt.

[8a] Betreffen lediglich die Anmeldepflicht aller Vermögensarten, die unter Art. I des Ges. Nr. 52 fallen und sind deshalb für die Beschränkung der Gerichtsbarkeit nicht von Bedeutung. Abgedr. Amstbl. d. Brit. Milit.-Reg. Nr. 5 S. 63 u Nr. 14 S. 329, Handbuch II S. 23.

h) Allgemeine Verfügung Nr. 5[9]

Kohlenbergwerke und angegliederte Betriebe im Britischen Kontrollgebiet[10]

1. Auf Grund des Artikel I, Absatz 1 g) des Gesetzes Nr. 52 der Militärregierung wird das Vermögen der nachstehend bezeichneten Art, das sich innerhalb des Britischen Kontrollgebiets befindet und unmittelbar oder mittelbar im Eigentum, Besitz oder unter der Kontrolle der obengenannten Gesellschaft steht, dem Rechte der Beschlagnahme, Weisung, Verwaltung, Aufsicht oder sonstigen Kontrolle durch die Militärregierung unterworfen:

a) Alle Kohlenbergwerke und Kohlenbergwerksbetriebe (Steinkohlen- und Braunkohlenbergwerke), und

b) alle nachstehend aufgeführten Betriebe, sofern sie in Gemeinschaft oder in Verbindung mit einem unmittelbar oder mittelbar im Eigentum, Besitz oder unter der Kontrolle der obengenannten Gesellschaft stehenden Kohlenbergwerk betrieben werden:

I. Betriebe zur Karbonisation von Kohle und angegliederte An- Anlagen zur Gewinnung von Nebenprodukten,

II. Betriebe zur Herstellung von Ziegeln, Kacheln, Briketts und zur Erzeugung von synthetischem Erdöl und elektrischer Kraft. (Alle in diesem Unterabsatz b genannten Betriebe werden in dieser Verfügung und in den auf ihr beruhenden Bekanntmachungen kurz als „angegliederte Betriebe" bezeichnet); und

c) das gesamte Vermögen jeder Art, das zu den in den Unterabsätzen a) oder b) genannten Betrieben gehört oder von diesen, oder in Verbindung mit diesen, genutzt oder ausgebeutet wird.

2. Es ist ein Verwalter bestellt worden, der in Namen der Militärregierung die Pflichten eines Treuhanders für die durch diese Allgemeine Verfügung erfaßten Vermögenswerte wahrnehmen wird.

3. Diese Allgemeine Verfügung tritt am 22. Dezember 1945 in Kraft.

i) Allgemeine Verfügung Nr. 6[11]

Gemäß Artikel I Absatz 2 und Artikel III Absatz 4b des Gesetzes Nr. 52 der Militärregierung wird hiermit folgendes verordnet:

Artikel I

Vermögen, das dieser Verfügung unterliegt

1. Mit Ausnahme der in Absatz 2 dieses Artikels enthaltenen Bestimmungen bezieht sich diese Allgemeine Verfügung auf alle Vermögenswerte in Deutschland, die sich in dem von der deutschen Wehrmacht oder Deutschlands Verbündeten besetzten Lande einer der Vereinten Nationen zum Zeitpunkt dieser Besetzung oder in einem anderen von der Militärregierung bezeichneten Lande befunden haben.

2. Die vorliegende Verfügung bezieht sich nicht

a) auf einen Gegenstand, der zur Zeit des Inkrafttretens dieser Verfügung einen Wert von weniger als 10.— RM hat, wenn nicht

[9] Amtsbl. d. Brit. Milit.-Reg. Nr. 5 S. 64. Gültig nur brit. Zone.

[10] Die Liste von 67 Unternehmen, die von der Allg. Vfg. Nr. 5 erfaßt werden, ist im Amtsbl. d. Brit. Milit.-Reg. Nr. 5 S. 65 abgedruckt.

[11] Amtsbl. d. Brit. Milit.-Reg. Nr. 9 S. 206, Handbuch II S. 27. Gültig brit. Zone u. brit. Sektor v. Berlin. Stellt nicht nur eine Meldepflicht auf, sondern unterwirft über den Umfang des Art. I Ziff. 2 des Ges. Nr. 52 hinaus auch Beutegut, das völkerrechtsgemäß in Anspruch genommen worden ist, der Kontrolle. Vgl. Anm. 14 z. Ges. Nr. 52 (S. 47).

der Gesamtwert der im Besitz einer Person befindlichen Gegenstände mehr als 50.— RM beträgt;

b) Lebensmittel und leichtverderbliche Haushaltswaren, die vor dem Tage des Inkrafttretens dieser Verordnung verbraucht waren.

3. Vermögenswerte müssen auch dann gemeldet werden, wenn sie schon unter Zwangsverwaltung stehen, beschlagnahmt sind oder in Befolgung eines anderen Befehls der Militärregierung angemeldet wurden.

Artikel II

Vorlage von Berichten

4. Innerhalb von 2 Monaten nach Inkrafttreten dieser Allgemeinen Verfügung muß jedermann, der Vermögenswerte, auf die sich diese Verfügung bezieht, in Besitz oder Gewahrsam oder unter Kontrolle oder Kenntnis von ihnen hat oder irgendwann gehabt hat, sie dem Landrat oder Oberbürgermeister seines Wohnsitzes auf dem Formblatt Nr. MGAF (6) melden.

5. Ausfertigungen dieses Formblattes können vom Landratsamt oder Oberbürgermeister abgeholt werden. Anweisungen zur Ausfüllung des Formblattes sind darin enthalten. Die Unterschrift oder Unterschriften unter dem Formblatt müssen durch eine Person über 21 Jahre beglaubigt werden, die ihre Anschrift und ihren Beruf hinzuzufügen hat.

Artikel III

Sperre von Vermögen

6. Alle Vermögenswerte, auf welche sich diese Allgemeine Verfügung bezieht, unterliegen hiermit der Kontrolle der Militärregierung gemäß den Bestimmungen des Artikel I, Absatz 2 des Gesetzes Nr. 52 der Militärregierung. Sie dürfen nicht ohne ausdrückliche Ermächtigung der Militärregierung zerstört, verkauft, vertauscht oder entfernt werden.

Artikel IV

Strafbestimmungen

7. Jedermann, der die Vorlage eines nach den Bestimmungen dieser Allgemeinen Verfügung und dem Formblatt Nr. MGAF (6) gegebenen Anweisungen genau ausgefüllten Formblattes unterläßt oder irgendeine darin geforderte Angabe oder Feststellung verschweigt, oder der irgendwelche irreführende, falsche oder unvollständige Angaben in einem solchen Bericht macht, wird nach Verurteilung durch ein Militärgericht mit einer vom Gericht zu bestimmenden Strafe (einschließlich Todesstrafe) belegt.

Artikel V

Begriffsbestimmungen

8. Die in Arikel VII des Gesetzes Nr. 52 der Militärregierung gegebenen Begriffsbestimmungen gelten auch für diese Allgemeine Verfügung.

Artikel VI

Inkrafttreten

9. Diese Allgemeine Verfügung tritt am 30. April 1946 in Kraft.

k) Allgemeine Verfügung Nr. 7[12]

1. Gemäß Artikel 1, Absatz 1 (g) des Gesetzes Nr. 52 der Militärregierung wird sämtliches Vermögen innerhalb des britischen Kontrollgebietes in Deutschland, das unmittelbar oder mittelbar im Besitz, Eigentum oder unter der Kontrolle der Eisen- und Stahlunternehmungen steht, der Beschlagnahme des Besitzes oder des Eigentums sowie der Weisung, Verwaltung, Aufsicht oder sonstigen Kontrolle durch die Militärregierung unterworfen.

2. Ein Beauftragter (Controller) ist ernannt worden, der die Herausgabe aller notwendigen Anweisungen veranlassen wird.

3. Den unter Absatz 1 dieser Verfügung fallenden Unternehmungen wird eine besondere Benachrichtigung zugehen.

4. Diese Allgemeine Verfügung tritt um 12 Uhr mittags am 20. August 1946 in Kraft.

l) Allgemeine Verfügung Nr. 10[13] (auszugsweise)

Gemäß Artikel I Absatz 2 des Gesetzes Nr. 52 der Militärregierung in der Fassung der Verordnung Nr. 38 wird hiermit verordnet:

Artikel I

Von der Verfügung betroffenes Vermögen

1. Diese Allgemeine Verfügung bezieht sich, vorbehaltlich der Ausnahmen des Absatz 2, auf jedes als solches erkennbare Vermögen, das zwischen dem 30. Januar 1933 und dem 8. Mai 1945 aus Gründen der Rasse, der Staatsangehörigkeit, der Religion oder der politischen Überzeugung einer Person enteignet, weggenommen oder ihrer Verwaltung entzogen worden ist. Dabei ist es unerheblich, ob diese Beschlagnahme und Enteignung, Wegnahme oder sonstige Form der Entziehung auf Grund von Gesetzen oder in angeblich rechtmäßigen Verfahren oder sonstwie durchgeführt worden ist.

2. Die Verfügung bezieht sich nicht auf Vermögen, dessen Wert zur Zeit des Übergangs weniger als 1000 RM betragen hat.

Artikel IV

Vermögenssperre

7. Jedes Vermögen (Artikel I) wird hiermit, auch rückwirkend, allen Bestimmungen des Gesetzes Nr. 52 der Militärregierung unterworfen.

---

[12] Amtsblatt d. Brit. Milit.-Reg. Nr. 13 S. 308. Gültig nur brit. Zone. Es gilt das gleiche wie Anm. 3, S. 67.

[13] Amtsbl. d. Brit. Milit.-Reg. Nr. 21 S. 634, Nieder.-Sächs. Rpfl. 47 S. 98, Gültig für brit. Zone, für Sektor bisher nicht in Kraft gesetzt. In den nicht abgedruckten Artikeln ist lediglich eine Anzeigepflicht für den Inhaber solchen Raubgutes oder den, der davon weiß, ausgesprochen, u. weiterhin die Anmeldung von Erstattungsansprüchen. Der sachliche Inhalt des Art. I deckt sich etwa mit dem des Art. I Ziff. 2 des Ges. Nr. 52,, ist aber zu dessen Erläuterung von Bedeutung. — Die nummernmäßig vorangehende Allgemeine Anordnung Nr. 9 ist bisher nicht veröffentlicht. —

m) Anordnungen (Décisions) des Commandant en Chef und Verfügungen (Arrêtés) des Administrateur Général[14]

17.: Allgemeine Genehmigungen

a) Allgemeine Genehmigung Nr. 1[1]

1. Jeder natürlichen Person in Deutschland, deren Vermögen auf Grund des Gesetzes Nr. 52 der Militärregierung gesperrt ist, wird hiermit eine Allgemeine Genehmigung erteilt, von allen ihren Konten bei finanziellen Unternehmen Geldbeträge zu zahlen, zu überweisen oder abzuheben, einen Auftrag zur Zahlung, Überweisung oder Abhebung zu erteilen, insoweit als dies für ihren tatsächlichen Lebensunterhalt und den Lebensunterhalt der Mitglieder ihres Haushaltes notwendig ist; jedoch nur unter der Voraussetzung, daß:

a) Der Gesamtbetrag aller solcher Zahlungen, Überweisungen, Abhebungen oder Aufträge hierzu den Betrag von RM 200,— im Kalendermonat nicht übersteigt, mit der Maßgabe, daß zusätzliche Beträge von nicht mehr als RM 50,— pro Person und Kalendermonat für jedes weitere wirtschaftlich abhängige Mitglied des Haushaltes der betreffenden Person abgehoben werden dürfen, wobei der Gesamtbetrag für alle wirtschaftlich abhängigen Personen des Haushaltes aber RM 100,— nicht übersteigen darf, so

---

14 Abgesehen von der Allgemeinen Anordnung (Ordre Général) Nr. 1, hat man in der französischen Zone nicht weitere „Allgemeine" Anordnungen oder Verfügungen erlassen, in denen bestimmte Gruppen oder Personen zusammengefaßt sind, wie in der amerik. u. brit. Zone, sondern es ist jeweils durch besondere Anordnung d. Commandant en Chef oder durch Verfügung des Administrateur Général eine bestimmte physische oder jur. Person als dem Ges. Nr. 52 unterliegend erklärt worden, beispielsweise durch Décision Nr. 10 b des Commandant en Chef (Journ. off. S. 470) die Röchlingschen Eisenwerke u. Stahlwerke Völklingen, durch Arrêté Nr. 17 des Administrateur Général (Journ. off. S. 37) die Robert Bosch G. m. b. H., Nr. 79 (Journ. off. S. 257) die Ceres-Hagelversicherungsgesellschaft. Ein Abdruck oder auch nur eine Aufzählung aller dieser Anordnungen und zahlreichen Verfügungen, die im Journal officiel veröffentlicht sind, würde über den Rahmen dieses Werkes hinausgehen; auch alle die zahlreichen Einzelfälle, in denen die Property Control Branches der Amerik. u. Brit. Milit.-Reg. in Auswirkung des Ges. Nr. 52 das Vermögen von Personen einzeln unter Kontrolle gestellt bzw. Custodians ernannt haben, können nicht aufgezählt werden, da sie — abweichend von der Praxis der französischen Zone — den Beteiligten mitgeteilt, aber im allgemeinen nicht in den Amtsblättern veröffentlicht werden, soweit es sich nicht um die in den Allgem. Anordnungen bzw. Vfgen. genannten Großbetriebe handelt. — In den Fällen, in denen dem Inhaber des unter das Ges. Nr. 52 fallenden Vermögens durch Anordnung des Commandant en Chef oder durch Vfg. des Administrateur Général die Verwaltungs- und Verfügungsbefugnis entzogen wird, kann gemäß Vfg. Nr. 9 des Commandant en Chef (Journ. off. S. 35) ein Zwangsverwalter durch Vfg. (Décision) des Administrateur Général benannt werden — bei dieser Vfg. handelt es sich dann nur um die Namhaftmachung des Zwangsverwalters; auch diese Vfgen. sind sämtlich im Journal officiel abgedruckt. — Erfaßt wird jeweils das in der französischen Zone gelegene Vermögen.

1 Amtsblatt d. Amerik. Milit.-Reg. A S. 33, d. Brit. Milit.-Reg. 5 S 67, Journ. off. S. 585. Gültig amerikanische, britische, franz. Zone und nur amerik. Sektor von Bln. (Amtsbl. C S. 14); für den brit. Sektor hat die Brit. Milit.-Reg. am 24. 4. 48 (15/50/34) dem Chefpr. d. LG. wissen lassen, daß die Allgem. Gen. Nr. 1—5 angewendet werden könnten, obwohl sie in Bln. nicht in Kraft gesetzt seien, jedoch müsse aus diesem Grund derjenige, der sich darauf berufe, dem Gericht nachweisen, daß ihm die Anwendung durch die Property Control Branch gestattet worden sei — Vfg. d. Chefpr. d. LG. Bln. v. 7. 5. 48 Gen. 1413 F. 1. 48 (20). Siehe auch Anhang nach Anm. 13 (S. 77). Bei Zwangsvollstreckungsmaßnahmen ist in der brit. Zone die Allgem. Gen. Nr. 1 nicht anwendbar, vergl. AV. d. Präs. d. ZJA. v. 19. 4. 48, abgedr. Anm. 19 S. 54.

daß sich gegebenenfalls ein Höchstbetrag von RM 300,— für jeden Haushalt und Kalendermonat ergeben kann;

b) Zahlungen, Überweisungen und Abhebungen von einem Konto, das im Namen einer von der Militärregierung verhafteten oder sonstwie in Haft befindlichen Person geführt wird, nur an Mitglieder des Haushaltes dieser Person und keinesfalls an die Person selbst gemacht werden dürfen.

2. Jedes finanzielle Unternehmen, das irgendwelche Zahlung, Überweisung oder Abhebung auf Grund dieser allgemeinen Genehmigung durchführt, hat sich vorher zu vergewissern, daß eine derartige Zahlung, Überweisung oder Abhebung in Einklang mit den Vorschriften und Bedingungen dieser Allgemeinen Genehmigung erfolgt:

3. Das Wort „Haushalt" bedeutet in diesem Zusammenhang die natürliche Person und alle wirtschaftlich abhängigen Verwandten, die bei der natürlichen Person wohnen, der das Eigentum an dem gesperrten Konto oder die Verfügungsgewalt über dasselbe zusteht.

b) Allgemeine Genehmigung Nr. 2[2]

1. Eine Allgemeine Genehmigung zur Vornahme von Zahlungen und Überweisungen auf Konten in deutschen finanziellen Unternehmen, die auf Grund des Gesetzes Nr. 52 der Militärregierung gesperrt sind, wird hiermit erteilt, und zwar unter der Voraussetzung, daß:

a) Derartige Geschäfte lediglich durch das Gesetz Nr. 52 der Militärregierung für verboten erklärt sind;

b) Eine solche Zahlung oder Überweisung nicht von oder für Rechnung von oder aus dem Vermögen einer Person gemacht wird, deren Vermögen gesperrt ist, es sei denn, daß eine Person, deren Vermögen gesperrt ist, ihr Vermögen, welches sich außerhalb eines finanziellen Unternehmens befindet, auf ihrem Konto bei einem finanziellen Unternehmen hinterlegen darf;

c) Diese Genehmigung nicht zur Vornahme von Zahlungen oder Überweisungen zugunsten eines gesperrten Kontos berechtigt, es sei denn, daß die Zahlung zugunsten des gesperrten Kontos des endgültig Berechtigten erfolgt.

2. Auf Grund dieser Genehmigung dürfen Zahlungen oder Überweisungen, die zu einem Geschäft gehören, für das eine weitere Genehmigung erforderlich ist, nicht ausgeführt werden.

c) Allgemeine Genehmigung Nr. 3[3]

Jedem Kreis oder jeder Gemeinde wird hiermit die Genehmigung erteilt, alle Rechtsgeschäfte innerhalb Deutschlands vorzunehmen, die für gewöhnlich zu ihrem normalen Aufgabenkreis gehören, vorausgesetzt, daß

---

[2] Es gilt das gleiche wie Anm. 1.

[3] Amtsbl. d. Amerik. Milit.-Reg. A S. 35, d. Brit. Milit.-Reg. 5 S. 67, Journ. off. S. 585. Gültig amerik., brit. u. franz. Zone. Nach Amtsbl. d. Amerik. Milit.-Reg. C S. 14 für den amerik. Sektor v. Bln. zwar nicht in Kraft gesetzt. Jedoch hat die Amerik. Milit.-Reg. in Bln. den Chefpr. d. LG. in zahlreichen Einzelfällen, so besonders durch Schreiben vom 10. u. 12. Juni 1947 in einer Reihe von Prozessen gegen die Stadt Berlin wissen lassen, daß die Allgemeine Genehmigung Nr. 3 auch im amerik. Sektor v. Bln. angewendet werden solle; vgl. Vfg. d. Chefpr. d. LG. Bln. vom 2. 2. 48, Gen. 1413 F 1. 48 (4), abgedr. S. 124. — Die Allgem. Gen. Nr. 3 füllt die Lücke aus, die dadurch entstanden ist, daß Art. IV Ziff. 6 Abs. b sich nur auf die Vermögen des Art. I Ziff. 1 Abs. a bezieht und deshalb Kreis- u. Gemeindevermögen nicht unter diese Lockerung fällt.

diese Geschäfte lediglich durch das Gesetz Nr. 52 der Militärregierung für verboten erklärt sind, und daß der betreffende Kreis oder die Gemeinde keine außerordentlichen Geschäfte vornimmt, die direkt oder indirekt das Vermögen des betreffenden Kreises oder der Gemeinde wesentlich verringern, gefährden oder in anderer Beziehung Nachteile für ihre finanzielle Lage zur Folge haben.

d) Allgemeine Genehmigung Nr. 4[4]

Eine Allgemeine Genehmigung wird hiermit erteilt für Überweisungen im Verkehr innerhalb oder zwischen Kreditinstituten von Konten, die auf Grund des Gesetzes Nr. 52 der Militärregierung gesperrt sind:

a) auf Konten des Deutschen Reichs oder der Länder, Provinzen, Stadtkreise, Gemeinden, Landkreise oder anderer Regierungsunterabteilungen oder Amtsstellen zum Zwecke der Zahlung von fälligen Steuern, Zöllen, Gebühren und ähnlichen Posten, oder
b) zum Zwecke der Zahlung von fälligen Sozialversicherungsprämien.

e) Allgemeine Genehmigung Nr. 5[5]

Jeder Anstalt innerhalb Deutschlands, die dem öffentlichen Gottesdienst, der Wohlfahrt, der Erziehung, der Kunst oder den Wissenschaften zu dienen bestimmt ist, wird, soweit eine solche Anstalt keine Forschungsarbeiten leistet, hiermit eine allgemeine Genehmigung erteilt, alle Rechtsgeschäfte vorzunehmen, die zu ihrem normalen Aufgabenkreis gehören und durch Gesetz Nr. 52 der Militärregierung für verboten erklärt sind, mit der Maßgabe, daß:

a) Diese Geschäfte lediglich durch Gesetz Nr. 52 der Militärregierung für verboten erklärt sind;
b) Diese Genehmigung keine Ermächtigung zur Ausübung von Rechtsgeschäften einer Amtsstelle, eines Unternehmens, einer Person oder einer anderen, in der Allgemeinen Vorschrift Nr. 1 erwähnten Organisation oder in deren Auftrag darstellt;
c) Diese Genehmigung nicht zum Kauf, Verkauf oder sonstiger Verfügung über Grundbesitz ermächtigt;
d) Eine solche Anstalt keine Geschäfte betreiben darf, die direkt oder indirekt das Vermögen der betreffenden Anstalt wesentlich verringern, gefährden oder anderweitige Nachteile für ihr Vermögen zur Folge haben.

f) Allgemeine Genehmigung Nr. 6[6]

1. Hiermit wird eine Allgemeine Genehmigung erteilt, Vermögen in Deutschland freizugeben, welches alleiniges Eigentum von Angehörigen der Vereinten Nationen mit Wohnsitz in Deutschland ist, vorausgesetzt, daß das Vermögen dieser Personen ausschließlich auf Grund des Artikels I, § 1 (b) des Gesetzes Nr. 52 der Militärregierung gesperrt wurde.

2. Diese Allgemeine Genehmigung ist nicht als Genehmigung für Geschäfte irgendwelcher Art, die auf Grund des Gesetzes Nr. 53 der Militärregierung verboten sind, anzusehen.

---

[4] Es gilt das gleiche wie Anm. 1.

[5] Amtsblatt d. Amerik. Milit.-Reg. C S. 13, sonst gilt das gleiche wie Anm. 1.

[6] Amtsbl. d. Amerik. Milit.-Reg. A S. 36. Gültig nur für amerik. Zone und amerik. Sektor v. Berlin (Amtsbl. C S. 14), vgl. wegen Berlin auch Anm. 13 S. 77.

g) Allgemeine Genehmigung Nr. 7[7]

1. Auf Grund dieser Allgemeinen Genehmigung sind alle Kreditinstitute berechtigt, alle gemäß Gesetz Nr. 52 der Militärregierung gesperrten Konten, mit Ausnahme der gemäß Artikel I Absatz 1 (f) dieses Gesetzes gesperrten Konten in ihren Büchern bis zu einem Betrage zu belasten, der den im Geschäftsverkehr üblichen Bankspesen, die zu Lasten eines solchen Kontos erhoben werden können, entspricht; vorausgesetzt, daß der auf Grund dieser Allgemeinen Genehmigung jedem einzelnen Konto belastete Betrag RM 25,— in einem Kalendermonat nicht übersteigt.

2. Der Ausdruck „übliche Bankspesen" im Sinne dieser Allgemeinen Genehmigung umfaßt nur Postspesen, Verwahrungsgebühren, Minimum-Saldogebühren und Kontoführungsgebühren.

3. Diese Allgemeine Genehmigung tritt mit Wirkung vom 1. Januar 1946 in Kraft.

h) Allgemeine Genehmigung Nr. 8[8]

1. Allen Kreditinstituten wird hiermit eine Allgemeine Genehmigung erteilt, die diese berechtigt, in ihren Büchern ein gemäß Gesetz Nr. 52 der Militärregierung gesperrtes Konto einer Einzelperson, Gesellschaft oder Körperschaft privaten Rechts, mit Ausnahme der gemäß Artikel I Absatz 1 (f) dieses Gesetzes gesperrten Konten, bis zu einem Betrage zu belasten, der den Zinsen entspricht, die auf Grund der Zahlungsbedingungen eines dem Inhaber eines solchen Kontos vor der ersten Verkündung des Gesetzes Nr. 52 der Militärregierung von dem betreffenden Kreditinstitut eingeräumten Kredits fällig sind.

2. Diese Allgemeine Genehmigung berechtigt nicht zu Geschäften irgendwelcher Art, die auf Grund des Gesetzes Nr. 53 der Militärregierung verboten sind.

3. Diese Allgemeine Genehmigung tritt mit dem Tage ihrer Bestätigung in Kraft.

i) Allgemeine Genehmigung Nr. 9[9]

Unbeschadet der Vorschriften der Gesetze Nr. 52 und 53 der Militärregierung wird hiermit nach Maßgabe derselben eine Allgemeine Genehmigung erteilt, welche die Vornahme aller Rechtshandlungen gestattet, die die Eigentumsübertragung an Vermögenswerten, deren Vermietung oder Verpachtung zum Gegenstand haben, sei es, daß sie freiwillig oder durch Ausübung des Zwangsenteignungsrechts entsprechend dem Bayerischen Gesetz Nr. 48 zur Beschaffung von Siedlungsland und zur Bodenreform vom 18. September 1946 (Bayerisches Gesetz- und Verordnungsblatt S. 326), dem Hessischen Gesetz zur Beschaffung von Siedlungsland und zur Bodenreform vom 15. Oktober 1946 (Hessisches Gesetz- und Verordnungsblatt S. 218) und dem Württemberg-Badenschen Gesetz Nr. 65 zur Beschaffung von Siedlungsland und zur Bodenreform vom 30. Oktober 1946 (Württemberg-Badensches Gesetz- und Verordnungsblatt S. 263) vorgenommen worden sind, jedoch unter der Voraussetzung, daß:

---

[7] Amtsbl. d. Amerik. Milit.-Reg. B S. 10, sonst wie Anm. 6.

[8] Amtsbl. d. Amerik. Milit.-Reg. C S. 14, sonst wie Anm. 6.

[9] Amtsbl. d. Amerik. Milit.-Reg. F S. 11. Nur gültig amerik. Zone.

a) Die Übertragung an das Siedlungsunternehmen oder denjenigen, der berechtigt ist, das Vermögen in Empfang zu nehmen, nach Maßgabe der obengenannten Gesetze stattgefunden hat;

b) Die Entschädigungszahlung für Vermögenswerte, die Gegenstand des Gesetzes Nr. 52 der Militärregierung sind, auf ein gesperrtes Konto einer Bankanstalt in der amerikanischen Besatzungszone Deutschlands auf den Namen des Eigentümers erfolgt;

c) Diese Genehmigung nicht zum Abschluß von Verträgen hinsichtlich von Vermögenswerten berechtigt, die durch den Kontrollrat beschlagnahmt worden sind oder die in das Eigentum des Kontrollrats übergegangen sind;

d) Übertragungen von Vermögenswerten, welche Gegenstand der Verfügung durch den Kontrollrat sind und über die auf Grund eines Kontrollrats-Erlasses oder Übereinkommen verfügt wurde, für unwirksam zu erklären sind und das Eigentum an derartigen Vermögenswerten an den durch die Militärregierung bestimmten Empfangsberechtigten zu übertragen ist, wenn die Militärregierung anordnet, daß die nach Maßgabe dieser Genehmigung vorgenommene Übertragung nicht im Einklang mit der Verfügungsbefugnis des Kontrollrats über derartige Vermögenswerte steht;

e) Übertragungen von Vermögenswerten, von denen sich nachträglich herausstellt, daß sie der Rückerstattung an den früheren Eigentümer oder seinen Rechtsnachfolger nach Maßgabe eines in der amerikanischen Besatzungszone erlassenen Rückerstattungsgesetzes unterliegen, jederzeit durch die Militärregierung für null und nichtig erklärt werden können;

f) Jede durch Ausübung des Zwangsenteignungsrechtes bewirkte Übertragung von Vermögenswerten, die Personen außerhalb Deutschlands gehören, im Einklang mit den Bestimmungen stehen muß, die durch den zuständigen Ernährungs- und Landwirtschafts-Minister im Einvernehmen mit dem Justiz-Minister erlassen worden sind;

g) In Fällen, in denen Vermögensübertragungen nach Maßgabe der Bestimmungen unter (d) und (e) für unwirksam erklärt worden sind, Gesetze zum Schutze des gutgläubigen Erwerbers keine Anwendung finden sollen, mit der Maßgabe jedoch, daß in dem Umfange, in dem Verbesserungen des Vermögensgegenstandes den Wert desselben noch in dem Zeitpunkt erhöhen, in dem die Übertragung für unwirksam erklärt worden ist, der Empfänger des Vermögensgegenstandes den Betreffenden zu entschädigen hat; die zum Zwecke der Verbesserungen vorgenommenen Belastungen sollen im selben Umfange bestehen bleiben.

k) Allgemeine Genehmigung Nr. 10[10]

1. Gemäß Artikel II des Gesetzes Nr. 52 der Militärregierung und Artikel I des Gesetzes Nr. 53 der Militärregierung wird hiermit eine Allgemeine Genehmigung erteilt, alle Rechtsgeschäfte in Deutschland vorzunehmen, die mit einem nach Maßgabe und im Rahmen des Gesetzes Nr. 59

[10] Amtsbl. d. Amerik. Milit.-Reg. G S. 36. Nur gültig amerik. Zone.

der Militärregierung angemeldeten Rückerstattungsanspruch im Zusammenhang stehen, vorausgesetzt, daß:

a) Das Rechtsgeschäft mit der Anmeldung, Rechtsverfolgung, Verteidigung, dem Verzicht, Vergleich oder der endgültigen Entscheidung eines derartigen Anspruchs in notwendigem Zusammenhang steht und fernerhin,

b) daß der Anspruch namens eines Verfolgten, seines Erben oder Vermächtnisnehmers, dagegen nicht seines Abtretungsempfängers angemeldet worden ist.

2. Diese Allgemeine Genehmigung umfaßt nicht:

a) die Vornahme der Belastung eines gemäß dem Gesetz Nr. 52 der Militärregierung gesperrten Kontos, es sei denn, daß es sich um ein Konto handelt, das einem an dem Rückerstattungsverfahren notwendig Beteiligten gehört, auf den Namen dieses Beteiligten lautet und es sich um eine notwendige Zahlungsverpflichtung handelt, die im Zusammenhang mit diesem Verfahren entstanden ist;

b) die Übertragung oder die Abtretung von Vermögensgegenständen, einschließlich Geld und Geldansprüchen, die außerhalb Deutschlands gelegen sind;

c) die Übertragung oder Übergabe eines rückerstatteten Vermögensgegenstandes an irgendeinen anderen als den Berechtigten oder seinen Beauftragten;

d) die Ausfuhr eines Vermögensgegenstandes aus der amerikanischen Besetzungszone einschließlich des Landes Bremen.

3. Diese Allgemeine Genehmigung tritt am 10. November 1947 in Kraft.

l) Allgemeine Genehmigung Nr. 11[11]

1. Auf Grund des Artikels II des Gesetzes Nr. 52 der Militärregierung und des Artikels I des Gesetzes Nr. 53 der Militärregierung wird hiermit eine Allgemeine Genehmigung erteilt für innerhalb einer Bank oder von Bank zu Bank erfolgende Überweisungen von einem gemäß Artikel I oder anderen Bestimmungen des Gesetzes Nr. 52 der Militärregierung gesperrten Konto auf das Konto einer Lebensversicherungsgesellschaft, insofern die Überweisungen Prämienzahlungen für irgendeine Lebens-, Kranken- oder Sachschadenversicherung darstellen und vorausgesetzt, daß

a) sofern es sich um Lebens- oder Krankenversicherungen irgendwelcher Art handelt, die Versicherungsscheine vor der Sperre des zu belastenden Kontos ausgestellt worden sind,

b) die Versicherungsscheine und alle aus ihnen für die Versicherten oder Dritte infolge Verpfändung, Rückgabe oder Fälligkeit des Versicherungsscheins, infolge Todes der Versicherten oder sonstwie anfallenden Erträgnisse gemäß Gesetz Nr. 52 der Militärregierung gesperrt bleiben,

c) die Überweisungen sich nur auf Lebens-, Kranken- oder Sachschadenversicherungen des Inhabers des zu belastenden Kontos oder seiner nächsten Angehörigen zu beziehen.

[11] Gültig für amerik. Zone u. amerik. Sektor von Bln. Abdruck aus VOBl. Bln. 46 S. 100.

2. „Nächste Angehörige" im Sinne dieser Allgemeinen Genehmigung sind der Ehemann, die Ehefrau und die minderjährigen Kinder des Kontoinhabers.

3. Diese Allgemeine Genehmigung tritt am 15. Dezember 1947 in den Ländern Bayern, Bremen, Hessen und Wüttemberg-Baden und, soweit sie nicht auf Grund des Gesetzes Nr. 53 der Militärregierung erteilt ist, im US-Sektor von Berlin in Kraft.

m) Allgemeine Genehmigung Nr. 12[12]

Auf Grund des Gesetzes Nr. 52 der Militärregierung ist die Allgemeine Ermächtigung Nr. 12 erlassen worden. Diese Allgemeine Ermächtigung erlaubt die Aufhebung der Sperre für Eigentum in Deutschland, das im Besitze oder in der Verwaltung „der Regierung, von Staatsangehörigen oder Einwohnern von nichtdeutschen Nationen, die zu irgendeiner Zeit seit dem 1. September 1939 mit einer der Vereinten Nationen im Kriegszustand waren, und der Regierungen, Staatsangehörigen oder Einwohnern von Gebieten, die seit der Zeit von solchen Nationen oder von Deutschland besetzt waren", steht. Diese Allgemeine Ermächtigung gestattet keine Transaktion, die auf Grund der Befehle Nr. (45) 3 und (46) 337 verboten ist.[13]

[12] Der authentische Text war bei Drucklegung noch nicht zu erhalten. Es ist deshalb der Wortlaut einer Veröffentlichung der Finanzabteilung der Amerik. Milit.-Reg. in der Berliner Tagespresse wiedergegeben. Offenbar ist aber die Allgem. Gen. Nr. 12 auch in der amerikanischen Zone in Gültigkeit. Insoweit muß es statt des Befehls (46) 337 heißen Ges. Nr. 53.

[13] Anhang: Bedeutung der Allgemeinen Genehmigungen für Berlin und erweiterte Auslegung des Art. IV Ziff. 6 des Ges. Nr. 52.

Da sich die wirtschaftliche Struktur Berlins von der der westlichen Zonen Deutschlands grundlegend unterscheidet, bedarf die Bedeutung der Allgemeinen Genehmigungen für Berlin gesonderter Betrachtung. Vorausgeschickt sei, daß sie unmittelbar nur für den Bereich der Amerikanischen Militärregierung in Berlin gelten, wegen des Bereichs der Brit. Milit.-Reg. s. Anm. 1, S. 71. Keine Besonderheiten ergeben sich für die Allgem. Gen. Nr. 3 (s. Anm. 3 u. Vfg. d. Chefpr. d. LG. S. 122), sowie für die Allgem. Gen. Nr. 5, 6 u. 12. Die Allgem. Gen. 2 ist für Berlin gegenstandslos, weil es in Berlin keine unter das Ges. Nr. 52 fallenden Finanzinstitute gibt, welche weiter ihre Tätigkeit ausüben: Bereits unmittelbar nach der Einnahme Berlins sind sämtliche Finanzinstitute geschlossen worden und auch geschlossen geblieben, sämtliche Konten sind blockiert, eine Freigabe kommt zur Zeit nicht in Betracht (vgl. Anordnung der All. Kdtur. v. 26. 9. 45 BK/O (45) 130, Anm. 10, a zur AO. vom 23. 3. 47, S. 35). Als wichtigstes Kreditinstitut arbeitet das neugeschaffene „Berliner Stadtkontor", neben dem die „Sparkasse der Stadt Berlin" und — nur im sowj. Sektor — die „Volksbank" ein ihrer Natur nach beschränktes Aufgabengebiet haben. Das Schicksal der früheren Finanzinstitute in Bln. ist ungewiß (vgl. dazu auch Mitteilung der Amerik. Milit.-Reg., Anm. 10, b zur AO. v. 28. 3. 47, S. 35). Aus dieser Sachlage ergibt sich, daß nicht nur die Allgem. Gen. Nr. 2 bedeutungslos ist, die die Zahlung auf das Konto eines unter das Ges. Nr. 52 fallenden Finanzinstituts zum Gegenstand hat, sondern daß auch die Allgem. Gen. von geringerer Bedeutung sind, die die Führung gesperrter Konten bei Kreditinstituten, die selbst nicht dem Ges. Nr. 52 unterliegen, zur Voraussetzung haben (Nr. 1, 4, 7, 8, 11); denn „alte" Konten die gesperrt werden könnten, bestehen praktisch in Berlin nicht mehr, und für Personen, die unter das Ges. Nr. 52 fallen, dürften auch neue Konten kaum in nennenswertem Umfang eröffnet sein. Die Bedeutung der Allgemeinen Genehmigung Nr. 1 (Nr. 4, 7, 8 u. 11 können als weniger bedeutsam außer Betracht bleiben) wird aber wesentlich über den bloßen Kontenverkehr hinausgehen. Dölle-Zweigert, S 196 Ziff. 181, führen insoweit zutreffend aus:

„es fehlt eine ausdrückliche Erlaubnis, über die abgehobenen Geldbeträge weiter zu verfügen, erst recht ist von der Verfügung über häusliche Barbestände oder über den sonstigen Erwerb und auch von dem Verbrauch von Lebensmitteln und anderen Gütern des täglichen Bedarfs nicht die Rede; damit hat der Gesetzgeber auf die Normierung all dieser Geschäfte und Handlungen, die der Befriedigung des täglichen Bedarfs dienen, stillschweigend verzichtet. Man wird daher sagen dürfen, daß, wenn schon die Konten bei Finanzinstituten, die von der Militärregierung am leichtesten zu erfassen sind, zur Bestreitung

18.: Befehl Nr. 124 des Obersten Chefs der Sowjetischen Militärverwaltung, Oberbefehlshaber der Gruppe der Sowjetischen Besatzungstruppen in Deutschland vom 30. Oktober 1945[1]

Um den Raub und anderen Mißbrauch des Eigentums, das früher
dem Hitlerstaat,
den Militärbehörden,
den durch das Sowjetische Militärkommando verbotenen und aufgelösten Gesellschaften, Klubs und Vereinigungen
gehört hat, zu verhindern,
sowie um dieses Eigentum am rationellsten für die Bedürfnisse der örtlichen Bevölkerung und der Besatzungstruppen auszunutzen,
befehle ich:

1. Das Eigentum[2], das sich auf dem von den Truppen der Roten Armee besetzten Territorium Deutschlands befindet und

---

des Lebensbedarfs herangezogen werden dürfen, erst recht die Verwendung anderer Geldmittel und die Verwertung entbehrlicher Sachgüter (z. B. die Beleihung oder der Verkauf von Kleidung, Schmuck, Einrichtungsgegenständen oder Kunstwerken, die nicht gerade unter Art. II fallen, sowie der Verbrauch aller vorhandenen und anfallenden Naturalien) im Rahmen des Lebensnotwendigen ohne besondere Genehmigung zulässig ist. Vollends ist es jeder betroffenen Person. unverwehrt, Forderungen auf Rückgabe oder Übereignung von Gegenständen des täglichen Bedarfs zu realisieren, zum Beispiel einen bestellten Anzug vom Schneider zu holen, die reparierten Schuhe vom Schuhmacher usw."

Diese Folgerungen, die man aus der Allgem. Gen. Nr. 1 ziehen muß, geben der Verstrickung, die das Ges. Nr. 52 ausspricht, erst wieder das vernünftige und von dem Gesetz allein gewollte Maß. Daß diese Auffassung zutreffend ist, lassen auch Mitteilungen der Amerik. Milit.-Reg. erkennen, so vor allem die vom 5. 11. 47 u. vom 20. 1. 48 — vgl. Vfgen. d. Chefpr. d. LG. Bln. vom 17. 11, 47 den. 1413 A. 1. 46 (166) u. vom 29. 1. 48, Gen. 1413 F. 1. 48 (3), abgedr. S. 122. Weiter wird jedoch folgendes von Bedeutung sein: Die Allgem. Gen. Nr. 1 entspricht für Privatpersonen dem, was Art. IV Ziff. 6 Abs. a für geschäftliche Unternehmen anordnet. Dieselben Grundsätze wie aus der Allgem. Gen. Nr. 1 müssen daher auch aus Art. IV Ziff. 6 entnommen werden. Diese Folgerung bietet für Berlin den Vorzug, daß Art. IV für den amerik., brit. u. franz. Sektor gleichmäßig gilt. Die Gerichte in Berlin geben auf Grund dieser Gedankengänge dem Art. IV eine extensive Auslegung in der Richtung, daß die in ihm ausgesprochene allgemeine Genehmigung nicht nur bei geschäftlichen Unternehmen, sondern auch bei Privatpersonen für alle die zahlreichen u. die Militärregierungen nicht interessierenden Angelegenheiten des täglichen Lebens etwa in der Wertgrenze der Allgem. Gen. 1 angewendet wird.

[1] Gültig in der sowjet. Besatzungszone u. im sowjet. Sektor v. Bln. Abgedr. u. a. VOBl. Brandenburg 45 S. 50. Wird ergänzt durch die unter Nr 19 abgedr. Anweisung, den Befehl Nr. 126 über die Beschlagnahme des Vermögens der NSDAP (s. Anm. 4), den Befehl Nr. 97 und seine Anlage über die Bildung einer Zentralen Deutschen Kommission (abgedr. unter Nr. 20); für Berlin sind alle Aufgaben, die sequestriertes Vermögen im sowjetischen Besatzungssektor betreffen, durch Befehl der Sowjetischen Militärkommandantur v. 1. 4. 1947 der „Deutschen Treuhandverwaltung des sequestrierten u. beschlagnahmten Vermögens" übertragen, deren Rundschreiben Erläuterungen zum Befehl Nr. 124 enthalten u. im folgenden auszugsweise herangezogen werden. Während der Drucklegung ist der Befehl Nr. 124 durch den Befehl Nr. 64 aufgehoben worden, ohne daß sich jedoch dadurch an der Sachlage Wesentliches geändert hätte — vergl. Nachtrag S. 133.

[2] Welches Eigentum (d. h. Vermögen) vom Befehl Nr. 124 erfaßt wird, ist in Ziff. 1, a bis i, und Ziff. 2 der Anweisung z. Befehl Nr. 124 (S. 82) erläutert. Ziff. 8 des Rdschr. Nr. 3 sagt folgendes:

„Die Beschlagnahme auf Grund der Befehle Nr. 124 u. Nr. 126 umfaßt auch den Firmennamen u. den Firmenwert. Das bedeutet, daß der Eigentümer nicht berechtigt ist, hier u. in anderen Zonen unter dem Namen der beschlagnahmten Firma Forderungen einzuziehen. Auch die Eröffnung einer Firma in anderen Zonen mit dem gleichen Namen wie die hiesige Firma ist nicht rechtsgültig."

Diese Konsequenzen werden mit Rücksicht auf den Grundsatz der territorialen Begrenzung der Militärregierungsgesetze nur bedingte Gültigkeit beanspruchen können; eine Forderung ist dort „belegen", wo der Schuldner seinen Wohnsitz hat, bzw. bei dinglichen Ansprüchen, wo sich der Gegenstand befindet (vgl.

a) dem deutschen Staat und seinen zentralen und örtlichen Organen[3],
b) den Amtsleitern der NSDAP, deren führenden Mitgliedern und einflußreichen Anhängern[4],
c) den deutschen Militärbehörden und Organisationen[5],
d) den von dem Sowjetischen Militärkommando verbotenen und aufgelösten Gesellschaften, Klubs und Vereinigungen[6],
e) den Regierungen und Staatsangehörigen (physische und juristische Personen) der auf seiten Deutschlands im Kriege beteiligten Länder[7],
f) Personen, die von dem sowjetischen Militärkommando durch besondere Listen oder auf andere Weise bezeichnet werden[8],

gehört, als beschlagnahmt zu erklären[9].

Dölle-Zweigert, S. 57 Ziff. 28). Nach dem an diesem Ort geltenden Recht bemessen sich die Wirkungen der Beschlagnahme, jedenfalls des Forderungsrechtes; eine andere Frage ist es, wie es mit der Leistung selbst bzw. dem Erlös steht, wenn er sich in der Person des Gläubigers realisiert u. dieser sich im Wirkungsbereich des Bef. Nr. 124 befindet. Für die Frage der Firmenfortführung in anderen Zonen dürften die Grundsätze von Bedeutung sein, die in Anm. 17 z. Ges. Nr. 52 am Ende gestreift sind.

[3] Entspricht Art. I, 1, a des Ges. Nr. 52, s. Anm. 7 dazu (S. 45). Auch der Befehl Nr. 124 will Kommunalvermögen nicht der Beschlagnahme unterwerfen, vgl. Ziff. 2 der Anweisung zum Befehl Nr. 124 (S. 83). Für Berlin s. Vfg. d. Chefpr. d. LG. vom 2. 2. 48, Gen. 1413 F. 1. 48 (4), abgedr. S. 124.

[4] Entspricht Art. I, 1, c des Ges. Nr. 52, s. S. 46. Das Vermögen der NSDAP selbst u. ihrer Gliederungen und angeschlossenen Verbände ist durch den Befehl Nr. 126 vom 31. 10. 1945 beschlagnahmt, der insoweit in Ausführung des Kontrollratsges. Nr. 2 (Amtsbl. d. KR. Nr. 1 S. 19) dem Militärregierungsgesetz Nr. 5 in den westlichen Zonen entspricht.

[5] Im Ges. Nr. 52 nicht besonders genannt, dürfte ohne weiteres unter Art. I, 1, a des Ges. Nr. 52 fallen u. auch von 1, a) des Befehls Nr. 124 bereits erfaßt werden, soweit nicht in diesem Punkt allein die Kapitulationsartikel maßgebend sind (vgl. Dölle-Zweigert S. 274 Ziff. 224).

[6] Entspricht genau Art. I, 1 e des Ges. Nr. 52, s. S. 46 und Anm. 11 dazu.

[7] Entspricht Art. I, 1, b des Ges. Nr. 52, jedoch ohne den zweiten Tatbestand, also nur in der Form, in welcher diese Best. des Ges. Nr. 52 in der franz. Zone in Gültigkeit ist. Vgl. Anm. 8 z. Ges. Nr. 52, S. 45.

[8] Eine solche Benennung ist — ähnlich der Handhabung in der franz. Zone — durch zahlreiche Einzelanordnungen erfolgt, die den Beteiligten zugehen.

[9] Trotz dieses Wortlauts tritt die Verstrickung ipso iure ohne besonderen Verwaltungsakt ein (Rdschrb. Nr. 2 Ziff. 4), genau wie nach Art. II des Ges. Nr. 52. Soweit eine besondere Beschlagnahmeanordnung ergeht, hat sie lediglich deklaratorische Bedeutung. Die Verstrickung tritt mit Verkündung der Befehle ein, die durch sie hervorgerufene Verfügungsbeschränkung wirkt jedoch zurück bis 8. 5. 1945 (Rdschrb. Nr. 2 Ziff. 4 u. 5). Die Wirkung der Verstrickung ist ein „vollständiges Ruhen der Befugnisse des Eigentümers" (Rdschrb. Nr. 2 Ziff. 5), die „Sequestur bedeutet eine totale Aktionssperre des alten Eigentümers, früherer vertretungsberechtigter Personen, sowie des früheren Vorstandes, des Aufsichtsrates und ähnlicher Institutionen" (Rdschrb. Nr. 12 Ziff. 1). Für die Frage, was mit dem beschlagnahmten Vermögen geschehen wird, ist Ziff. 1 des Befehls Nr. 97 (S. 84) von erheblicher Bedeutung. In der sowjetischen Zone sind derartige — wohl endgültige — Übergaben bereits in großem Umfang erfolgt. In dem Augenblick, in dem die Uebergabe an einen neuen Eigentümer auf Grund von Ziff. 1 des Befehls Nr. 97 erfolgt, ist die Sequestur bzw. Konfiskation durch die Besatzungsmacht beendet; dies ist besonders für die Ausübung der Gerichtsbarkeit nach der Anordnung der All. Kommandantur von Berlin vom 28. 7. 47 von Bedeutung (abgedr. S. 108). In Berlin bilden die auf Grund des Befehls Nr. 124 beschlagnahmten Vermögen und Betriebe (etwa 330 Betriebe mit rund 35 000 Beschäftigten) „treuhänderisches Zweckvermögen" (Rdschrb. Nr. 3 Ziff. 7). Ergänzend ist dazu im Rdschrb Nr. 13 ausgeführt:

„Das bedeutet nicht, daß das gesamte sequestrierte Vermögen im sowjetischen Besatzungssektor der Stadt Berlin insgesamt als Zweckvermögen anzusehen ist. Es bedeutet vielmehr, daß jeder einzelne beschlagnahmte Betrieb die Rechtsform einer juristischen Person in Gestalt des Zweckvermögens hat. Die Schaffung der Rechtsform des Zweckvermögens bedeutet nicht eine Enteignung. Sie bedeutet, daß das Eigentum mit dem Zeitpunkt der Beschlag-

2. Das herrenlose Gut, das sich auf dem von den Truppen der Roten Armee besetzten Territorium Deutschlands befindet, in provisorische Verwaltung der Sowjetischen Militärregierung zu nehmen[10].

---

nahme die oben bezeichneten Aufgaben zu erfüllen hat und in der Form des Zweckvermögens verwaltet wird. Das Zweckvermögen besteht solange, bis der alliierte Gesetzgeber oder die sowjetische Besatzungsmacht endgültig darüber verfügt, an wen das Eigentum zu übertragen ist. Die endgültige Verfügung kann darin bestehen, daß das Eigentum dem ehemaligen Eigentümer zurückzugeben ist oder einem Dritten übertragen wird oder in Gemeineigentum überführt wird.

Es ist somit auch nach deutschem Recht das entscheidende Merkmal für eine juristische Person gegeben, daß ein Vermögen besteht, welches Zwecken zu dienen bestimmt ist, die über die Sphäre des einzelnen Menschen hinausreichen. An die Stelle der natürlichen Einzelpersonen tritt die Organisation des Zweckvermögens."

Wieweit diese Konstruktion auf Bestimmungen des deutschen Rechts gestützt werden kann, kann hier nicht untersucht werden. Jedenfalls sieht der Befehl Nr. 97 eine solche „endgültige Verfügung" vor. Im übrigen vgl. auch das unter Nr. 21 (S. 85) abgedr. Rdschrb. Nr. 15. Die Befugnisse des früheren Vermögensinhabers werden durch den (in Berlin von der Treuhandstelle) eingesetzten Treuhänder wahrgenommen. Aus dem ganzen System des Befehls Nr. 124, der Ziff. 1 der Anweisung dazu u. der Durchführung ergibt sich, daß es bei diesen Anordnungen nicht wie beim Ges. Nr. 52 gewissermaßen auf ein Personalstatut, sondern mehr auf ein Realstatut abgestellt ist, d. h. soweit das Vermögen dem Bef. Nr. 124 unterliegt — die Abgrenzung gibt Ziff. 1 der Anweisung —, ist eine Handlungsbefugnis des Inhabers neben dem Treuhänder nicht vorgesehen. Es gibt also offenbar nicht den Unterschied zwischen „aufsichtsführendem" und „geschäftsführendem" Treuhänder, wie nach dem Ges. Nr. 52, und es fehlt dem Befehl Nr. 124 auch eine Lockerungsklausel entsprechend Art. IV des Ges. Nr. 52 oder den Allgemeinen Genehmigungen. Ziffer 6 der Anweisung z. Befehl Nr. 124 soll wohl eine solche Lockerungsklausel wie Art. IV des Ges. Nr. 52 nicht darstellen, da diese Bestimmung lediglich die Fortführung des Betriebes bis zur Bestellung des Treuhänders bezweckt. Mit Rücksicht auf die Tatsache, daß es die ganze Konstruktion des Befehls Nr. 124 weniger darauf abstellt, eine Person wegen bestimmter Eigenschaften unter andauernde Kontrolle zu stellen, als vielmehr darauf, das früher von ihr innegehabte Vermögen (Betrieb) ihr durch einmalige Aktion zu entziehen, ist für eine solche Lockerungsklausel auch kaum Raum. Zudem dürfte sie auch bei der wesentlich engeren Fassung des Vermögensbegriffes in Ziff. 1 der Anweisung nicht erforderlich sein, in welcher z. B. persönliche Forderungen, die nicht zum Betrieb des Unternehmers gehören, und neuer persönlicher Erwerb nicht als unter die Beschlagnahme fallend erwähnt sind.

[10] Unter der Ziff. 2 fällt auch das Vermögen, welches in Art. I Ziff. 2 des Ges. Nr. 52 als „Raubgut" erfaßt ist, vgl. insoweit Ziff. 7 der unter Nr. 19 abgedr. Anweisung z. Befehl Nr. 124. Der Umfang von Ziff. 7 der Anweisung deckt sich etwa mit dem des Art. I Ziff. 2 des Ges. Nr. 52. Wegen Einzelheiten siehe Anm. 14 z. Ges. Nr. 52 (S. 47). Wegen Beutegutes ist für den sowjetischen Sektor von Berlin folgender Befehl Nr. 23 des Kommandanten des sowjetischen Besatzungssektors ergangen:

„Zur Feststellung und Bestandsaufnahme der Vermögenswerte und der Ausrüstungen, die von den Deutschen während der Besatzung aus der UdSSR. und aus den Gebieten der Alliierten Nationen fortgeschafft wurden

befehle ich

1. Allen Personen, Behörden. Unternehmen, Firmen, Fabriken, die sich innerhalb des sowjetischen Besatzungssektors der Stadt Berlin befinden, und die a) irgendwelche Vermögenswerte und Ausrüstungen aus den durch die deutsche Wehrmacht besetzten Gebieten der Vereinten Nationen besitzen, über diese verfügen oder aufbewahren, b) besaßen, über diese verfügten oder aufbewahrten, c) etwas über den Verbleib dieser Werte wissen oder voraussetzen, wo sie sich befinden, d) selbst die Werte fortschafften, beim Fortschaffen behilflich waren oder Instruktionen für das Fortschaffen gaben, im Laufe von zwei Monaten nach Veröffentlichung dieses Befehls eine schriftliche Erklärung gemäß dem diesem Befehl beiliegenden Vordruck über die ihnen bekannten Tatsachen abzugeben.
2. pp.
3. pp.
4. Alle Besitzer und Hüter, die verantwortlichen Leiter von Behörden, Unternehmen, Firmen und Fabriken und andere Personen, die von der deutschen Wehrmacht aus den von ihr besetzten Gebieten fortgeschaffte Vermögenswerte und Ausrüstungen und die nachfolgend in Punkt 5 erwähnt sind, im Besitze haben, aufbewahren oder unter Aufsicht haben, haben außer der in Punkt 1 genannten Erklärungsabgabe noch folgendes zu befolgen; a) Genannte Personen haben bis zum Erhalt von Instruktionen der entsprechenden

3. Sämtliche deutschen Ämter, Organisationen, Firmen, Unternehmen und sämtliche Privatpersonen, in deren Nutzung sich gegenwärtig das in den Punkten 1 und 2 dieses Befehls aufgeführte Eigentum befindet, oder die von einem solchen Eigentum Kenntnis haben, sind verpflichtet, nicht später als binnen 15 Tagen vom Tage der Veröffentlichung dieses Befehls an, eine schriftliche Erklärung über dieses Eigentum an die örtlichen Selbstverwaltungsorgane (Stadt-, Bezirks-, Kreisverwaltung) einzureichen.

In der Erklärung ist genau anzugeben: Art des Eigentums, sein genauer Standort, Besitzverhältnis und sein Zustand am Tage der Erklärungsabgabe.

4. Die örtlichen Selbstverwaltungsorgane sind verpflichtet, die Richtigkeit der emgereichten Erklärungen über das in den Punkten 1 und 2 dieses Befehls bezeichnete Eigentum nachzuprüfen und die notwendigen Maßnahmen zur Erfassung und Sicherstellung sämtlichen Eigentums, das sich in dem betreffenden Bezirk oder Ort befindet und der Beschlagnahme oder der provisorischen Verwaltung unterliegt, zu ergreifen. Die örtlichen Selbstverwaltungsorgane setzen auf Grund der eingereichten Erklärungen und des Materials über das unmittelbar aufgenommene Eigentum eine Gesamtliste des Eigentums auf, das der Beschlagnahme oder der provisorischen Verwaltung unterliegt und reichen diese Liste nicht später als am 20. November 1945 dem entsprechenden Militärkommandanten ein.

5. Die Militärkommandanten haben eine Kontrolle über die Arbeit der örtlichen Organe bei der Aufnahme und dem Sammeln der Mitteilungen über das in den Punkten 1 und 2 dieses Befehls aufgezählte Eigentum auszuüben und nach Prüfung der von den Selbstverwaltungsorganen eingereichten Listen diese an die Chefs der Sowjetischen Militärverwaltung der entsprechenden Provinzen oder Länder, nicht später als am 25. November 1945, weiterzuleiten.

Kommandanturen die Vermögenswerte und die Ausrüstungen bei sich aufzubewahren und dürfen bis zum Erhalt dieser Instruktionen genannte Vermögenswerte und Ausrüstungen weder weitergeben noch verschicken und sich ihrer auf irgendeine Weise entledigen. b) Sie dürfen weder irgendwelche Handlungen vornehmen noch vornehmen lassen, die den Wert oder den Nutzeffekt der Vermögenswerte und der Ausrüstungen vermindern könnten. c) Sie müssen alle vorhandenen Unterlagen und Rechnungen, die sich auf diese Vermögenswerte beziehen, aufbewahren. d) Das Verbergen und Verhehlen der Vermögenswerte und Ausrüstungen, auf die vorliegender Befehl Anwendung findet, sind verboten.

5. Der Begriff „Vermögenswerte und Ausrüstung, die von der deutschen Wehrmacht aus den von ihr besetzten Gebieten fortgeschafft wurden", und auf die vorliegender Befehl Anwendung findet, umfaßt die gesamten beweglichen und unbeweglichen Vermögenswerte und Ausrüstungen, Kunst- und Materialwerte sowie Wertpapiere, die von Deutschen, deutschen Agenten oder Personen, die aus den Gebieten, die nach dem Stand vom 1. Dezember 1937 nicht zum „Deutschen Reich" gehörten, zu jener Zeit eintrafen, als diese Gebiete besetzt waren und unter der Verwaltung oder der Kontrolle Deutschlands oder der deutschen Wehrmacht standen, sei es auf gesetzlichem oder ungesetzlichem Wege erworben wurden.

6. Jede Person, die Vermögenswerte verbirgt und gemäß vorliegendem Befehl keine Erklärung abgibt, die Tatsachen entstellt oder eine unvollständige und falsche Meldung erstattet, wird gemäß dem Urteilsspruch des Gerichts der sowjetischen Militärverwaltung bestraft.

7. Der Ausdruck „Person", auf den vorliegender Befehl Anwendung findet, erstreckt sich auf jede physische Person, jedes Kollektiv und jede juristische Person, die dem öffentlichen oder Privatrecht unterstehen sowie auf jedes Unternehmen, jede Behörde einschließlich aller politischen Gruppen und Organisationen, öffentliche Körperschaften, Agenturen und ihre Gliederungen.

8. Die Bezirkskommandanten haben auf die ordnungsgemäße und rechtzeitige Durchführung dieses Befehls zu achten.

9. Vorliegender Befehl tritt am 10. April 1947 in Kraft."

6. Die Chefs der Sowjetischen Militärverwaltung der Provinzen und Länder haben die Vollständigkeit und Richtigkeit der Mitteilungen über die Aufnahme des der Beschlagnahme oder der provisorischen Verwaltung unterliegenden Eigentums in den Provinzen und Ländern nachzuprüfen und die von den Militärkommandanten erhaltenen Listen mit ihren eigenen Vorschlägen über eine weitere Ausnutzung dieses Eigentums an den Chef des Wirtschaftsamtes der Sowjetischen Militärverwaltung in Deutschland, nicht später als am 10. Dezember 1945, zu richten.

7. Der Chef des Wirtschaftsamtes der Sowjetischen Militärverwaltung in Deutschland, Generalmajor Schabalin, hat, nicht später als am 25. Dezember 1945, die Vorschläge über die weitere Ausnutzung des als beschlagnahmt oder unter provisorischer Verwaltung stehend erklärten Eigentums zu unterbreiten.

8. Ich mache alle Ämter, Organisationen, Firmen und Unternehmungen sowie alle Privatpersonen, in deren Nutzung sich das in den Punkten 1 und 2 aufgezählte Eigentum befindet, darauf aufmerksam, daß sie die volle Verantwortung für dessen Erhaltung und die Sicherung einer reibungslosen Ausnutzung dieses Eigentums, entsprechend seiner wirtschaftlichen Bestimmung, tragen.

Sämtliche Abmachungen über dieses Eigentum ohne die Einwilligung der Sowjetischen Militärverwaltung getroffen, werden als ungültig erklärt[11].

9. Die Präsidenten der Provinzen und Länder sind verpflichtet, eine Erfassung (Registrierung) sämtlicher herrenloser Handels-, Industrie- und landwirtschaftlicher Unternehmen, die nicht unter Punkt 1 und 2 dieses Befehls fallen, durchzuführen und die notwendigen Maßnahmen zur Sicherung der Erhaltung dieser Unternehmen und zur Organisierung einer provisorischen Verwaltung für diese zu ergreifen.

Mitteilungen über die wie oben erfaßten Unternehmen richten die Präsidenten der Provinzen und Länder, nicht später als am 1. Dezember 1945, an die Chefs der Sowjetischen Militärverwaltung entsprechender Provinzen oder Länder.

10. Die anliegende Instruktion über die Beschlagnahme und provisorische Verwaltung einiger Eigentumskategorien in Deutschland wird hiermit bestätigt[12].

Der Oberste Chef der Sowjetischen Militärverwaltung,
Oberbefehlshaber der Gruppe der Sowjetischen Besatzungstruppen
in Deutschland
Marschall der Sowjetunion
G. Shukow

19.: Anweisung des Chefs der Wirtschaftsverwaltung der SMA in Deutschland über Beschlagnahme und provisorische Verwaltung einiger Eigentumskategorien

1. Der Beschlagnahme und der vorübergehenden Verwaltung unterliegt lt. Punkt 1 und 2 des Befehls Nr. 124 vom 30. Oktober 1945 folgendes Eigentum:

a) Beliebiges unbewegliches Eigentum (Gebäude, Häuser, Wälder, Land);

---

[11] Entspricht etwa dem Art. V des Ges. Nr. 52, vgl. S. 57, Anm. 20 z. Ges. Nr. 52.

[12] Abdruck Nr. 19.

b) Handels-, Industrie-, landwirtschaftliche Unternehmungen und Unternehmungen anderer Art mit allen ihren Einrichtungen, toten und lebendem Inventar.

c) Bewegliches Eigentum (Juweliererzeugnisse, Edelsteine, Edelmetalle, altertümliche und Kunstgegenstände); ausgenommen sind Gegenstände des Haushalts und der Kleidung,

d) Gewerbliche und literarische Rechte (Patente, Handelszeichen, Fabrikstempel);

e) Alle Dokumente, die das Inhaberrecht feststellen, oder auf Forderungen (Verkaufsverträge, Verpfändungen und Ähnliches);

f) Papiere (Aktien, Obligationen, Zertifikate, Coupons und Ähnliches);

g) Banknoten, Einlagen, Depositen und Ähnliches in beliebigen Kreditanstalten;

h) Beliebige Zahlungsmittel (Schecks, Wechsel, Akkreditive und Ähnliches);

i) Bares Geld, das in Deutschland im Umlauf ist.

2. Im Zusammenhang mit Punkt 1 a) des Befehls unterliegt das Eigentum der Beschlagnahme, dessen Besitzer der Deutsche Staat in der Person seiner zentralen und örtlichen Organe ist. Das Eigentum, das den Organen der Selbstverwaltung und der kommunalen Wirtschaft gehört, wird nicht beschlagnahmt.

3. Der Beschlagnahme und vorläufigen Verwaltung gemäß Punkt 1 e) und Punkt 2 des Befehls unterliegt das Eigentum, das einer beliebigen physischen oder juristischen Person gehört (Akiengesellschaften, Gesellschaften mit beschränkter Haftung) oder ganzen gemischten oder Anteilgesellschaften.

4. Die Meldungen, die in Punkt 3 des Befehls vorgesehen sind, müssen nach anliegender Form Nr. 1 aufgestellt und von Personen, Organisaiönen, Firmen und Unternehmungen überreicht werden, denen das Vermögen laut Eigentumsrecht gehört oder faktisch im Besitz und in der Nutznießung solchen Eigentums sind, das der Beschlagnahme und der vorübergehenden Verwaltung unterliegt. Personen, Organisationen, Firmen und Unternehmungen, die Kenntnis vom Eigentum haben, das der Beschlagnahme und der vorübergehenden Verwaltung unterliegt, senden die Meldungen, obgleich sie nicht über dieses Eigentum verfügen, nach anliegender Form Nr. 2 ein. Diese Eingaben werden in dreifacher Ausführung an das Organ der Selbstverwaltung eingereicht. Ein Exemplar bleibt bei der Verwaltung und die zwei anderen werden zusammen mit der Aufstellung, wie in Punkt 4 des Befehls vorgesehen, dem zuständigen Militärkommandanten übersandt, der nach Prüfung der Aufstellung und Meldung dieselben dem Chef der SMA der Provinz oder des Bundeslandes übermittelt.

5. Im Falle einer Beschlagnahme und vorläufigen Verwaltungsübernahme eines Eigentums, das einer Person gehört, die Aktionär oder Inhaber oder in irgendeiner anderen Art Mitinhaber eines Handels-, Industrie-, landwirtschaftlichen oder anderen Unternehmens war, besteht auch die Beschlagnahme und vorläufige Verwaltung seines Anteils eines solchen Unternehmens.

6. Bis zum Empfang weiterer Direktionen der SMA in Deutschland haben die bestehenden Handels-, Industrie-, landwirtschaftlichen und anderen Unternehmungen, die der Beschlagnahme und vorübergehenden Verwaltung unterliegen, ihre normale Arbeit weiterzuführen. Personen,

denen das Unternehmen gehört oder in deren Nutzung es ist, sind für die Erhaltung des Unternehmens und für eine weitere zweckdienliche Ausnutzung verantwortlich. In den Fällen, wo die Gewißheit nicht vorhanden ist, daß das Unternehmen erhalten werden kann, oder daß seine normale wirtschaftliche Ausnutzung nicht sichergestellt ist, haben die Organe der Selbstverwaltung für die Sicherstellung Schritte zu unternehmen und eine Verwaltung zu organisieren, bis sie von der SMA die erforderlichen Anweisungen erhalten.

7. Im Zusammenhang mit Punkt 2 des Befehls unterliegen der Registrierung und vorübergehenden Verwaltung herrenloses Eigentum oder solches, das in der Betreuung und Nutzung von Personen ist, die diese sich widerrechtlich angeeignet hatten, und solches Eigentum, das infolge der Maßnahmen der deutschen Mächte von den rechtlichen Inhabern in die Hände dritter Personen gelangte.

8. Im Zusammenhang mit Punkt 9 dieses Befehls unterliegt der Registrierung solches Eigentum, welches von seinem Besitzer nicht bewirtschaftet wird, aber durch Punkt 1 und 2 dieses Befehls nicht erfaßt wird. Dieser Punkt erstreckt sich auf Handels-, gewerbliche, landwirtschaftliche und andere Unternehmungen und alle anderen Arten von Eigentum, das ohne Aufsicht ist und sich in konserviertem Zustande befindet. Die Präsidenten der Provinzen und Bundesländer veranlassen die Sicherstellung dieses Eigentums an die Chefs der SMA ihrer zuständigen Provinzen oder Bundesländer. Das Recht der weiteren Nutznießung dieses Eigentums wird von dem Vorsitzenden der Sowjetischen Militär-Administration der Provinz oder Bundesländer festgesetzt.

20.: Befehl Nr. 97 des Obersten Chefs der Sowjetischen Verwaltung in Deutschland vom 29. März 1946 (Auszugsweise)

Zwecks rationeller Ausnutzung der sequestrierten und konfiszierten Vermögenswerte:

die dem deutschen Staat, seinen zentralen und örtlichen Organen, den deutschen Militärbehörden und Organisationen,
der NSDAP, deren Organen und angeschlossenen Organisationen, deren Amtsleitungen, führenden Mitgliedern und bedeutenden Anhängern,
Vereinen, Verbänden, Klubs und Gesellschaften, die vom sowjetischen Militärkommando verboten und aufgelöst worden sind,
Regierungen und Staatsbürgern von Ländern, die im Kriege auf Deutschlands Seite teilgenommen haben,

gehörten,

sowie auch herrenlosen Gutes, welches sich auf deutschem, von den Truppen der Roten Armee besetzem Gebiet befindet,

befehle ich:

1. Die gesamten sequestrierten und konfiszierten Vermögenswerte mit Ausnahme einzelner Objekte, die in einem besonderen Verzeichnis aufgeführt sind, den Selbstverwaltungen der Provinzen und Länder für die Bedürfnisse der Selbstverwaltungen, städtischer und ländlicher Gemeinden, demokratischer Organisationen und der durch Kriegshandlungen geschädigten Bevölkerung zur Verfügung zu stellen.

2. In Berlin eine zentrale deutsche Kommission für Angelegenheiten der Sequestrierung und der Konfiskation zur Leitung dieser Tätigkeit der

deutschen Selbstverwaltungen in den Provinzen und Ländern in Fragen, die die sequestrierten und konfiszierten Vermögenswerte betreffen, zu bilden[1].

21.: Rundschreiben Nr. 15 der Deutschen Treuhandverwaltung des sequestrierten und beschlagnahmten Vermögens im sowjetischen Besatzungssektor der Stadt Berlin[1a] (Auszugsweise)

I. Allgemeiner Teil

Erster Abschnitt

1. Die Begründung für die rechtliche Organisationsform eines auf Grund des Befehls Nr. 124 beschlagnahmten Unternehmens als Zweckvermögen ist im Rundschreiben Nr. 13[2] eingehend dargelegt. Es ist darin klargestellt, daß für den Bereich des Zweckvermögens der Zweck vor die Befugnisse aus dem Eigentum tritt. Es bestimmt nicht der freie Wille des alten Eigentümers, sondern der Zweck die Behandlung des beschlagnahmten Vermögens.

Zweiter Abschnitt

4. Das Zweckvermögen entsteht mit Wirkung vom 9. Mai 1945, wenn zu diesem Zeitpunkt die Voraussetzungen gegeben waren, die die Befehle

---

[1] Für die Tätigkeit dieser Kommission ist nachstehende (auszugsweise wiedergegebene) Verordnung des Stellvertreters des Obersten Chefs der Wirtschaftsverwaltung der SMA vom 29. 3. 46 ergangen:

„I. Allgemeiner Teil.

1. Die Zentrale Kommission für Angelegenheiten der Sequestrierung und der Konfiskation wird zur Lenkung der Tätigkeit der deutschen Selbstverwaltungen der Länder und Provinzen in Fragen, die die sequestrierten und konfiszierten Vermögenswerte betreffen, gebildet und ist das höchste Organ der deutschen Selbstverwaltungen in der sowjetischen Okkupationszone Deutschlands in obenbezeichneten Fragen.
2. Die Zentrale deutsche Kommission in Angelegenheiten der Sequestrierung und der Konfiskation übt ihre Tätigkeit unter der Kontrolle der Kommission für Sequestrierung und Konfiskation bei dem Obersten Chef der SMA in Deutschland und in Übereinstimmung mit den Befehlen und Direktiven, die vom Obersten Chef der SMA in Deutschland erteilt werden, aus.
3. Die Zentrale deutsche Kommission in Angelegenheiten der Sequestrierung und der Konfiskation erteilt den deutschen Selbstverwaltungen in Fragen der Leitung und Ausnutzung der sequestrierten und konfiszierten Vermögenswerte Anweisungen. Die Erfüllung dieser Anweisungen ist für die Präsidenten der Provinzen und Länder Pflicht. Die Zentrale deutsche Kommission empfängt und überprüft Beschwerden über unrichtige Sequestrierungen oder Konfiskationen und leitet ihre Beschlüsse an die Kontrollkommission in Angelegenheiten der Sequestrierung und der Konfiskationen beim Obersten Chef der SMA weiter, welcher die endgültige Beschlußfassung obliegt.
4. An der Spitze der Zentralen deutschen Kommission in Angelegenheiten der Sequestrierung steht der Vorsitzende. Der Vorsitzende und die Mitglieder der Kommission werden vom Obersten Chef der SMA in Deutschland ernannt.

II. Die Hauptaufgaben der Kommission.

1. Ausarbeitung von Vorschlägen über die Ausnutzung der sequestrierten und konfiszierten Vermögenswerte.
2. Die vorschriftsmäßige Übergabe der sequestrierten und konfiszierten Vermögenswerte zur Verwaltung und Ausnutzung an die Organe der deutschen Selbstverwaltung oder an andere Besitzerkategorien.
3. Die Überwachung zum Zwecke der unversehrten Erhaltung der sequestrierten und konfiszierten Vermögenswerte und ihre zweckmäßige Ausnutzung seitens derjenigen Personen, in deren Benutzung sie sich bis zum endgültigen Beschluß über ihre weitere Verwendung befinden.
4. Die Entgegennahme und Prüfung der Beschwerden über unrichtige Sequestrierungen und Konfiskationen."

[1a] Das Rundschreiben ist gerichtet an die von der Treuhandverwaltung eingesetzten Treuhänder.

[2] In den hier maßgebenden Teilen abgedruckt in Anm. 9 z. Bef. Nr. 124 (S. 79).

Nr. 124 und Nr. 126 in Verbindung mit den Beschlagnahmebestimmungen des Befehls Nr. 201[3] oder sonstige Anordnungen einer Besatzungsmacht für eine Beschlagnahme enthalten.
Dies gilt auch dann, wenn der Beschlagnahmebescheid erst nach dem 9. Mai 1945 ergeht.

5. Der Beschlagnahmebescheid, der schriftlich ergeht, hat rechtserklärende Bedeutung. Er hat in der Regel die Einsetzung eines Treuhänders zur Folge.

6. An der Behandlung als Zweckvermögen wird dadurch nichts geändert, daß über Vermögen oder Vermögensteile, die den Befehlen Nr. 124 und Nr. 126 unterliegen, von irgendeiner Seite Abmachungen getroffen werden, denen von der Besatzungsmacht — Zentralkommandantur, Finanzabteilung oder Rechtsabteilung — oder der Deutschen Treuhandverwaltung nicht zugestimmt ist.

Beispiel: Gründung einer neuen Firma oder Einbringung in eine neue Firma, wenn das Gründungsvermögen oder das eingebrachte Vermögen am 9. Mai 1945 den Tatbestand erfüllt hat, den das Gesetz für die Beschlagnahme voraussetzt.

Hinweis auf Befehl Nr. 21[4] des Garnisonchef und Militärkommandanten des Sowjetischen Okkupations-Sektors der Stadt Berlin vom 11. Juni 1946 betreffend Strafbestimmungen.

7. Alle Abmachungen nach dem 9. Mai 1945 über Vermögen, das der Beschlagnahme unterliegt, sind unwirksam, wenn nicht die Einwilligung oder Genehmigung der Besatzungsmacht — Zentralkommandantur, Finanz-

[3] Der Befehl Nr. 201 (Zentralverordnungsblatt f. d. Sowj. Zone 47 S. 185) ist in Berlin praktisch nicht in Wirksamkeit; er betrifft die Entnazifizierung, die in Berlin auf Grund besonderer Kommandanturanordnung (Nr. 101a, VOBl. 46 S. 171 ff.) in einem durchaus anderen Verfahren erfolgt, als es der Befehl Nr. 201 vorsieht. Im übrigen ist die Beschlagnahme nach dem Befehl Nr. 201 anders geartet als die nach dem Befehl Nr. 124; bei der ersteren handelt es sich um eine von vornherein endgültige Eigentumsentziehung als Strafmaßnahme; es ist ausdrücklich bestimmt, daß das Vermögen nicht dem früheren Inhaber wiedergegeben werden darf. (Ausführungsbest. Nr. 3 z. B. Nr. 201 ZentralVOBl. 47, S. 188.) Durch den Befehl Nr. 201 werden die Maßnahmen auf Grund des Befehls Nr. 124 „nicht berührt" (Ziff. 28 d. Ausf.-Best. Nr. 3). Es dürften dies also zwei völlig getrennte Komplexe sein, anders als der Ergänzung Nr. 2 zur Allgem. Anordnung Nr. 1 (abgedr. S. 64), nach welcher das Vermögen gewisser, vom Befreiungsgesetz betroffener Personen ausdrücklich dem Ges. Nr. 52 unterworfen ist.

[4] Der Befehl Nr. 21 des Kommandanten des sowjetischen Sektors von Berlin vom 11. 6. 46 lautet:

„In Ausführung des Befehls Nr. 124 vom 30. 10. 45 des Oberbefehlshabers der Militärverwaltung in Deutschland über die Beschlagnahme und Übernahme in vorläufigen Besitz einiger Kategorien von Vermögen in Deutschland

befehle ich:

dem Oberbürgermeister, Kammergerichtspräsidenten und Generalstaatsanwalt Berlin für den Sowjetsektor Berlins:

1. Unterlagen über die Übertretung der §§ 3, 4 und 9 des Befehls Nr. 124 vom 30. 10. 1945 sind an den Kriegsstaatsanwalt der Garnison des Sowjetsektors Berlin zwecks Heranziehung der Schuldigen vor Gericht des Kriegstribunals als Saboteure dieses Befehls zu richten.
2. Unterlagen über Personen, die der Übertretung des § 8 dieses Befehls beschuldigt sind, sind an die Stellen der deutschen Staatsanwaltschaft zwecks Untersuchung und Heranziehung zur Verantwortung laut § 242, 243, 244, 246 und 266 des deutschen Strafgesetzbuches zu richten.
3. Der Oberbürgermeister, Kammergerichtspräsident und Generalstaatsanwalt der Stadt Berlin haben den ihnen unterstehenden Stellen im Sowjetsektor Berlins eine entsprechende Weisung über die Erfüllung dieses Befehls zu geben.
4. Der Kammergerichtspräsident hat die Abschriften der durch die Gerichte des Sowjetsektors gefällten Urteile in diesen Sachen an die Rechtsabteilung der Kriegskommandantur des Sowjetsektors der Stadt Berlin zu richten."

abteilung oder Rechtsabteilung — oder der Deutschen Treuhandverwaltung vorliegt.

8. Verpflichtungsgeschäfte, insbesondere Miet- und Pachtverträge werden in der Regel jedoch nur dann nicht genehmigt, wenn die Durchführung des Vertrages die Zweckbestimmung des beschlagnahmten Vermögens verhindern würde.

II. Besonderer Teil

Erster Abschnitt

10. Ist das Vermögen eines Einzelkaufmanns beschlagnahmt, so umfaßt das Zweckvermögen sein gesamtes Vermögen (sowohl Privat- als auch Geschäftsvermögen).

11. Die Gesamthandgemeinschaften des bürgerlichen und des Handelsrechts (z. B. Gesellschaft des bürgerlichen Rechts, offene Handelsgesellschaft und Kommanditgesellschaft) gelten als Zweckvermögen, wenn das Vermögen der Gesellschaft von der Beschlagnahme erfaßt ist.

Das gesamte Vermögen der Gesellschaft ist der Beschlagnahme unterworfen, wenn einer der Gesamthänder (Gesellschafter) oder bei Kommanditgesellschaften der persönlich haftende Gesellschafter (Komplementär) belastet ist. Die Verflechtung der Befugnisse der Gesamthänder ist bei dem Gesamthandsvermögen so eng, daß in der Regel der einzelne Gesellschafter von dem gemeinschaftlichen Vermögen nicht zu trennen ist.

Abgesehen davon ist das Vermögen einer Gesamthandsgemeinschaft immer insgesamt der Beschlagnahme unterworfen, wenn der Anteil einer belasteten Person 50% oder mehr beträgt.

Das Vermögen eines unbelasteten Gesellschafters, das ihm außerhalb des gemeinschaftlichen Vermögens zusteht, ist der Beschlagnahme nicht unterworfen.

12. Die juristischen Personen unterliegen der Beschlagnahme gemäß der ihnen von der Rechtsordnung zuerkannten selbständigen Rechtspersönlichkeit, wenn sie, handelnd durch ihre Organe:

eine aktivistische Tätigkeit entfaltet haben,
eine Kapitalausnutzung betrieben haben, um der faschistischen Machtstellung zu dienen, oder wenn
eine Unterstützung der Expansionsbestrebungen des Naziregimes vorliegt, oder
eine Nutzziehung durch unangemessen gesteigerten Gewinn gegeben ist.

Gehört der gesetzliche Vertreter einer juristischen Person zu den belasteten Personen, so wird dadurch das Vermögen der juristischen Person nicht ohne weiteres berührt. Ebensowenig wird das Vermögen des unbelasteten gesetzlichen Vertreters berührt durch eine Beschlagnahme des Vermögens der juristischen Person.

Die Beschlagnahme des Vermögens der juristischen Person kann aber dann ausgesprochen werden, wenn es durch einen gesetzlichen Vertreter oder eine sonstige Person, die belastet ist, beeinflußt worden ist. Diese Beeinflussung ist dann anzunehmen, wen eine Person so viel Anteile (Aktien, GmbH.-Anteile u. ä.) am Gesellschaftsvermögen in ihrer Hand vereinigt, daß sie die juristische Person zu beeinflussen vermag.

Zweiter Abschnitt

13. Es hat somit jeder einzelne beschlagnahmte Betrieb die Rechtsform einer juristischen Person in Gestalt des Zweckvermögens. Daraus ergibt sich, daß Vermögen als Eigentum jeder Art im Sinne des deutschen öffentlichen-, bürgerlichen und Handelsrechts die Eigenschaft einer selbständigen juristischen Person als Zweckvermögen erwerben kann, wenn

a) das Vermögen dauernd oder auch nur vorübergehend einem bestimmten Zweck im öffentlichen Interesse oder aus Gründen des Allgemeininteresses zu dienen hat (Anwendungsfällte des Befehls Nr. 124 und Nr. 126 des Obersten Chefs der Sowjetischen Militärverwaltung vom 30. Oktober 1945) und

b) das Vermögen sich im sowjetischen Besatzungssektor von Groß-Berlin befindet.

14. Das Zweckvermögen bedarf einer firmenmässigen Kennzeichnung, die einen Zusatz zu erhalten hat, aus dem sich die Art des Vermögens und der Zweck des Betriebes ergeben.

15. Das Zweckvermögen ist im Handelsregister in der Abteilung Zweckvermögen als treuhänderisch verwaltetes Zweckvermögen einzutragen und die Eintragung in der Art und in dem Umfang zu veröffentlichen, wie es für Eintragungen in Abteilung B vorgeschrieben ist.

16. Die Eintragung des Zweckvermögens in das Handelsregister findet auf Antrag statt.

Zur Stellung des Antrags ist die Deutsche Treuhandverwaltung oder in derem Auftrag der Verwalter des Zweckvermögens (Treuhänder) befugt.

17. Das Zweckvermögen hat das Recht, Eigentum jeder Art zu erwerben, Handelsgeschäfte vorzunehmen, Verpflichtungen einzugehen oder vor Gericht zu klagen oder verklagt zu werden, soweit dies in den Rahmen ordnungsmäßiger Verwaltung fällt.

In jedem prozessualen Zusammenhang ist die Anordnung der Alliierten Kommandantur Berlin vom 28. Juli 1947 — BK/0 (47) 172 — zu beachten[5].

18. Das Zweckvermögen gilt als Vollkaufmann im Sinne des Handelsgesetzbuches.

21. Die Haftung der Treuhänder oder sonstiger Organe eines Zweckvermögens erstreckt sich in allen Fällen auf die Anforderungen an die Sorgfalt eines ordentlichen Kaufmanns.

Der Treuhänder ist dem Vermögensinhaber gegenüber nicht gebunden, ebenso wie er dessen bisherigen Gläubigern gegenüber nicht verpflichtet wird. Er ist verpflichtet, den Vermögensinhaber und alle früheren vertretungsberechtigten Personen von jeder Einwirkung auf das Zweckvermögen auszuschließen.

Er ist ein Verwalter für die Besatzungsmacht und nur dieser verantwortlich. Es bestehen somit keine Rechtsbeziehungen zwischen dem Treuhänder und dem früheren Vermögensinhaber. Es obliegen dem Treuhänder keinerlei Pflichten gegenüber dem Vermögensinhaber. Der Inhaber des verwalteten Vermögens kann nach Beendigung der Verwaltung keine Ansprüche gegen den Treuhänder wegen fehlerhafter Verwaltung oder Amtsführung geltend machen, weil der Treuhänder nur der Besatzungsmacht und der von ihr beauftragten Dienststelle verantwortlich ist[6].

---

[5] Abgedruckt unter Nr. 28 (S. 108).

[6] Vergl. Anm. 17 z. Ges. Nr. 52 (S. 51). Anderer Ansicht zutreffend Haidinger in MDR 48 S. 7.

Eine Ausnahme bilden strafbare Handlungen des Treuhänders, die nach den allgemeinen Grundsätzen ein Delikt darstellen. Sie begründen eine Verantwortlichkeit für den Treuhänder persönlich und führen keine Haftung für das verwaltete Vermögen für die Besatzungsmacht oder für die von ihr beauftragte Dienststelle herbei.

Dritter Abschnitt

29. Rückzahlungen von Hypotheken dürfen nur mit Genehmigung der Deutschen Treuhandverwaltung erfolgen.

Es können auch übernommene laufende Unterhaltszahlungen, Renten oder Zinsen aus dem Zweckvermögen an ehemalige Betriebsinhaber, deren Angehörige oder Erben nicht geleistet werden. Über Ausnahmen entscheidet auf Antrag die Deutsche Treuhandverwaltung.

Abschnitt C:

Bestimmungen verfahrensrechtlichen Inhalts betreffend die Kontrolle über Vermögen (Nr. 22 bis 28)

22.: Ausführungsverordnung (AVO) Nr. 1 der Amerikanischen Militärregierung zum Militärregierungsgesetz Nr. 2[1]

1. Allgemeines.

Die mit Zustimmung der Militärregierung wiedereröffneten oder neuerrichteten Amtsgerichte, Landgerichte oder Oberlandesgerichte sowie alle Richter, Staatsanwälte, Notare, Gerichtsvollzieher, Urkundsbeamte, Rechtsanwälte, Rechtskonsulenten und andere im Bereiche der Justizverwaltung amtliche Funktionen ausübenden Personen werden hiermit zur Ausübung aller ihrer amtlichen Funktionen ermächtigt, vorbehaltlich der in den §§ 7 (b), (c), 8 und 9, von der Militärregierung erlassenen allgemeinen Anweisung für Richter Nr. 1, und der in dieser Ausführungsverordnung vorgesehenen Einschränkungen und Bedingungen.

2. Gerichte mit besonderer Zuständigkeit.

Nichts in dieser Verordnung darf als Ermächtigung ausgelegt werden zur Eröffnung und Wiedereröffnung anderer von der Militärregierung geschlossener oder abgeschaffter Gerichte, einschließlich der Anerbengerichte und Erbgesundheitsgerichte, selbst wenn ihre Funktionen von Richtern der in § 1 genannten Gerichte wahrzunehmen waren oder wenn die geschlossenen oder abgeschafften Gerichte einem der in § 1 genannten Gerichte angegliedert waren. Für Angelegenheiten, die früher zur ausschließlichen Zuständigkeit der Arbeitsgerichte gehörten, sind bis auf weiteres in erster Instanz ausschließlich die Amtsgerichte zuständig, die das auf Arbeitsstreitigkeiten anwendbare Verfahren soweit wie möglich zu befolgen haben; die Vorschriften über Teilnahme von Laien in den Arbeitsgerichten treten

[1] Amtsbl. d. Amerik. Milit.-Reg. A S. 11. Nur gültig in der amerik. Zone, nicht im Sektor v. Bln. Da die AVO. von besonderer Bedeutung für die Auswirkungen des Ges. Nr. 52 auf die Ausübung der Gerichtsbarkeit ist, kommt sie sinngemäß erst hier, nicht schon beim Ges. Nr. 2 zum Abdruck. Als Auslegungsquelle wird sie und besonders die Amtlichen Erläuterungen dazu (s. S. 97) auch für den amerik. Sektor von Bln. von Bedeutung sein, weil daraus wesentliche Rückschlüsse auf die Auffassung der Amerik. Milit.-Reg. gezogen werden können.

jedoch erst dann wieder in Kraft, wenn der zuständige Justizminister es bestimmt.

3. Amtshandlungen.

a) Sofern nicht die in Absätzen b) (1) oder (2) bestimmten Voraussetzungen erfüllt sind, darf weder ein Gericht noch ein Beamter der Justizverwaltung, Richter, Notar, Gerichtsvollzieher oder sonstiger Beamter

(1) eine Entscheidung, einen Beschluß oder ein Urteil erlassen, welches die Übergabe, den Verkauf oder die Übertragung oder sonstige Verfügung von Vermögen ermächtigt, anordnet oder bewirkt, dingliche Rechte oder Eigentum an Vermögen feststellt oder eine Geldzahlung (einschließlich von Bußzahlungen in Privat- oder Nebenklageverfahren aber ausschließlich von Geldstrafen) anordnet[2], oder

(2) Pfändungen oder anderweitige Zwangsvollstreckungshandlungen anordnen oder vollziehen oder Vermögen mit Beschlag belegen, es verkaufen oder sonstwie darüber verfügen;

(3) die Verteilung einer Konkursmasse, eines Nachlasses oder einer sonstigen Vermögensmasse anweisen oder ermächtigen; oder

(4) eine Urkunde, Erklärung oder Rechtshandlung beglaubigen, beurkunden oder bezeugen.

b) Die in Absatz a) bezeichneten Amtshandlungen sind zulässig, wenn entweder

(1) die Amtshandlung oder der damit bezweckte Erfolg von der Militärregierung im allgemeinen[3] oder für den besonderen Fall genehmigt ist, oder

(2) (I) die Partei oder Parteien, die die Amtshandlung nachsuchen oder im Falle einer Urkunde oder Erklärung oder Rechtshandlung die daran beteiligte Person oder beteiligten Personen bei dem Gericht oder dem Beamten eine eidesstattliche Versicherung eingereicht oder der Urkunde beigefügt haben, in der unter Eid oder an Eides Statt versichert wird, daß nach ihrem besten Wissen und Gewissen die betreffende Amtshandlung, Urkunde, Erklärung oder Rechtshandlung weder die Übertragung von Rechten, Ansprüchen, Besitz oder Eigentum, das einer Person gehört, deren Vermögen durch die Militärregierung gesperrt ist, noch eine Geldzahlung durch eine solche Person, noch die Verminderung oder Beeinträchtigung des Wertes solchen Vermögens zur Folge haben wird; und

(II) das Gericht oder der Beamte weder weiß noch wissen mußte, daß diese eidesstattliche Versicherung unrichtig ist.

---

[2] Die nicht ganz klare Fassung dieser Bestimmung wird durch Abs. b d. Amtl. Erl. (S. 97) dahingehend klargestellt, daß lediglich „konstitutiv" wirkende Urteile ohne Genehmigung verboten sind — vgl. dort. Für die in 3, b, 5, b u. 5 c genannten Amtshandlungen ist eine Allgem. Genehmigung Nr. 2 (S. 96) erteilt, soweit sie zur Durchführung des Rückerstattungsgesetzes (Nr. 59) notwendig sind.

[3] Nach Art. IV Ziff. 6 d. Ges. Nr. 52 oder durch eine der Allgemeinen Genehmigungen. Eine für das Rechtsgeschäft selbst erteilte Genehmigung erstreckt sich auch auf damit zusammenhängende Akte der Gerichtsbarkeit (Amtl. Erl. Abs. b S. 98). Anders für Berlin, s. Anm. 4, c zu Nr. 28, S. 110.

c) Eine Amtshandlung der in Absatz a) bezeichneten Art ist unwirksam[4], wenn nicht die in Absätzen b) (1) oder (2) angeführten Bedingungen erfüllt sind.

d) Jede Entscheidung, jeder Beschluß und jedes Urteil, welches eine Geldzahlung, die Auslieferung, den Verkauf, die Übertragung oder sonstige Verfügung von Vermögen anordnet oder ermächtigt oder Rechte oder Eigentum an Vermögen berührt und das zugunsten einer Person oder von Personen ergeht, deren Vermögen von der Militärregierung gesperrt ist, muß, neben der Feststellung, daß die Entscheidung, der Beschluß oder das Urteil dieser Verordnung entspricht, ferner bestimmen, daß solche Geldsumme in ein von der Militärregierung genehmigtes Sperrkonto eingezahlt oder daß das Vermögen oder der aus seinem Verkauf oder aus einer Verfügung darüber erzielte Erlös an einen von der Militärregierung bezeichneten, ernannten oder genehmigten Verwalter ausgehändigt oder daß die Rechtsübertragung oder Eigentumsauflassung an diesen vorgenommen wird[5].

4. Besondere Erfordernisse für Treuhänder und Sachverständige[6].

a) Kein Richter oder Beamter der Justizverwaltung soll als Vormund, Pfleger, Testamentsvollstrecker, Nachlaßverwalter, Liquidator, Konkursverwalter oder als sonstigen Treuhänder oder als amtlichen Sachverständigen eine Person ernennen oder bestätigen, die zu irgendeiner Zeit „sich aktiv für eine Tätigkeit der NSDAP oder eine der ihr angeschlossenen Organisationen eingesetzt hat", oder deren Vermögen durch die Militärregierung gesperrt ist. Keine derartige Person soll in einem solchen Amt belassen werden, gleichgültig zu welcher Zeit ihre Ernennung erfolgt ist. Der hier gebrauchte Ausdruck „sich aktiv für eine Tätigkeit der NSDAP oder einer der ihr angeschlossenen Organisationen einsetzen" bezieht sich auf Mitglieder der NSDAP und der ihr angeschlossenen Organisationen, die entweder

(1) ein Amt in der NSDAP, in einer der in §§ 1, 2 und 3 des Militärregierungsgesetzes Nr. 5 angeführten Organisationen oder in einem der Verbreitung militärischer Lehren gewidmeten Verbände ausgeübt oder sich sonst aktiv in diesen Organisationen betätigt haben, ohne Rücksicht darauf, ob dies auf der Orts- oder Reichsstufe oder auf irgendeiner Zwischenstufe der Fall war; oder

(2) die Begehung einer nationalsozialistischen Straftat, eine Rassenverfolgung oder Diskriminierung angeordnet oder sich daran bewußt beteiligt haben; oder

---

[4] Engl. Text: „. . . shall have no legal effect unless the conditions . . .", d. h. „. . . wird keine Rechtswirkung haben, wenn nicht die Bedingungen. . . ." Also nicht absolute Nichtigkeit wie nach Art. VI Ziff. 11 des Ges. Nr. 2 S. 19), sondern Wirksamkeit aufschiebend bedingt, bis entweder die eidesstattlichen Versicherungen oder die Genehmigung beigebracht wird.

[5] Abs. d betrifft nur den Fall, daß der Gläubiger dem Ges. Nr. 52 unterliegt. Verbietet nicht die Ausübung der Gerichtsbarkeit, sondern schreibt nur bestimmte Formalien für die Entscheidung vor und schafft gleichzeitig die Voraussetzungen für eine freiwillige oder durch Zwangsvollstreckung erzwungene Leistung des (nicht dem Ges. Nr. 52 unterliegenden) Schuldners. Können diese Voraussetzungen erfüllt werden — Leistung auf Sperrkonto oder an Verwalter — so ist auch für Vollstreckung eine Genehmigung nicht erforderlich (vgl. im einzelnen für Vollstreckung Anm. 3 z. d. Amtl. Erl. S. 98).

[6] Aus Ziff. 6 Abs. c der AVO. ergibt sich, daß unter den dort genannten Voraussetzungen die Ernennung eines in Ziff. 4 Abs. a genannten Verwalters fremden Vermögens auch dann zulässig ist, wenn dieses Vermögen dem Ges. Nr. 52 unterliegt. Ziff. 4 bestimmt die persönlichen Voraussetzungen, die ein solcher Verwalter erfüllen muß. Vgl. dazu insbesondere Oppler SJZ. 46 S. 183 ff. Siehe im übrigen Abs. c, insbesondere (3) der Amtl. Erl. (S. 99).

(3) ihre nationalsozialistische Überzeugung, die Rassendoktrin oder militärische Lehren nachdrücklich vertreten haben; oder
(4) die NSDAP oder nationalsozialistische Amtsträger oder Führer aus freien Stücken und in wesentlichem Umfang moralisch, finanziell oder politisch unterstützt haben.

b) Bei jedem zur Ernennung von Treuhändern oder amtlichen Sachverständigen zuständigen Gericht sind Listen von Personen aufzustellen, die die in Absatz a) aufgeführten Erfordernisse erfüllen. Für jede in diese Liste aufzunehmende Person hat das Gericht zur Genehmigung der Militärregierung den Namen der Person gleichzeitig mit einem ausgefüllten und unterzeichneten Fragebogen dem zuständigen Justizminister oder der von ihm mit Genehmigung der Militärregierung dafür bezeichneten deutschen Behörde vorzulegen. Ergänzungen dieser Listen sind in gleicher Weise zur Genehmigung vorzulegen. Alle Treuhänder und amtliche Sachverständige sind aus diesen genehmigten Listen zu ernennen; ein Testamentsvollstrecker oder ein sonstiger Treuhänder, der nach deutschem Recht im Hinblick auf seine persönlichen Beziehungen zu den Beteiligten ausgewählt wird, braucht jedoch nicht aus der Liste genommen werden, sondern kann individuell ernannt oder bestätigt werden, in welchem Falle die Genehmigung in gleicher Weise einzuholen ist, wie es für die in der Liste angeführten Personen vorgesehen ist.

c) Bei der Nachprüfung der besonderen Erfordernisse von früher ernannten, noch im Amt befindlichen Treuhändern sind zunächst diejenigen zu berücksichtigen, die für ihr Amt eine Entschädigung erhalten und Vermögen verwalten, dessen gemeiner Wert RM 5000.— übersteigt.

5. Zulässige Eintragungen und Eintragungserfordernisse für öffentliche Register.

a) Die folgenden Eintragungen in öffentlichen Registern sind bedingungslos zulässig:

(1) Die Eintragung einer Berichtigung, eines Widerspruches oder einer Vormerkung im Grundbuch;
(2) Die folgenden Eintragungen im Handelsregister, Genossenschaftsregister, Vereinsregister und Schiffsregister:
  (I) Die Beendigung einer Vertretungsmacht;
  (II) Der Vermerk der Eröffnung oder Beendigung eines Konkurses oder eines ähnlichen Verfahrens;
  (III) Die Löschung einer Firma oder die Auflösung einer offenen Handelsgesellschaft, Kommanditgesellschaft, Aktiengesellschaft oder sonstigen Organisation;
  (IV) Die Beendigung der Mitgliedschaft in einer offenen Handelsgesellschaft, Kommanditgesellschaft, einer Genossenschaft oder einer sonstigen Organisation;
  (V) Die Beendigung der Mitgliedschaft im Vorstand oder einem sonstigen Organ einer Aktiengesellschaft oder einer anderen Organisation;
  (VI) Die Errichtung einer neuen Zweigniederlassung einer Firma oder eines Geschäftsunternehmens, das bereits seinen Sitz oder eine Zweigniederlassung in der Amerikanischen Zone hat;
  (VII) Die Verlegung des Sitzes einer Firma, einer offenen Handelsgesellschaft, Kommanditgesellschaft, einer Aktiengesell-

schaft oder einer sonstigen Organisation von einem Ort nach einem anderen Ort innerhalb dieser Zone;

(3) Die Eintragung im Güterrechtsregister, bezüglich der Ausschließung oder Beendigung der Verwaltung und Nutznießung des Ehemannes hinsichtlich des Vermögens seiner Ehefrau oder der Beendigung der Schlüsselgewalt oder des ehemännlichen Widerspruches gegen die Führung eines Handelsgeschäfts durch die Ehefrau;

(4) Alle Eintragungen im Sperregister und die Eintragung des Sperrvermerks in anderen Registern gemäß § 6 dieser Verordnung.

b) Die folgenden Eintragungen im Handelsregister, Genossenschaftsregister, Vereinsregister und Schiffsregister dürfen nur mit einer von der Militärregierung allgemein oder für den Einzelfall erteilten Genehmigung vorgenommen werden:

Eröffnung, Errichtung oder Gründung eines kaufmännischen Einzelunternehmens, einer offenen Handelsgesellschaft, Kommanditgesellschaft, Gesellschaft mit beschränkter Haftung, Aktiengesellschaft oder einer sonstigen Handelsgesellschaft, einer Reederei, einer Genossenschaft, eines eingetragenen Vereins oder einer sonstigen Organisation irgendwelcher Art[7].

c) Eine Eintragung anderer als der in Absätzen (a) und (b) bezeichneten Art darf im Grundbuch und in anderen von Beamten der Justizverwaltung geführten öffentlichen Registern nur vorgenommen werden, wenn sie entweder von der Militärregierung genehmigt ist oder wenn dem für die Führung des betreffenden Registers verantwortlichen Beamten auf einen von ihm gelieferten Formular von dem Antragsteller für die Eintragung eine Versicherung unter Eid oder an Eides Statt des im folgenden bezeichneten Inhalts eingereicht wird:

(1) Im Falle der Eintragung des Namens einer Person im Handelsregister, Vereinsregister, Genossenschaftsregister oder Schiffsregister muß die Versicherung angeben, daß das Vermögen der betreffenden Person nicht von der Militärregierung gesperrt ist und daß diese Person auch nicht zu irgendeiner Zeit „sich aktiv für eine Tätigkeit der NSDAP oder einer der ihr angegliederten Organisationen eingesetzt hat" im Sinne der in § 4 (a) angeführten Begriffsbestimmungen.

(2) Im Falle einer sich auf Vermögen beziehenden Eintragung muß die Versicherung angeben, daß weder durch die Eintragung noch durch das ihr zu Grunde liegende Rechtsgeschäft ein Recht oder ein Anspruch hinsichtlich Besitz oder Eigentum einer Person übertragen wird, deren Vermögen von der Militärregierung gesperrt ist, auch nicht der Wert solchen Vermögens vermindert oder beeinträchtigt wird.

d) (1) Eine Eintragung, die in der Zeit zwischen der durch die Militärregierung angeordneten Schließung des Grundbuchamts und der Abteilung für Registersachen und der Aufnahme ihrer Tätigkeit gemäß dieser Verordnung im Grundbuch, im Handelsregister oder in einem sonstigen durch einen Richter oder anderen Beamten der Justizverwaltung geführten öffentlichen Register

---

[7] **Soweit nach Ziff. 5 Abs. b eine Genehmigung erforderlich, ist die Allgemeine Genehmigung Nr. 1 erteilt (S. 96).**

erfolgt ist, ist rechtlich unwirksam, bis zu ihr durch den mit der Führung des betreffenden Registers betrauten Beamten ein Bestätigungsvermerk hinzugefügt wird.

(2) Ein Bestätigungsvermerk ist von Amts wegen bei allen Eintragungen der in Absatz (a) angeführten Art einzutragen.

(3) Bei Eintragungen der in Absätzen b) und c) angeführten Art ist ein Bestätigungsvermerk nur dann einzutragen, wenn der zuständige Beamte festgestellt hat, daß die Erfordernisse des auf den Fall anwendbaren Absatzes gegeben sind. Diese Feststellung ist aktenkundig zu machen. Solange die Eintragung eines Bestätigungsvermerks nicht erfolgt ist, ist bei der ursprünglichen Eintragung der Vermerk „vorläufig unwirksam" in deutlicher Weise hinzuzufügen; eine Benachrichtigung über die vorläufige Unwirksamkeit und über die Bestimmungen dieses Paragraphen und § 7 ist den an der ursprünglichen Eintragung interessierten Personen durch die Post an ihre letztbekannte Adresse zu senden oder in sonstiger Weise gesetzmäßig zuzustellen.

(4) In allen Räumlichkeiten, in denen Geschäfte des Grundbuchamtes oder der Abteilung für Registersachen oder Geschäfte betreffend die Führung anderer durch einen Richter oder einen sonstigen Beamten der Justizverwaltung betreuten Register getätigt werden, ist in deutlich sichbarer Weise eine öffentliche Bekanntmachung anzuschlagen, in der im amtlichen Text und in deutscher Übersetzung die Bestimmungen dieses Paragraphen und § 7 wiedergegeben sind und in welcher das Datum angeführt ist, an dem das Grundbuchamt und die Abteilung für Registersachen ihre Funktionen gemäß dieser Verordnung aufgenommen haben.

6. Sperrlisten und Sperreintragungen.

a) Sperrlisten.

So oft als einem Justizminister von der Militärregierung oder in ihrem Auftrag eine Liste von Personen, deren Vermögen von der Militärregierung gesperrt ist, oder eine Aufstellung von Ergänzungen oder Änderungen dieser Liste übermittelt wird, ist diese Liste oder Aufstellung von ihm jedem ihm unterstehenden Gericht mitzuteilen und bei diesen Gerichten zur öffentlichen Einsicht auszulegen. Die Auslegung dieser Liste und ihrer jeweiligen Ergänzungen und Änderungen gilt als öffentliche Bekanntmachung ihres Inhalts. Bei jedem Gericht ist als öffentliches Register ein auf Grundlage der erwähnten Listen angefertigtes Verzeichnis der Personen aufzustellen, deren Vermögen gesperrt ist. Der Urkundsbeamte des Amtsgerichtes hat auf Antrag Bescheinigungen darüber auszustellen, ob aus dem bei dem Gericht geführten Sperregister hervorgeht, daß die in der Bescheinigung genannte Person eine Person ist, deren Vermögen durch die Militärregierung gesperrt ist.

b) Registereintragungen.

Auf Grund einer von der Militärregierung oder in deren Auftrag ergehenden Mitteilung, daß ein Grundstück, ein Schiff oder sonstiges ausreichend beschriebenes Vermögen von der Militärregierung gesperrt ist, hat der Richter oder der sonstige mit der Führung des Grundbuches oder des sonst einschlägigen Registers betraute Beamte der Eintragung solchen Vermögens in dem betreffenden Register einen Sperrvermerk hinzuzufügen[8].

c) Sperrvermerk betreffs Nachlässe oder Erben.

(1) In jedem Erbschein, Zeugnis über die Fortsetzung der Gütergemeinschaft (BGB § 1507) und in jedem Testamentsvollstreckerzeugnis sowie jeder Bestallung als Vormund, Pfleger, Nachlaßverwalter, Konkursverwalter oder sonstiger Treuhänder ist durch das Gericht oder sonst zuständigen Beamten der Justizverwaltung in deutlich sichtbarer Form ein Vermerk des im folgenden bezeichneten Wortlautes aufzunehmen, es sei denn, daß zur Überzeugung des Gerichts oder des Beamten nachgewiesen ist, daß das Vermögen, auf das sich die Bescheinigung bezieht, nicht gesperrt ist:

„Das Vermögen ist (vermutlich) von der Militärregierung gesperrt. Jedes auf dieses Vermögen oder auf einen seiner Bestandteile sich beziehende Rechtsgeschäft ist (unterliegt der Gefahr) null und nichtig (zu sein), es sei denn, daß das Rechtsgeschäft durch die Militärregierung genehmigt ist." (Nicht zutreffende, in Klammern angeführte Worte sind auszustreichen.)

(2) In jeden Erbschein und jedes Zeugnis über die Fortsetzung der Gütergemeinschaft ist, wenn das Gericht oder der sonstige für seine Ausstellung zuständige Justizbeamte weiß oder wissen muß, daß das Vermögen eines Erben, eines Miterben oder einer an der fortgesetzten Gütergemeinschaft beteiligten Person gesperrt ist, ein diesbezüglicher Vermerk aufzunehmen.

7. Keine Bestimmung dieser Verordnung soll dahin ausgelegt werden, daß ein gutgläubiger Erwerber Rechte an gesperrtem Vermögen erwirbt. Personen, die sich auf die Herleitung dinglicher Rechte von einer dazu nicht berechtigten Person stützen, können sich nicht auf die diesbezüglichen deutschen Schutzbestimmungen berufen, sofern der Mangel des Rechts der übertragenden Person der Vermögenskontroll- oder Devisenbewirtschaftungsgesetzgebung der Militärregierung zuzuschreiben ist.

8. Begriffsbestimmungen.

Für die Auslegung dieser Verordnung gelten die folgenden Begriffsbestimmungen:

a) Der Ausdruck „Person" umfaßt jede Einzelperson, offene Handelsgesellschaft, Vereinigung, öffentlich-rechtliche oder privat-rechtliche Körperschaft, sowie jede sonstige Organisation oder juristische Person.

b) Der Ausdruck „Vermögen" umfaßt alle körperlichen und unkörperlichen, beweglichen und unbeweglichen Vermögensgegenstände und Vermögenseinheiten.

c) Der Ausdruck „gesperrtes Vermögen" bedeutet jedes „Vermögen" (im obigen Sinne), das die Militärregierung durch eine darauf abzielende Erklärung unter ihre Kontrolle genommen oder von dem sie Besitz ergriffen oder bezüglich dessen sie das Eigentumsrecht, die Leitung, die Verwaltung, die Überwachung oder sonstige Kontrollbefugnisse übernommen hat.

9. Die Landesjustizminister sind ermächtigt, mit Genehmigung der Militärregierung die zur Ausführung der Bestimmungen dieser Verordnung

---

[8] Im Grundbuch wird die Eintragung eines Sperrvermerks in Abt. II zu erfolgen haben.

erforderlichen oder geeigneten Verordnungen und Dienstanweisungen zu erlassen.

10. § 5 der Dienstanweisung für Amtsrichter (Vordruck AG 1), die von der Militärregierung erlassen worden ist, wird hiermit aufgehoben.

11. Diese Verordnung tritt am 16. Februar 1946 in Kraft.

23.: Allgemeine Genehmigung Nr. 1 gemäß Ausführungsverordnung Nr. 1 zum Militärregierungsgesetz Nr. 2[1a]

Artikel I

Gemäß Absatz 5 (b) der Ausführungsverordnung Nr. 1 zum Militärregierungsgesetz Nr. 2 wird hiermit eine Allgemeine Genehmigung für solche Eintragungen in die entsprechenden öffentlichen Register erteilt, durch welche die Eröffnung, Errichtung oder Gründung eines kaufmännischen Einzelunternehmens, einer Offenen Handelsgesellschaft, Kommanditgesellschaft, Gesellschaft mit beschränkter Haftung, Aktiengesellschaft, oder einer sonstigen Handelsgesellschaft, einer Reederei, einer Genossenschaft, eines Vereines von Genossenschaften, eines Wirtschaftsverbandes (e. V.), eines eingetragenen Vereines oder einer sonstigen Organisation irgendwelcher Art bekundet wird, vorausgesetzt, daß der Ministerpräsident des Landes die Eröffnung, Errichtung oder Gründung einer solchen oben angeführten Organisation gestattet hat.

Artikel II

Diese Bestimmung ist nicht im Sinne einer Erweiterung der dem Ministerpräsidenten aus anderen Rechtsgründen zustehenden Befugnisse zur Genehmigung der Eröffnung, Errichtung oder Gründung einer der in Artikel I angeführten Organisationen auszulegen.

24.: Allgemeine Genehmigung Nr. 2 auf Grund der Ausführungsverordnung Nr. 1 zum Gesetz Nr. 2 der Militärregierung[1b]

1. Gemäß Absatz 3 b, 5 b und 5 c der Ausführungsverordnung Nr. 1 zum Gesetz Nr. 2 der Militärregierung über „Deutsche Gerichte" wird hiermit für die Vornahme von Amtshandlungen, wie sie in § 3 a dieser Ausführungsverordnung aufgeführt sind, für die Vornahme von Eintragungen in das Handelsregister, Genossenschaftsregister, Vereinsregister oder Schiffsregister nach Maßgabe des § 5 b dieser Verordnung und für die Eintragung in das Grundbuch oder ein sonstiges öffentliches Register nach Maßgabe des § 5 c der Verordnung eine Allgemeine Genehmigung erteilt, vorausgesetzt, daß eine solche Amtshandlung oder Registereintragung zur Durchführung des Gesetzes Nr. 59 der Militärregierung über „Rückerstattung feststellbarer Vermögensgegenstände" notwendig oder sachgemäß erscheint.

2. Diese Allgemeine Genehmigung gilt nicht als eine Genehmigung nach Maßgabe der Vorschriften des Gesetzes Nr. 52 der Militärregierung über „Sperre und Beaufsichtigung von Vermögen" in seiner abgeänderten Fassung oder des Gesetzes Nr. 53 der Militärregierung über „Devisenbewirtschaftung".

3. Diese Allgemeine Genehmigung tritt am 10. November 1947 in Kraft.

[1a] Amtsbl. d. Amerik. Milit.-Reg. C S. 13. Nur amerik. Zone.

[1b] Amtsbl. d. Amerik. Milit.-Reg. G S. 36. Nur amerik. Zone.

25.: Amtliche Erläuterungen der Amerikanischen Militärregierung zur Ausführungsverordnung Nr. 1 zum Militärregierungsgesetz Nr. 2[1]

Unbeschadet der Notwendigkeit eines sorgfältigen Studiums des genauen Wortlautes der Ausführungsverordnung Nr. 1 werden die nachstehenden Erklärungen und Erläuterungen dem Verständnis des Zweckes und der Auswirkung der Verordnung dienlich sein.

a) Zweck der Ausführungsverordnung („AVO").

Die Wiedereröffnung der ordentlichen deutschen Gerichte und Notariate innerhalb der amerikanischen Besatzungszone war allgemein durch den „Plan für den Ausbau des Rechtspflegewesens" vom 4. Oktober 1945 genehmigt worden. Gewisse normale Funktionen dieser Gerichte und Notariate, insbesondere die Bearbeitung des Grundbuchs und anderer öffentlicher Register sowie die Zwangsvollstreckung von Urteilen, waren bis zur Lösung verschiedener sich aus dem Gesetz der Militärregierung Nr. 52 über die Vermögenssperre und Vermögenskontrolle ergebender Probleme zurückgestellt worden. Zweck dieser Ausführungsverordnung ist es, die Wiederaufnahme dieser normalen Funktionen zu ermöglichen, und zwar mit nur solchen Beschränkungen, die für die Vermögenskontrolle, Entnazifizierung und Demilitarisierung für notwendig erachtet werden. Neben der Aufstellung des allgemeinen Grundsatzes, daß die Wiederaufnahme der Rechtspflege genehmigt ist, befaßt sich die Ausführungsverordnung mit Beschränkungen hinsichtlich solcher Urteile, Beschlüsse und anderer Entscheidungen, welche Vermögenswerte (einschließlich von Geldbeträgen) berühren, sowie mit der Ernennung von Treuhändern und amtlichen Sachverständigen, mit Beschränkungen von Eintragungen in den öffentlichen Registern, ferner mit Sicherungsmaßregeln für gerichtliche und notarielle Beglaubigungen von Urkunden und Beurkundungen von Erklärungen oder Rechtshandlungen und schließlich mit der öffentlichen Bekanntgabe der Personen, deren Vermögen gesperrt ist, und des gesperrten Vermögens selbst.

b) Urteile, Zwangsvollstreckungen und Notariatsakte.

(1) § 3 der AVO verbietet das eigentliche Gerichtsverfahren nur in dem Umfang, in welchem es gesperrtes Vermögen beeinträchtigt. Wenn, aber auch nur wenn das eigentliche Gerichtsverfahren in irgendeiner Weise die Vermögenswerte einer der Sperrung unterliegenden Person verringert, belastet oder beeinträchtigt[2], ist es unzulässig; es sei denn, daß eine Ge-

[1] Amtsbl. d. Amerik. Milit.-Reg.-B S. 4. Nur gültig in der amerik. Zone, enthält aber zahlreiche Hinweise, die als Auslegungsregel auch für Berlin von Bedeutung sein können.

[2] Danach soll wohl das Verfahren selbst nur dann gehindert sein, wenn durch das Urteil das Vermögen unmittelbar, d. h. durch die konstitutive Wirkung des Urteils selbst, verringert, belastet oder beeinträchtigt wird. Für Zahlungsurteile ist in Ziffer 2 noch einmal ausdrücklich ausgesprochen, daß sie zulässig sind, wenn durch sie eine Verbindlichkeit geklärt („fixed" ist nicht etwa nur „festgestellt" im Sinne von § 256 ZPO.) wird, welche „enforceable by the normal modes of execution of money judgments" ist. Danach ergibt sich folgendes: Bei Leistungs-, Feststellungs- und Statusklagen ist für das Verfahren bis einschließlich der Urteilsfällung eine Genehmigung grundsätzlich nicht erforderlich, gleichgültig, ob Kläger oder Beklagter unter das Ges. Nr. 52 fallen. Hat jedoch ein Leistungsurteil unmittelbar rechtsgestaltende Wirkung (ohne daß weitere Vollstreckungsmaßnahmen erforderlich sind), so ist schon für das Verfahren und den Urteilserlaß eine Genehmigung erforderlich, wenn der Beklagte dem Ges. Nr. 52 unterliegt (z. B. Urteil auf Abgabe einer Willenserklärung (§ 894 ZPO.) oder auf Aufhebung eines Mietvertrages nach dem Mieterschutzgesetz). Vgl. Oppler SJZ. 46 S. 183 u. Dölle-Zweigert, S. 164 Ziff. 147 ff. Anerkenntnis-, Versäumnisurteil u. Prozeßvergl. dürften ohne Genehmigung zulässig sein, wenn nur der Beklagte dem Ges. Nr. 52 unterliegt; dagegen dürfte ein klageabweisendes

nehmigung vorliegt. Das Vorliegen einer solchen Genehmigung kann auch aus der Tatsache gefolgert werden, daß eine Genehmigung für das Rechtsgeschäft selbst, welches der richterlichen Entscheidung in dem vorliegenden Rechtsstreit zu Grunde zu legen ist, oder für das Ergebnis vorliegt, auf welches die richterliche Entscheidung hinzielt. Eine Entscheidung oder andere richterliche Handlung, die gesperrtes Vermögen vermehrt, wird nicht durch die Ausführungsverordnung gehindert, es sei denn, daß die Entscheidung oder richterliche Handlung gleichzeitig den Anteil eines anderen, dessen Vermögen gleichfalls gesperrt ist, beeinträchtigt oder verringert; jedoch muß der Zuwachs zu der gesperrten Vermögensmasse oder zu ihrem Werte der Kontrolle der Militärregierung in der in § 3 (d) der AVO vorgesehenen Weise unterworfen werden.

(2) Ein Zahlungsurteil gegen eine Person, deren Vermögen gesperrt ist, ist nicht als verbotenes, „eine Geldzahlung anordnendes Urteil" im Sinne des § 3 (a) (1) der AVO zu betrachten,

soweit es lediglich über Kosten und Anwaltsgebühren nach Maßgabe der Kosten- und Gebühren-Ordnung erkennt,

oder wenn es lediglich eine persönliche Verbindlichkeit feststellt, die in der gewöhnlichen Art der Zwangsvollstreckung von Zahlungsurteilen vollstreckbar ist; vorausgesetzt ist dabei, daß im Falle der Nichterfüllung der Beklagte nicht einer Strafe unterworfen oder wegen Nichtbeachtung eines richterlichen Befehls zur Verantwortung gezogen werden kann, und daß das Urteil oder der Urteilsspruch nicht eine dingliche Belastung bewirkt oder aus bestimmten Guthaben oder Vermögensstücken zu befriedigen ist.

Dies bedeutet jedoch nicht, daß die Bezahlung der Urteilssumme oder der Zwangsvollstreckung aus dem Urteil ohne Genehmigung der Militärregierung erlaubt ist[3].

(3) Die Verhängung von Geldstrafen, die einer öffentlichen Kasse zufließen, gleichgültig, ob sie in einem Strafverfahren verhängt werden oder der Durchsetzung einer Anordnung in einem bürgerlichen Rechtsstreit dienen, ist nicht verboten, selbst wenn das Vermögen des Verurteilten gesperrt ist und die Zahlung der Geldstrafe das Vermögen verringern würde. Hiergegen ist eine in einem Strafverfahren ergehende Anordnung,

---

Urteil auf Grund eines Verzichtes des Klägers, Versäumnisurteil gegen den Kläger od. Prozeßvergleich ohne Genehmigung unzulässig sein, wenn der Kläger unter das Ges. Nr. 52 fällt (vgl. Anm. 20 z. Ges. Nr. 52 S. 57); ein kontradiktorisches Urteil aber, durch das eine Leistungskl. einer Person, die unter Ges. Nr. 52 fällt, abgewiesen wird, ist ohne Genehmigung zulässig, weil durch eine solche Abweisung nicht das Vermögen vermindert, sondern geklärt wird, daß die streitige Forderung dem Kl. nicht zusteht, also gar nicht zu seinem Vermögen gehört. Ist für das unter das Ges. Nr. 52 fallende Vermögen ein Treuhänder bestellt, so richtet sich die Frage der Aktiv- bzw. Passivlegitimation nach der Art der Bestellung des Treuhänders (vgl. Dölle-Zweigert S. 225 Ziff. 207, Blanke in NJW. 1948 S. 129). — Für Akte der freiwilligen Gerichtsbarkeit enthalten die einschlägigen Bestimmungen der AVO. Nr. 1 selbst eine erschöpfende Regelung, vgl. im übrigen Dölle-Zweigert und Oppler a. a. O.

[3] Eine Zwangsvollstreckung ist ohne Genehmigung nur zulässig unter den Voraussetzungen der Ziff. 3 Abs. d der AVO. Nr. 1. Für alle anderen Fälle ist eine Genehmigung erforderlich, und zwar gleichgültig, ob der Kl. oder der Bekl. dem Ges. Nr. 52 unterliegt. Die Frage, in welchem Stadium des Verfahrens die Genehmigung vorliegen muß, wird offenbar von den Organen der Justiz in der amerik. Zone mit Rücksicht auf die dabei möglicherweise auftretenden Schwierigkeiten mit Recht dahin entschieden, daß dies vor Erteilung der Vollstreckungsklausel der Fall sein muß, also durch das Prozeßgericht zu prüfen ist, Dölle-Zweigert dagegen erachten eine Prüfung durch das Vollstreckungsorgan als ausreichend (S. 167, Ziff. 154 ff).

einer Privatperson Schadenersatz oder an sie Zahlung zu leisten, den Beschränkungen des § 3 der AVO unterworfen.

(4) Die in § 3 (a) der AVO niedergelegten Beschränkungen finden keine Anwendung auf Entscheidungen, die nicht vermögensrechtlicher Art sind, wie z. B. Urteile oder Entscheidungen, durch welche eine Ehe für nichtig erklärt oder geschieden wird oder durch welche die Ehelichkeit eines Kindes zwischen ihm und seinem angeblichen Vater festgestellt wird oder durch welche eine Annahme an Kindesstatt genehmigt wird.

(5) Der Begriff „Rechtshandlung" in der Bestimmung, welche — nicht anderweitig genehmigte — gerichtliche oder notarielle Beglaubigungen von Urkunden und Beurkundungen von Erklärungen oder Rechtshandlungen verbietet, soweit diese eine Beeinträchtigung gesperrten Vermögens zur Folge haben würden, bedeutet: jede Handlung einer oder mehrerer Personen, die die Schaffung, die Übertragung, Veränderung oder Abschaffung eines Rechts zum Gegenstand hat. Demzufolge erstreckt sich der Begriff der „Rechtshandlung" nicht nur auf Verträge oder Abkommen (Angebote, Versprechen, Geschenke, Übertragungen), sondern auch auf die Gründung einer Gesellschaft, eines Geschäfts, auf die Bestellung einer Hypothek, oder auf einen Rechtsverzicht; er erstreckt sich jedoch nicht auf unerlaubte Handlungen oder auf die Wahrnehmung rein obrigkeitlicher Pflichten durch einen Beamten, im Gegensatz zur Vornahme privatrechtlicher Akte im Namen von Behörden.

c) Treuhänder und Sachverständige.

(1) Im Hinblick darauf, daß Treuhänder und ständige Sachverständige, die von einem Gericht oder einem Beamten der Justizverwaltung ernannt werden, als öffentliche Beamte gelten, unterliegen sie nach § 4 der AVO der Genehmigung durch die Militärregierung oder einer deutschen Behörde, die hierfür von dem Justizminister mit Genehmigung der Militärregierung bestimmt worden ist. Die Ausführungsverordnung verbietet die Ernennung oder Beibehaltung von Treuhändern und ständigen Sachverständigen, deren Vermögen gesperrt ist oder die aktive Nationalsozialisten oder Militaristen im Sinne des § 4 der AVO waren. Das Verbot erstreckt sich jedoch nicht auf die Zuziehung von Sachverständigen im Einzelfalle.

(2) Da die Ernennung von Treuhändern und Sachverständigen oft beschleunigt erfolgen muß werden Listen von Treuhändern und Sachverständigen eingeführt. Die Genehmigung der Listen durch die Militärregierung soll so schnell wie möglich erfolgen. Falls die Überprüfung einiger der Vorgeschlagenen längere Zeit erfordert, ist es vorzuziehen, die Liste zum Teil zu genehmigen und die Entscheidung für den Rest vorzubehalten, anstatt die gesamte Liste aufzuhalten. Das Listensystem eignet sich jedoch nicht für Testamentsvollstrecker, die von dem Erblasser ernannt worden sind oder für andere Treuhänder, z. B. Vormünder, die nach deutschem Recht in erster Linie wegen ihrer persönlichen Beziehung zu den beteiligten Parteien ernannt werden. In solchen Fällen kann eine vorläufige Ernennung erfolgen, die der Militärregierung zur nachträglichen Genehmigung unterbreitet wird.

(3) Bereits im Amt befindliche Treuhänder können beibehalten werden, selbst wenn sie nicht in einer Liste aufgeführt sind und auch nicht zur Kategorie der wegen ihrer persönlichen Beziehung zu den Parteien ernannten Personen gehören, vorausgesetzt, daß ihr Vermögen nicht gesperrt ist, und sie nicht aktive Nationalsozialisten waren. Beschließt das Gericht,

sie beizubehalten, so müssen ihre Namen ebenso wie die Namen der Personen, die in eine Treuhänder- oder Sachverständigenliste aufgenommen werden sollen, der Militärregierung vorgelegt werden, damit ihre nachträgliche Genehmigung erfolgen kann. Die Fälle von Treuhändern, die Vermögen von mehr als RM 5000.— verwalten, sind in allen Instanzen mit Vorrang zu behandeln.

d) Öffentliche Register.

(1) Die Befugnis zur Wiedereröffnung des Grundbuchs und anderer öffentlicher Register, die von den Gerichten oder anderen Beamten der Justizverwaltung geführt werden, ist in der allgemeinen Ermächtigung, § 1 AVO enthalten. Die für Eintragungen geltenden Beschränkungen dagegen sind in § 5 AVO aufgeführt, und ein neues Register, das Sperr-Register, wird durch § 6 AVO eingeführt. Es ist zu bemerken, daß abgesehen von Eintragungen in dem Sperr-Register (§ 5 (a) (4) AVO) nur solche Eintragungen uneingeschränkt gestattet sind (§ 5 (a) (1) (2) (3) AVO), welche eindeutig die Vermögenskontrolle nicht beeinträchtigen. Eintragungen, welche die Schaffung neuer Firmen oder Organisationen beurkunden, erfordern vorhergehende Genehmigung der Militärregierung, gewöhnlich des Vermögenskontrolloffiziers (§ 5 (b) AVO). Die übrigen Eintragungen (§ 5 (c) AVO) erfordern die Einreichung einer eidesstattlichen Versicherung, wie in der Ausführungsverordnung vorgesehen, falls nicht eine allgemeine oder besondere Erlaubnis für die Eintragung oder Rechtshandlung vorliegt[4].

(2) § 5 (d) AVO, welcher sich auf bereits geschehene Eintragungen bezieht, hat den Zweck, die Rechtslage zu klären, die sich aus der Tatsache ergibt, daß an einigen Orten Eintragungen im Grundbuch, im Handelsregister und anderen Registern, gewöhnlich mit Zustimmung der örtlichen Militärregierung, vor dem Zeitpunkt erfolgt sind, zu welchem sie nach der Ausführungsverordnung wieder eröffnet werden dürften.

e) Sperrlisten, Sperrnachrichten und Sperreintragungen.

(1) § 6 AVO will durch die Einrichtung von Sperrlisten, Sperr-Registern und Sperrnachrichten den Beamten der Rechtspflege und der Öffentlichkeit Kenntnis von Sperrungen vermitteln. Die Bestimmung hat nicht den Zweck, gutgläubigen Käufern oder anderen, die sich auf diese Listen verlassen mögen, Rechtsschutz zu geben. Im Gegenteil, selbst wenn unter Innehaltung der Ausführungsverordnung, aber ohne die erforderliche Erlaubnis gesperrtes Vermögen übertragen oder beeinträchtigt wird, so sind — trotz etwaiger gegenteiliger Bestimmungen des deutschen Rechts — Personen, die sich auf ein Urteil oder andere amtliche Akte verlassen, in ihrem guten Glauben nicht geschützt; dies gilt selbst dann, wenn die nach der Ausführungsverordnung erforderlichen eidesstattlichen Versicherungen eingereicht worden sind, der Richter die erforderlichen Feststellungen getroffen hat und die Sperrung nicht gerichtsbekannt war. Dies ergibt sich aus den Artikeln V und VI der Gesetze der Militärregierung Nr. 52 und Nr. 53. § 7 der Ausführungsverordnung spiegelt also geltendes Recht wieder. Es ist wichtig, daß sowohl die deutsche Bevölkerung als auch die deutschen Rechtspflegeorgane von dieser Regelung in Kenntnis gesetzt werden. Der Anschlag des Wortlautet des § 7 AVO (siehe § 5 (d) (4) AVO) hat den Zweck, dies zu erreichen.

---

[4] Eine ähnliche Regelung für öffentliche Register gilt für die französische Zone, vergl. Reg.-Blatt Württ.-Hohenzollern 14/47, S. 105.

f) Nachweis des Nichtvorliegens von Sperrung oder Nazismus.

(1) Wenn es sich darum handelt, zu verhindern, daß durch eine Amtshandlung gesperrtes Vermögen beeinträchtigt würde, erlaubt die Ausführungsverordnung im allgemeinen dem Richter oder sonstigen Beamten, sich auf eine eidesstattliche Versicherung der interessierten Parteien zu verlassen, wenn der Richter sich nicht zu Nachforschungen auf Grund etwaiger Verdachtsmomente genötigt sieht oder die Sperrung nicht auf Grund von Sperrlisten, Sperreintragungen und dergleichen als gerichtsbekannt gilt. Um sich dessen zu vergewissern, daß eine Sperrung nicht als gerichtsbekannt gilt, mag es erforderlich sein, daß der Richter oder sonstige Beamte die einschlägigen Listen und Register in jedem einschlägigen Falle durchsehen läßt und eine Bescheinigung von dem Listen- oder Registerführer über das Ergebnis der Durchsicht herbeizieht.

(2) Wenn es sich um die Feststellung handelt, ob sich eine Person als aktiver Nationalsozialist betätigt hat, sollte ein Fragebogen angefordert werden, besonders wenn eine Genehmigung der Militärregierung erforderlich ist.

g) Ergänzungen zur Ausführungsverordnung.

Der Justizminister ist ermächtigt, mit Genehmigung der Militärregierung Anweisungen zu erlassen, welche die Ausführungsverordnung hinsichtlich der im Vorhergehenden erörterten und anderer Punkte ergänzen (§ 9 AVO). Die Anweisungen sollen im Benehmen mit den Abteilungen für Rechtsangelegenheiten und für Vermögenskontrolle ergehen.

h) Inkrafttreten der Verordnung.

Für das Inkrafttreten ist der 16. Februar 1946 in der Ausführungsverordnung vorgesehen. Es wird jedoch anerkannt, daß eine angemessene Zeitspanne zwischen dem genannten Tage und dem Tag, an welchem die Registerbüros benachrichtigt werden und den Geschäftsverkehr beginnen können, liegen muß. Das Datum, an welchem die Registerbüros ihre Tätigkeit auf Grund der Ausführungsverordnung aufnehmen, ist in denjenigen Fällen von Bedeutung, in welchen das Registerbüro vorzeitig geöffnet worden war und das Bestätigungsverfahren nach § 5 (d) AVO in Frage kommt. Aus diesem Grunde muß das Datum, in welchem der Geschäftsverkehr auf Grund der Ausführungsverordnung beginnt, genau bestimmt und in die Augen fallend angeschlagen werden (siehe § 5 (d) (4) AVO).

26.: Anweisung Nr. 109 der Britischen Militärregierung[1]

1. Zur Erhebung einer Klage vor einem deutschen Gericht, die (sich auf Vermögen bezieht, das vom Militärregierungsgesetz Nr. 52 erfaßt ist oder die)[2] sich gegen eine Person richtet, deren Vermögen diesem Gesetz unterliegt, bedarf es nicht der vorherigen Einholung der Genehmigung der Militärregierung, soweit die Verpflichtung zur Einholung dieser Geneh-

[1] JMBl. (NW) 47 S. 13, JBl. Hamm 47 S. 85, Dü.dorf 47 S. 51, Brschwg. 47 S. 273, gültig nur in der britischen Zone, nicht im britischen Sektor von Berlin.

[2] Die Anw. Nr. 109 galt ursprünglich für den Fall, daß das Vermögen des Klägers oder des Bekl. oder beider dem Ges. Nr. 52 unterliegt. Durch die Anweisung Nr. 110 (abgedr. S. 105) sind die Fälle, daß das Vermögen des Kl. dem Ges. 52 unterliegt, einer Sonderregelung unterworfen worden; die in () stehenden Worte sind dadurch hinfällig, und auch Ziff. 4 bezieht sich nur noch auf den Fall, daß das Vermögen des Bekl. dem Ges. Nr. 52 unterliegt (s. Anm. 2 zur Anw. Nr. 110, S. 105).

ringung ausschließlich auf dem Militärregierungsgesetz Nr. 52 beruht und nicht nach Artikel VI des Militärregierungsgesetzes Nr. 2 (in der Fassung der Militärregierungsverordnung Nr. 29) die Genehmigung vorher eingeholt werden muß.

2. Die Vollstreckung eines Urteils ist in den nachbezeichneten Fällen erst nach Beibringung der Genehmigung des zuständigen Beamten der Vermögensüberwachungsabteilung zulässig, nämlich

a) wenn die Zwangsvollstreckung sich gegen eine Person richtet, deren Vermögen unter das Militärregierungsgesetz Nr. 52 fällt,

b) wenn die Zwangsvollstreckung in Vermögen vorgenommen werden soll, das vom Militärregierungsgesetz Nr. 52 erfaßt wird,

c) wenn die Zwangsvollstreckung in sonstiger Weise die Verringerung des im Militärregierungsgesetz Nr. 52 unterliegenden Vermögens zur Folge haben kann[3].

---

[3] Für die Durchführung der Zw. V. hat der JM. von Nordrhein-Westfalen folgende instruktive AV. v. 11. 6. 47 erlassen:

„Die Landesmilitärregierung Nordrhein-Westfalen hat durch Anweisung vom 3. Januar 1947 (veröffentlicht im Justizblatt Düsseldorf 1947 S. 23, Justizblatt Hamm 1947 S. 34 und Justizblatt Köln 1947 S. 42) unter Ziffer 2 Satz 3 bestimmt, daß in Fällen, in denen die Zwangsvollstreckung einer Genehmigung nach dem Gesetz Nr. 52 bedarf, das Gericht im erkennenden Teil seiner Entscheidung eine dahingehende Feststellung treffen muß. Diese Anweisung ist auch noch verbindlich, nachdem durch Anweisung Nr. 109 der Eigentumskontrollabteilung vom 4. März 1947 im einzelnen die Fälle aufgezählt sind, in denen schon die Einleitung gerichtlicher Verfahren einer besonderen Genehmigung auf Grund anderer Gesetze — insbesondere nach Art. VI des Gesetzes Nr. 2 der Militärregierung — bedarf.

In der Vergangenheit wurden verschiedentlich auch in Verfahren, die lediglich den Beschränkungen nach Gesetz Nr. 52 unterlagen, schon vor Urteilserlaß Genehmigungsbescheide der Landesmilitärregierung vorgelegt. Zweifel sind entstanden, ob diese Genehmigungen sich auch auf die Zwangsvollstreckung beziehen.

Die Landesmilitärregierung benutzt für die Erteilung der Genehmigungen in der Regel entweder die Formulare C oder D, denen unterschiedliche rechtliche Bedeutung zukommt:

Wenn die Militärregierung unter Benutzung des Formulars D ohne besondere Rinschränkung die Durchführung des Verfahrens gestattet (permission. . . to exercise jurisdiction in the above case), so ist damit auch die Zwangsvollstreckung genehmigt. Dort bedarf es also keiner Feststellung im Urteil mehr nach Ziff. 2 Satz 3 der Anweisung vom 3. Januar 1947.

Benutzt dagegen die Landesmilitärregierung das Formlar C oder will sie über das Prozeßergebnis nach Urteilserlaß unterrichtet werden, so bedarf die Zwangsvollstreckung aus dem Urteil einer zusätzlichen Genehmigung der Militärregierung. Hier ist auch eine Feststellung in der Urteilsformel nach Ziff. 2 Satz 3 der Anweisung vom 3. 1. 1947 in gleicher Weise geboten wie in dem Fall, der künftig die Regel bilden wird, daß nämlich bei Urteilserlaß noch keine Genehmigung der Militärregierung zur Durchführung des Verfahrens vorliegt."

(JMBl. (NW) 47 S. 13).

Die in der AV. erwähnte Anweisung der Militärregierung vom 3. 1. 1947 lautet (auszugsweise):

„1. Wenn eine Klage ein dem Gesetz Nr. 52 unterliegendes Vermögen betrifft, so verlangen bisher die Gerichte des Landes Nordrhein-Westfalen die Genehmigung zur Durchführung des Rechtsstreits.

2. In Zukunft bedürfen die deutschen Gerichte einer Erlaubnis zur Verhandlung und Entscheidung solcher Sachen nicht mehr. In der Urteilsformel muß der Zusatz enthalten sein, daß die Vollstreckung der Genehmigung der Militärregierung bedarf."

Für die Art und Weise der Zw. V. in Fällen, in denen das Vermögen des Schuldners dem Ges. Nr. 52 unterliegt, hat sich — wohl in der ganzen brit. Zone — das in nachstehender Verlautbarung wiedergegebene Verfahren durchgesetzt:

„Am 23. März 1946 ist folgende Anfrage an die Militärregierung gerichtet:

„. . . Es sind Zweifel darüber aufgetaucht, ob vor jeder Zwangsvollstreckungsmaßnahme in das bewegliche Vermögen von dem Vollstreckungsorgan festgestellt werden muß, ob das Vermögen gemäß Gesetz Nr. 52 beschlagnahmt ist oder ob ohne weiteres vollstreckt werden kann, sofern sich nicht aus dem Antrage des Gläubigers oder aus Eingaben des Schuldners ergibt oder aus

3. In schwebenden Klagesachen, die (vom Militärregierungsgesetz Nr. 52 erfaßtes Vermögen zum Gegenstand haben oder)[2] sich gegen Personen richten, auf deren Vermögen das genannte Gesetz Anwendung fin est,

---

sonstigen Umständen dem Gericht bekannt ist, daß das Vermögen des Vollstreckungsschuldners blockiert ist.

. . . Durch derartige Feststellungen würden die Vollstreckungen sehr verzögert werden und böswillige Schuldner dadurch die Möglichkeit finden, sich der Vollstreckung zu entziehen. . . . Andererseits kann, selbst wenn gelegentlich eine Vollstreckungsmaßnahme in ein beschlagnahmtes Vermögen eingeleitet werden sollte, was m. W. selten vorkommen wird, dadurch der Militärregierung kein Nachteil erwachsen, weil der Vermögensverwalter befugt und verpflichtet ist, gegen derartige Vollstreckungsmaßnahmen die in der Zivilprozeßordnung vorgesehenen Rechtsmittel zu ergreifen und die Aufhebung der objektiv zu Unrecht ergangenen Vollstreckungsmaßnahmen herbeizuführen.

Es wird daher um die Ermächtigung gebeten, die Vollstreckungsgerichte und die Gerichtsvollzieher dahin zu unterrichten, daß der Zwangsvollstreckung in das bewegliche Vermögen freie Bahn gewährt wird, und daß die Genehmigung der Militärregierung zu Vollstreckungen nur dann einzuholen ist, wenn bekannt ist oder sich aus dem Antrag des Gläubigers oder Eingaben des Schuldners oder auf sonstige Weise ergibt, daß das Vermögen des Vollstreckungsschuldners blockiert ist."

Daraufhin ist vom Hauptquartier der Militärregierung für die Provinz Schleswig-Holstein am 15. April 1946 folgender Erlaß ergangen:

„1. Unter Bezugnahme auf Ihr Schreiben vom 23. März 1946 wird dem zugestimmt, daß das Verfahren bei Pfändung von beweglichem Vermögen auf die vorgeschlagene Art durchzuführen ist.

2. Es wird jedoch betont, daß die Verantwortung für die Geltendmachung des Umstandes, daß der Besitz des Beklagten der Blockierung unterliegt, bei dem Schuldner verbleibt, der auf jeden Fall zu befragen ist, ob in der Tat sein Vermögen beschlagnahmt ist oder nicht.

3. Zweifelsfälle sind auf dem schnellstmöglichen Wege diesem Hauptquartier zuzuleiten."

Zu Ziffer 2 dieser Anweisung bemerke ich folgendes:

a) Es muß verhindert werden, daß der Schuldner unter dem Schutz dieser Anordnung Rechtshandlungen vornimmt, durch welche er die Belange des Gläubigers ungerechtfertigt zu beeinträchtigen erstrebt. Damit diese Möglichkeit eingeschränkt werde, ist die von der Militärregierung vorgeschlagene Befragung vorzunehmen, unmittelbar n a c h d e m die „Verstrickung" wirksam geworden ist. Die Befragung hat sich, wenn die Blockierung behauptet wird, darauf zu erstrecken, wodurch die Blockierung eingetreten ist, welche schriftlichen Unterlagen hierfür vorliegen, wer der zuständige Vermögensverwalter ist usw.

b) Dementsprechend hat der Gerichtsvollzieher bei der Pfändung beweglicher körperlicher Sachen zunächst die Pfändung zu bewirken und anschließend die notwendigen Fragen an den Schuldner zu richten. Die Tatsache und das Ergebnis der Befragung sind im Pfändungsprotokoll zu vermerken. Behauptet der Schuldner, daß die Pfändung in ein blockiertes Vermögen erfolgt sei, so ist diese Erklärung unverzüglich als Erinnerung des Schuldners (§ 766 ZPO.) dem Vollstreckungsgericht zuzuleiten. Der Gerichtsvollzieher hat die Pfändung bestehen zu lassen, darf der Vollstreckung aber ohne Anweisung des Vollstreckungsgerichts keinen weiteren Fortgang geben. Im Zuge seiner Ermittelungen wird das Vollstreckungsgericht stets die zuständige Reichsbankhauptstelle und die deutsche Finanzbehörde um Auskunft anzugehen haben.

c) Bei der Pfändung von Forderungen und anderen Vermögensrechten wird das Vollstreckungsgericht die Befragung des Schuldners zweckmäßig gleichzeitig mit der Bekanntgabe des Verfügungsverbotes (§ 329 Abs. 1 Satz 2 ZPO.) vornehmen. Im übrigen gilt das zu b) Gesagte entsprechend."

(JBl. Brschwg. 46, S. 153, Köln 46, S. 79, Hann. Rpfl. 46, S. 128.)

Diese Verlautbarung stammt zwar aus dem Jahre 1946, begegnet aber auch unter der Wirkung der Anw. Nr. 109 keinen größeren Bedenken als unter den früher für die Zwangsvollstreckung geltenden Grundsätzen. Es dürfte also weiterhin so verfahren werden, und in der Praxis geschieht dies wohl auch. Nach Dölle-Zweigert S. 170 Ziff. 156 soll Entsprechendes auch für die Zw.-V. in Grundstücke gelten. Vgl. insoweit Anm. 4 z. Anw. Nr. 110 (S. 106). Nach der ganzen Regelung braucht also in der britischen Zone nicht wie in der amerikanischen die Genehmigung bereits für die Erteilung der Vollstreckungsklausel nach § 726 ZPO. nachgewiesen zu werden. Die Genehmigung ist demnach nicht vor Beginn der Vollstreckung, sondern erst nach der Verstrickung, aber vor Beendigung der Vollstr. erforderlich. Gleiches gilt nach Dölle-Zweigert a. a. O. für die franz. Zone.

Über die Anwendbarkeit des Art. IV des Ges. Nr. 52 bei Maßnahmen der Zwangsvollstreckung in blockiertes Vermögen vergl. AV. d. Präs. d. ZJA. v. 19. 4. 48, abgedruckt Anm. 19 zu Nr. 15, S. 54.

soll der Kläger darauf hingewiesen werden, daß die Durchführung des Prozesses keiner Beschränkung unterliegt, daß er aber die Vollstreckung eines von ihm erstrittenen Urteils nur mit Zustimmung der Vermögensüberwachungsbehörden betreiben darf. Der Kläger kann auch, nach seinem Belieben, schon vor der Verhandlung und Entscheidung der Sache bei der Vermögensüberwachung um die Genehmigung zur Vollstreckung eines evtl. zu seinen Gunsten ergehenden Urteils nachsuchen.

4. Soweit es sich um Vermögen handelt, das unter Verwaltung gestellt oder für das ein Treuhänder eingesetzt worden ist, muß die Genehmigung der Militärregierung zur Prozeßführung vor der Verhandlung der Sache eingeholt werden, da hier die Militärregierung als beteiligt im Sinne des Artikel VI 1b (i) 1 des Militärregierungsgesetzes Nr. 2 (in der Fassung der Militärregierungsverordnung Nr. 29) anzusehen ist[4]. Die Entscheidung über die Erteilung oder Verweigerung der Genehmigung erfolgt nach der erforderlichen Prüfung durch die Rechtsabteilung und die Vermögensüberwachungsbehörde. Im Falle der Erteilung der Genehmigung soll sich diese auf die Vollstreckung eines etwaigen im Sinne des Klageantrags ergehenden Urteils erstrecken, falls nicht außergewöhnliche Umstände entgegenstehen. Soweit die Genehmigung nur für die Verhandlung der Sache erteilt werden kann, muß vor der Vollstreckung des Urteils ein weiterer Antrag an die Vermögensverwaltungsbehörde gerichtet werden.

5. Gegen einen von der Militärregierung eingetzten Treuhänder kann eine Klage nur dann erhoben werden, wenn eine andere natürliche oder juristische Person, gegen die die Klage gerichtet werden könnte, nicht vorhanden ist. Wird beabsichtigt, die Klage gegen den Treuhänder zu richten, so muß dies bei der Einreichung des Genehmigungsantrags ausdrücklich erklärt werden.

---

[4] Ziff. 4 gilt nur noch für den Fall, daß das Vermögen des Beklagten unter das Ges. Nr. 52 fällt (s. Anm. 2 hierzu und Anm. 2 zur Anw. 110, S. 105) und ist abgeändert durch die Anweisung Nr. 109 A der Britischen Militärregierung:

„1. Wenn Vermögen gemäß Milit.-Reg.-Gesetz 52 in Verwaltung genommen und / oder ein custodian (Treuhänder) durch die Militärregierung bestellt worden ist, so kann der Eigentümer solchen Vermögens von jetzt ab auch ohne die Genehmigung der Militärregierung vor den ordentlichen deutschen Gerichten verklagt werden.

2. Ein Urteil darf in solches Vermögen erst vollstreckt werden nach Erteilung der erforderlichen Genehmigung durch den zuständigen Beamten der Property Control Branch.

3. Ziff. 4 der Anweisung Nr. 109, Legal Division Z. E. C. O. (Anhang „A" zu Legal MOJ. 52309 vom 4. März 1947) ist entsprechend zu berichtigen."

(JMBl. (NW) 47 S, 70, Nied.-Sächs. Rpfl. 47 S. 94.)

Nach h. M. kann eine Klage gegen den Inhaber von Vermögen, für das ein Custodian bestellt ist, nur dann erhoben werden, wenn der Custodian nicht als „Verwaltender", sondern nur als „Aufsichtsführender" bestellt ist, weil neben einem „verwaltenden Custodian" der Inhaber nicht passiv legitimiert ist (Dölle-Zweigert S. 225 Ziff. 207, Kleinrahm in seinem Referat vom 8. Oktober 1947, Blanke NJW. 48 S. 129, v. Godin NJW. 47 S. 46, Barz NJW. 47 S. 44). Deshalb kann Ziffer 5 der Anw. Nr. 109 sich nur auf den „aufsichtsführenden Custodian" beziehen, weil nur neben diesem der Inhaber verklagt werden kann. Für eine Klage und Vollstreckung gegen den Inhaber solchen Vermögens, für das ein „aufsichtsführender Custodian" bestellt ist, gilt also nun das, was oben Ziff. 1—3 u. Anm. 1—3 allgemein gesagt ist. Muß aber auch in einem solchen Fall gegen den (aufsichtsführenden) Custodian geklagt werden, weil ein Inhaber nicht vorhanden ist, — ein schwer vorstellbarer Fall, denn dann wird der Custodian wohl immer als „Verwaltender" bestellt sein — oder wird gegen einen „verwaltenden Custodian" als allein passivlegitimiert geklagt, so liegt gemäß Satz 1 der Ziff. 4 ein Exemtionstatbestand vor und die Ermächtigung ist zur Ausübung jedes Aktes der Gerichtsbarkeit entsprechend der zum Gesetz Nr. 2 entwickelten Grundsätze e'nzuholen.

27.: Anweisung Nr. 110 der Britischen Militärregierung[1]

1. In Zivilsachen und in Privatklagesachen braucht, wenn das Vermögen des Klägers dem Militärregierungsgesetz Nr. 52 unterliegt oder auf Grund dieses Gesetzes unter Verwaltung genommen worden ist, der Kläger oder das deutsche Gericht die Genehmigung der Militärregierung nicht einzuholen,

a) zu Verhandlungen der Klage,

b) zur Vornahme der Zwangsvollstreckung zugunsten des Klägers[2],

vorausgesetzt, daß in Fällen, in denen das Vermögen des Klägers unter Verwaltung genommen worden ist,

a) der Custodian (Treuhänder) vor der Verhandlung (Hauptverhandlung) benachrichtigt wird;

b) der Custodian (Treuhänder) bei der Verhandlung (Hauptverhandlung) zugegen ist[3].

2. Die für die Zwangsvollstreckung zuständige Stelle, d. h.

a) entweder ein Gerichtsvollzieher oder

b) ein ordentliches deutsches Gericht (z. B. wenn es sich um den Erlaß eines Pfändungs- und Überweisungsbeschlusses nach §§ 829, 835 ZPO handelt),

ist jedoch verpflichtet, festzustellen, ob das Vermögen des Klägers dem Militärregierungsgesetz Nr. 52 unterliegt, wozu vom Kläger eine entsprechende Versicherung einzuholen ist.

3. a) Wenn der für die Zwangsvollstreckung zuständigen Stelle bekannt ist, daß das Vermögen des Klägers dem Militärregierungsgesetz Nr. 52 unterliegt, so hat sie dem zuständigen Property Control Officer das Ergebnis der Vollstreckungsmaßnahme mitzuteilen.

b) Wenn der Kläger ein Urteil erstritten hat, dessen Wirkung dahin geht, daß ihm ein Grundstück oder ein Interesse oder ein Recht an einem Grundstück übertragen wird, muß die für die Zwangsvollstreckung zuständige Stelle sicherstellen, daß die im Schreiben der Legal Division vom 22. November 1946 — LEGAL/MOJ/52309

---

[1] JMBl. (NW) 47 S. 99, Niedersächs. Rpfl. 47 S. 94; gültig nur für die britische Zone, nicht auch für den britischen Sektor v. Berlin.

[2] Zugunsten des dem Ges. Nr. 52 unterliegenden Klägers kann also — anders als gegen den dem Ges. Nr. 52 unterliegenden Beklagten — die Zw.-V. ohne Genehmigung vollständig durchgeführt werden, wenn die Bedingungen eingehalten werden, die in der Anw. Nr. 110 im einzelnen aufgeführt sind. Ziff. 4 der Anw. wiederholt dies ausdrücklich. Die Prüfung in dieser Hinsicht ist den Organen der Zwangsvollstreckung übertragen (Ziff. 2 der Anw.)

[3] Auch die Anw. Nr. 110 kann ebenso wie Ziff. 5 der Anw. Nr. 109 und die Anw. Nr. 109 A nur den „aufsichtsführenden Custodian" betreffen, da in den Fällen, in denen ein „verwaltender Custodian" bestellt ist, dessen ‚Benachrichtigung" und „Anwesenheit" nicht genügt, sondern dieser allein aktivlegitimiert ist (s. Anm. 4 z. Anw. Nr. 109 S. 104). Führt der „verwaltende Custodian" einen Aktivprozeß, so wird dazu in keiner Lage des Verfahrens eine Genehmigung erforderlich sein. Zwar nimmt Ziff. 4 Satz 1 der Anw. Nr. 109 auf Ziff. 1, b I, 1 der VO. Nr. 29 (s. S. 26) Bezug, wonach die Ermächtigung erforderlich ist in „Zivilsachen, betreffend eine der V. N.", also auch, wenn der Betroffene Kläger ist. Man wird sich jedoch auf den Standpunkt stellen können, daß es widersinnig wäre, für den Custodion, der als Amtsperson im Auftrag der Milit.-Reg. tätig wird und der insoweit über eine generelle Genehmigung verfügt, noch eine besondere zur Klageerhebung oder Zw.-V. zu verlangen, zumal nach der Anw. Nr. 110 auch für den Inhaber selbst eine solche nicht mehr erforderlich ist; deshalb wird durch die Anw. Nr. 110 auch Ziff. 4 S. 1 der Anw. Nr. 109, soweit sie den Custodian als Kläger betrifft als überholt angesehen werden müssen (übereinstimmend Kleinrahm a. a. O.).

— enthaltene „Anweisung über die Eintragung gesperrten Vermögens im Grundbuch" und die hiernach vom Zentral-Justizamt erlassenen Anweisungen[4] befolgt werden.

[4] Die vom ZJA. erlassene Anw. v. 7. 6. 47 (370) 5 — 3 — II c) lautet:

„Auf Anweisung der Militärregierung — Legal/MOJ/52 309 — vom 22. November 1946/3. März 1947 ordne ich hierdurch folgendes an:

1. Die Eintragung von Sperrvermerken. im Grundbuch bei Vermögen im Sinne des Art. VII 9c des Gesetzes Nr. 52 hat gemäß Bestimmung der Militärregierung — Property Control Branch, Finance Division (FIN/20554/1/PC, UN) vom 8. 10. 1946 — nicht mehr zu erfolgen.
2. Jedes Grundbuchamt hat über diejenigen Personen, deren Vermögen dem Gesetz Nr. 52 unterworfen ist, ein Verzeichnis insoweit zu führen, als deren Namen von der Militärregierung oder deutschen Behörden mitgeteilt wird. Die Führung des Verzeichnisses hat alphabetisch und möglichst in Karteiform zu erfolgen. Die Einsicht des Verzeichnisses ist gemäß § 12 der Grundbuchordnung jedermann gestattet.
3. In allen Grundbuchämtern ist an auffallender Stelle eine Bekanntmachung anzubringen, die alle Erwerber und Veräußerer darauf hinweist, daß jede Übertragung von Vermögen, das dem Gesetz Nr. 52 unterliegt, der Zustimmung der Militärregierung bedarf und daß ohne eine derartige Zustimmung die Übertragung nichtig ist. Ferner ist in der Bekanntmachung darauf hinzuweisen, daß ohne Gewähr für Richtigkeit und Vollständigkeit auf Grund der dem Grundbuchamt zugehenden Mitteilungen ein Verzeichnis über solche Personen geführt wird, deren Vermögen dem Gesetz Nr. 52 unterliegt und daß dieses Verzeichnis während der Geschäftsstunden auf dem Grundbuchamt eingesehen werden kann.
4. Jeder, der eine Eintragung im Grundbuchamt beantragt, hat, außer in Fällen, in denen die Zustimmung der Militärregierung zur beantragten Rechtsänderung erteilt ist, eine schriftliche Versicherung dem Grundbuchamt gegenüber abzugeben, daß ihm nach sorgfältiger Prüfung nichts darüber bekannt ist, daß gemäß den Gesetzen Nr. 52 und 53 der Britischen Militärregierung und den dazu erlassenen Anordnungen etwas der gewünschten Eintragung entgegensteht.
5. Etwaige abweichende Anordnungen der Oberlandesgerichtspräsidenten der britischen Zone treten hiermit außer Kraft." (JMBl. (NW) 47 S. 12.)

Für die Anwendung dieser AV. im Rahmen der Ziff. 3, b wird man unterscheiden müssen: Der Rechtsstreit kann unmittelbar auf die Übertragung „des Grundstücks", d. h. des Eigentums an dem Grundstück, oder eines anderen „Rechts" (Hypothek etc.) gerichtet sein; dies sind wohl die Fälle, die Ziff. 3, b meint. Zw.-V. im Rahmen des § 894 ZPO. Spätestens mit der Eintragung des Kl. würde das Grundstück oder das „Recht" dem Ges. Nr. 52 unterliegen, von dem der Kl. erfaßt wird. Mit Rücksicht auf diese Konsequenz scheint sich aus der Verweisung in Ziff. 3, b der Anw. Nr. 110 in Verbindung mit Ziff. 4 vorstehender AV. zu ergeben, daß für eine solche Eintragung die Genehmigung erforderlich ist, auch wenn die Eintragung in Durchführung der — an sich zulässigen — Zwangsvollstreckung erfolgt. Der Rechtsstreit kann auch eine andersgeartete Forderung zum Gegenstand haben, der Kl. aber dann die Zw.-V. in ein Grundstück durch Eintragung einer Sicherungshypothek oder nach den Bestimmungen des ZVG. betreiben. Diese Fälle werden von dem Wortlaut der Ziff. 3, b wohl nicht erfaßt, denn der Zwangsversteigerungsvermerk wird nicht auf Antrag des Kl., sondern des AG. eingetragen, und die mildere Form der Sicherungshypothek anders zu behandeln, besteht kein Anlaß. Es dürfte demnach für solche Fälle nur Ziff. 3a der Anw. Nr. 110 zur Anwendung kommen. Wenn dagegen der Beklagte als Eigentümer eines Grundstückes dem Ges. Nr. 52 unterliegt, richtet sich die Zw.-V. gegen ihn nicht nach den Bestimmungen der Anw. Nr. 110, sondern lediglich nach denen der Anw. Nr. 109 (Ziff. 2). In diesem Fall wird jedoch die vorstehende AV. verbieten, daß in derselben Weise wie bei der Mobiliarzw.-V. oder der Zw.-V. in Forderungen entsprechend der AO v. 15. 4. 46 (vgl. Anm. 3 z. Anw. 109, S. 102) verfahren wird, sondern für Grundbucheintragungen im Wege der Immobiliarzw.-V. gegen Pers., die unter das Ges. Nr. 52 fallen, dürfte die Genehmigung erforderlich sein, und zwar gleichgültig, ob das Urteil auf Übertragung des Grundstücks oder eines Rechtes daran geht oder ob aus einem anderen Titel durch Eintragung einer Sicherungshypothek, Zwangsverst. oder Zwangsverw. vollstreckt wird.

Die überwiegende Bedeutung der AV. wird aber nicht auf dem Gebiet der Zw.-V., sondern des rechtsgeschäftl. Grundstücksverkehrs liegen. Die Auswirkungen, die sich insoweit aus Art. II des Ges. Nr. 52 wegen der erforderlichen Genehmigung ergeben, hat Dr. Kleinrahm in „Haus u. Wohnung" 1948 S. 52 so erschöpfend dargestellt, daß sich hier eine Wiederholung erübrigt. Der Vollständigkeit halber sei lediglich folgendes hervorgehoben: Alle Eintragungen konstitutiver Natur bedürfen der Genehmigung, vor allem Löschungen von Grundpfandrechten, und zwar diese auch dann, wenn diese Löschung lediglich berichtigenden Charakter hat, z. B. weil das Kapital bereits vor der Besetzung zurückgezahlt war (JBl. Hamm 46 S. 106). Entsprechendes gilt für Rangänderungen. Dagegen bedürfen nach h. M. im allgemeinen keiner Genehmigung Eintragungen von anderen Rechtsänderungen, die sich außerhalb des Grundbuches, vor allem vor Inkrafttreten des Ges. Nr. 52, ereignet haben (Niedersächs. Rpfl. 47 S. 19; Hann. Rpfl. 47 S. 77; JBl. Oldbg. 47 S. 20; SJZ. 46 S. 231; MDR. 47 S. 103; JMBl. (NW) 47 S. 106). Auch die Eintragung von Vormerkungen oder Widersprüchen wird nicht als genehmigungspflichtig angesehen (anders die Rechtslage in Berlin, vgl. Anm. 8 zu Ziff. 7 der AO. v. 28. 7. 47, S. 112).

Für die anderen Gebiete der freiwilligen Gerichtsbarkeit liegen teilweise Einzelanordnungen vor, teilweise sind die Grundsätze unmittelbar aus Art. II des Ges. Nr. 52 herzuleiten; im wesentlichen gilt folgendes:

a) Erteilung des Erbscheines u. Testamentsvollstreckerzeugnisses (JBl. Hamm 46 S. 171, Hann. Rpfl. 46 S. 146, vgl. auch Anm. 15 zum Ges. Nr. 52, S. 50) u. neuerdings AV. d. Präs. d. ZJA. v. 16. 2. 48, ZJBl. 48 S. 79, JMBl. (NW) 48 S. 85):

„Es steht noch nicht fest, ob die zahlreichen in der Praxis aufgetauchten Zweifelsfragen über die Auswirkungen des Gesetzes Nr. 52 durch eine umfassende, zusammenhängende Regelung klargestellt werden. Bis auf weiteres erscheint es jedoch unbedenklich, davon auszugehen:

1. pp.
2. daß die Erteilung eines Erbscheins über Vermögen, das der Sperre des Gesetzes Nr. 52 unterliegt, einer Genehmigung der Militärregierung nicht bedarf. Die Sperre des Vermögens ist jedoch im Erbschein zum Ausdruck zu bringen. Auch sind die Beteiligten darauf hinzuweisen, daß das Vermögen in der Hand des Erben gesperrt bleibt, gleichviel, ob auch das übrige Vermögen des Erben gesperrt ist (vgl. hierzu die im Justizblatt Hamm 1946 S. 71 unter II 4 veröffentlichte Stellungnahme der dortigen Landesmilitärregierung);
3. daß die Übernahme des Amtes als Testamentsvollstrecker über Vermögen, das der Sperre des Gesetzes Nr. 52 unterliegt, einer Genehmigung der Militärregierung nicht bedarf. Näheres hierzu ist in meinem Schreiben an die LGPräs. vom 5. 12. 1946 (103a Allgem.) ausgeführt, in dem darauf hingewiesen ist, daß der Testamentsvollstrecker in einem solchen Falle den Verpflichtungen des Gesetzes Nr. 52 (Anmeldung des Vermögens, Einholung von Genehmigungen zu Verfügungen usw.) untersteht. Für die Erteilung eines Testamentsvollstreckungserzeugnisses gilt das vorstehend unter 2 zum Erbschein Gesagte entsprechend."

b) Unter bestimmten Voraussetzungen bedarf auch die Erbauseinandersetzung keiner Genehmigung — vgl. Anm. 19, c zum Ges. Nr. 52, S. 54.

c) Wegen der Eintragung der Tatsache, daß eine Firma unter das Ges. Nr. 52 fällt, in das Handelsregister vgl. Anm. 17 zum Ges. Nr. 52, S. 51.

d) Für sonstige Eintragungen in Handels-, Vereins- und Genossenschaftsregister, durch die irgendwie Vermögen betroffen wird, das dem Ges. Nr. 52 unterliegt, ist die Genehmigung erforderlich, also zur Eintr. der Gründung oder Auflösung einer Gesellschaft oder Genossenschaft, Veränderungen in Beteiligungs- u. Mitgliedsverhältnissen, Bestellung von Prokuristen, Handlungsbevollm. etc., auch wenn die Veränderung eines Beteiligungsverhältnisses schon vor der Besetzung eingetreten war (MDR. 47 S. 153). Soweit aber für bestimmte Vorgänge selbst keine Genehmigung erforderlich ist, ist auch ohne weiteres die Eintragung in ein Register zulässig, z. B. für den Eintritt in eine Genossenschaft oder die Kündigung der Mitgliedschaft bei einer Genossenschaft — vgl. im einzelnen Anm. 15 u. 19 zum Ges. Nr. 52, S. 50 u. S. 54. Im übrigen ist für die Eintragung in gerichtliche Register die folgende AV. d. Präs. d. ZJA. v. 12. 4. 48 (JMBl. (NW) 1948 S. 111) ergangen:

„Auf Anweisung der Militärregierung ordne ich hierdurch hinsichtlich der Eintragungen im Handelsregister, Genossenschaftsregister, Schiffsregister, Vereinsregister und Güterrechtsregister folgendes an:

1. Eine Eintragung von Sperrvermerken auf Grund des Gesetzes Nr. 52 der britischen Militärregierung hat in den von den Gerichten zu führenden Registern nicht mehr zu erfolgen.
2. Bei jedem Registergericht ist an auffallender Stelle eine Bekanntmachung anzubringen, die darauf hinweist, daß jede Übertragung von Vermögen, das dem Gesetz Nr. 52 der britischen Militärregierung unterliegt, der Zustimmung der Militärregierung bedarf und daß ohne eine derartige Zustimmung die Übertragung nichtig und strafbar ist. Ferner ist in der Bekanntmachung auf das gemäß meiner AV. vom 7. 6. 1947 (370/5—3—IIIc — ZJBl. 1947 S. 14) — vom Grundbuchamt zu führende Verzeichnis über solche Personen hinzuweisen, deren Vermögen dem Gesetz Nr. 52 unterliegt, sowie darauf, daß dieses Verzeichnis während der Geschäftsstunden auf dem Grundbuchamt eingesehen werden kann.
3. Jeder, der eine Eintragung in einem Register beantragt, hat außer in Fällen, in denen die Zustimmung der Militärregierung zur beantragten Rechtsänderung erteilt ist, eine schriftliche Versicherung dem Gericht gegenüber

4. Vorbehaltlich der Bestimmungen des folgenden Absatzes 5 können Urteile zugunsten des Klägers in der üblichen Art und Weise vollstreckt werden.

5. a) Ohne Genehmigung der Militärregierung darf niemand, dessen Vermögen dem Gesetz Nr. 52 unterliegt, aus einem Urteil wegen eines vermögensrechtlichen Anspruchs zugunsten einer dritten Person die Zwangsvollstreckung nach § 727 ZPO betreiben.

b) Anträge des Klägers, die unter diese Bestimmung fallen, hat die für die Vollstreckung zuständige Stelle dem zuständigen Property Control Officer zur Genehmigung vorzulegen.

28.: Anordnung der alliierten Kommandantur von Berlin vom 28. Juli 1948 — BK/O (47) 172[1]

Die Alliierte Kommandantur Berlin bestimmt folgendes:

1. Ohne vorherige schriftliche Ermächtigung der Militärregierung des Sektors, in welchem das Vermögen sich befindet, darf kein deutsches Ge-

---

abzugeben, daß ihm nach sorgfältiger Prüfung nichts darüber bekannt ist, daß gemäß den Gesetzen Nr. 52 und 53 der britischen Militärregierung und den dazu erlassenen Anordnungen etwas der gewünschten Eintragung entgegensteht. Versicherungen sonstiger Personen sind nur erforderlich, wenn hierfür im Einzelfall besondere Gründe gegeben sind".

e) Bestellung eines Vormundes oder Pflegers wird Vermögen, das dem Ges. Nr. 52 unterliegt, unmittelbar berühren und ist deshalb genehmigungspflichtig. Für den bedeutsamsten Fall jedoch, den des Abwesenheitspflegers, hat die Brit. Milit.-Reg. folgende Anordnung erlassen:

„a) I. Die deutschen Gerichte können Abwesenheitspfleger auch dann bestellen, wenn das Vermögen der Abwesenden dem Gesetz Nr. 52 der Militärregierung unterliegt.

II. Bei ihrer Bestellung sind die Abwesenheitspfleger darauf hinzuweisen, daß sie für die Beachtung der Gesetze der Militärregierung, insbesondere des Gesetzes Nr. 52 und der Allgemeinen Verfügung Nr. 4 verantwortlich sind.

b) I. Hat die Militärregierung einen Pfleger bestellt, so haben die deutschen Gerichte die Bestellung in dem Register zu vermerken.

II. Dieser Pfleger leitet seine Befugnis von der Militärregierung ab und ist ihr verantwortlich, mag er auch vorher nach Absatz a von einem deutschen Gericht bestellt worden sein.

III. Ist ein Pfleger von der Militärregierung bestellt worden, so wird ihm von den deutschen Gerichten keine Bestallungsurkunde erteilt; doch soll ihm mitgeteilt werden, daß seine Bestellung durch die Militärregierung im Gerichtsregister vermerkt worden ist.

c) Ein Pfleger, der nach Absatz a von einem deutschen Gericht bestellt worden ist, kann durch einen von der Militärregierung bestellten Verwalter ersetzt werden." (JBl. Hamm. 46 S 86, Brschwg. 46 Sp. 64.)

Diese Anordnung ist wie folgt ergänzt worden:

„Die Ermächtigung deutscher Gerichte, Abwesenheitspfleger auch dann zu bestellen, wenn das Vermögen unter das Gesetz Nr. 52 der Militärregierung fällt, gilt auch, wenn es sich um Vermögen nichtdeutscher Staatsangehöriger einschließlich solcher der Vereinten Nationen handelt.

Die Ermächtigung erstreckt sich dagegen nicht auf das Vermögen

a) von Personen, die bei den Streitkräften einer der Vereinten Nationen dienen,

b) von Angehörigen der Vereinten Nationen, die ein Amt in der alliierten Verwaltung Deutschlands bekleiden,

es sei denn, daß gemäß Abs. 10 b) des Gesetzes Nr. 2 der Militärregierung in der Fassung der Verordnung Nr. 29 der Militärregierung die ausdrückliche Genehmigung der Militärregierung erteilt worden ist." (JBl. Hamm 47 S. 14, Brschwg. 46 Sp. 199.)

Für den britischen Sektor von Berlin ist für Abwesenheitspflegschaften die gleiche Regelung wie vorstehend durch Anordnung vom 16. 5. 47 — 15/50/80/I — getroffen (Vfg. des Chefpr. d. LG. Bln. v. 30. 5. 47 — Gen. 1413 A. 1. 46 (127)).

[1] Veröffentlicht VOBl. f. Groß-Berlin 1947 S. 170 u. S. 225 (berichtigter Text); trotz dieser Berichtigung enthält die im VOBl. gegebene Übersetzung noch erhebliche Ungenauigkeiten und Unklarheiten; infolgedessen ist hier für den Abdruck die Übersetzung gewählt worden, die auf Grund des allein authentischen

richt Gerichtsbarkeit beanspruchen oder ausüben[2] in Fällen, die Vermögen betreffen[3], über welches laut dem Gesetz Nr. 52 der Amerikanischen, Bri-

fremdsprachlichen Textes durch den Chefpr. d. LG. Bln. in seiner Vfg. v. 16. 9. 47 — Gen. 1413 A. 1. 46 (151) bekanntgegeben ist. — Gültig für alle 4 Sektoren von Berlin, aber beschränkt auf das Stadtgebiet. Soweit also in einem in Berlin schwebenden Verfahren Vermögen betroffen ist, das sich außerhalb Berlins befindet, kommen die Bestimmungen dieser AO. nicht zu Anwendung, da andernfalls infolge der Zuständigkeitsregelung in § 3 Abs. III der AO. v. 28. 3. 47 (S. 37) eine Dienststelle der Militärregierung um Ermächtigung angegangen werden müßte, der diese Berliner Regelung gar nicht bekannt ist und die danach auch gar keine Ermächtigung erteilen könnte, da in allen anderen Zonen eine Ermächtigung für das Verfahren in solchen Fällen nicht erforderlich ist, sondern nur eventuell eine Genehmigung zur Zwangsvollstreckung — vgl. Anm. 2 hierzu. Deshalb ist es in solchen Fällen, in denen kontrolliertes Vermögen außerhalb von Berlin betroffen ist, auch unbedenklich, daß ein Berliner Gericht ohne Ermächtigung Gerichtsbarkeit ausübt, weil für die Durchführung der Zw. V. ohnehin das örtliche Vollstreckungsorgan in der Zone zuständig ist und dieses gegebenenfalls die Vorlage einer Genehmigung nachprüfen und verlangen kann. Insbesondere die Amerikanische Militärregierung hat mitgeteilt, daß eine Ermächtigung durch eine Berliner Dienststelle der Miltärregierung nicht für erfoderlich erachtet wird, wenn es sich um Vermögen handelt, das außerhalb Berlins liegt (Sache 16 O 43/47 LG. Bln., 4 C 769/47 AG. Bln.-Mitte u. grundsätzl. Vfg. d. Chefpr. d. LG. v. 17. 11. 46 — Gen. 1413 A. 1. 46 (166), Ziff. b, 6, abgedr. S. 122). Für die sowj. Zone hat die Deutsche Justizverwaltung für die sowjetische Besatzungszone nach Fühlungnahme mit der SMA die Richtigkeit dieser Auffassung bestätigt (Rechtsstreit 3 O 281. 46 LG. Bln.), u. auch die Britische Milit.-Reg. hat durch Schreiben v. 17. 3. 48 — 15/50/80/II — 514 — in dem Rechtsstreit 1 B 319/47 AG. Tiergarten erkennen lassen, daß sie dieser Auffassung zustimmt. Gleicher Ansicht der zonalen Begrenzung der Kontrolle LG. Göttingen in MDR. 47 S. 96.

[2] Anders als in den westlichen Zonen Deutschlands (vgl. die unter Nr. 22—27 abgedr. Bestimmungen sowie Anm. 15 z. Ges. Nr. 52, S. 50) ist in Berlin auch in den Fällen der Kontrolle über Vermögen ein Tatbestand sachlicher Exemtion gegeben, d. h. jede Ausübung der Gerichtsbarkeit ist in demselben Umfang verboten wie nach dem Ges. Nr. 2 und der AO. v. 28. 3. 47 — BK/O (47) 74 — (abgedr. Nr. 2 S. 14 u. Nr. 10 S. 32). Wegen der verbotenen Akte der Gerichtsbarkeit vgl. Anm. 6 zum Ges. Nr. 2, S. 16 und die folgende Anm. 3 hierzu. Es handelt sich also begrifflich in Berlin nicht um eine „Genehmigung" materiell-rechtlicher Natur, wie sie in den westlichen Zonen zur Leistung und zur Zw. V. erteilt wird, sondern um eine „Ermächtigung". Diese wird auch nicht, wie in den westlichen Zonen, von den Vermögenskontrollabteilungen, sondern von den Rechtsabteilungen der vier Militärregierungen (nach Fühlungnahme mit den Vermögenskontrollabteilungen) erteilt. Bei dieser Rechtslage ist es klar, daß genau wie im Fall des Ges. Nr. 2 und der AO. v. 28. 3. 47 die Ermächtigung nicht durch die Parteien, sondern durch das Gericht einzuholen ist — vgl. insoweit Anm. 4 z. Ges. Nr. 2, S. 16. Die Vorlage der entsprechenden Berichte ist dem Chefpräsidenten des LG. übertragen. Die Tatsache, daß es sich begrifflich in erster Linie um eine „Ermächtigung" zur Ausübung der Gerichtsbarkeit" handelt, hindert aber nicht, unter gewissen Umständen in der erteilten Ermächtigung gleichzeitig eine materiell-rechtliche Genehmigung zur Leistung und zur Zwangsvollstreckung zu erblicken — vgl. Anm. 10 zu Ziff. 9. Die Zuständigkeit für die Erteilung der Ermächtigung ist in § 3 Abs. III der Anordnung der All. Kdtur. v. 28. 3. 1947 — BK/O (47) 74 geregelt (vgl. Anm. 13 dazu S. 38). Soweit sich das Vermögen in mehreren Sektoren befindet, muß die Erm. aller beteiligten Milit.-Reg. eingeholt werden. Oft erteilt dann eine Milit.-Reg. die Erm. nur unter der Bedingung, daß auch die anderen zustimmen; verweigert in einem solchen Fall eine Milit.-Reg. die Erm., so ist auch die bereits erteilte hinfällig (so ausdrückliche Entsch. d. Brit. Milit.-Reg. vom 5. 9. 47 in der Nachlaßsache 29. 6. 865/46 AG. Charlottenburg). Ist die Erteilung der Erm. nicht von einer solchen Bedingung abhängig gemacht und verweigert eine andere Milit.-Reg die Erm., so kann das Verfahren nur durchgeführt werden, wenn sichergestellt ist, daß das Vermögen, dessentwegen die Erm. verweigert wird, nicht in den Rechtsstreit verwickelt wird; dies kann in der Art geschehen, daß in den Tenor der Entscheidung ein Zusatz aufgenommen wird, daß sich die Entscheidung nicht auf das in dem Sektor, dessen Milit.-Reg. die Erm. verweigert hat, belegene Vermögen bezieht bzw. daß die Zw. V. in dieses Vermögen unzulässig ist. So hat insbesondere die Sowjetische Zentralkommandantur in den Prozessen 7 C 243/46 AG. Neukölln, 3 C 560/47 und 5 C 512/47 AG. Charlottenburg die Verweigerung ihrer Ermächtigung ausdrücklich auf die Vermögensstelle beschränkt, die im sowj. Sektor v. Bln. unter Kontrolle stehen.

[3] Engl. Text: „any case involving property controlled". Es scheiden also von vornherein aus alle Verfahren nicht vermögesrechtlicher Natur, also insbesondere Statusklagen und Ehesachen (die Härtemilderungsklage dagegen wird als ver-

tischen und Französischen Militärregierung oder den Befehlen Nr. 124 oder Nr. 126 des Sowjetischen Oberbefehlshabers die Kontrolle ausgeübt wird, oder das auf Befehl einer der Besatzungsbehörden eingezogen ist.

2. Unternehmen oder Personen, deren Vermögen unter Kontrolle genommen oder eingezogen werden kann, jedoch noch nicht kontrolliert wird oder eingezogen ist, dürfen ohne vorherige Ermächtigung Kläger oder Beklagte sein[4].

---

mögensrechtlich anzusehen sein). Es scheiden weiterhin aus alle Rechtsstreitigkeiten, die Leistungen persönlicher Natur oder Unterlassungen betreffen, z. B. das Verbot des Betretens eines bestimmten Raumes, die Herausgabe von Wohnungsschlüsseln, das Unterlassen einer Behauptung. Vgl. auch Anordnung d. Amerik. Milit.-Reg., bekanntgegeben d. Vfg. d. Chefpr. d. LG. v. 17. 11. 47, Gen. 1413 A. 1. 46 (166), abgedr. S. 122. Es spielt dabei keine Rolle, daß alle diese Verfahren sekundär auch vermögensrechtliche Folgen haben, schon wegen der Kostenlast; entscheidend ist, ob unmittelbar kontrolliertes Vermögen „verwickelt" ist. Vgl. insoweit auch die Auffassung der Amerikanischen Militärregierung, bekanntgegeben durch Verfg. d. Chefpr. d. LG. v. 29. 1. 48, Gen. 1413 F. 1. 48 (3), abgedr. S. 122. Die Erm. ist auch erforderlich für die Verfahren der freiwilligen Gerichtsbarkeit; bei diesen wird es oft zweifelhaft sein, ob „Vermögen verwickelt" ist; z. B. ist das Erbscheinsverfahren deklaratorischer Natur und betrifft nicht unmittelbar das Vermögen (vgl. Anm. 4, a zur Anweisung Nr. 110, S. 107 u. Anm. 15 zum Ges. Nr. 52, S. 50); trotzdem haben die Milit.-Reg. durch Ert. von Bescheiden in einer Reihe von Einzelfällen erkennen lassen, daß sie es billigen, wenn auch insoweit die Erm. eingeholt wird; insbesondere hat die Brit. Milit.-Reg. in den Sachen 29. 6. 478/47, 28. 6. 492 u. 609/47 AG. Charlottenburg die Erm. erteilt unter der Voraussetzung, daß ein Sperrvermerk in den Erbschein aufgenommen wird, und hat damit die gleiche Forderung aufgestellt, wie sie in der brit. Zone besteht (vgl. die obenangegebenen Stellen u. Dölle-Zweigert, S. 171 Ziff. 157). Für Erbauseinandersetzungen wird die Erm. immer erforderlich sein. Für die Bestellung von Abwesenheitspflegern gilt für den britischen Sektor die gleiche Regelung wie für die britische Zone, vgl. Anm. 4, e zur Anweisung Nr. 110, S. 108. Für die anderen Sektoren dagegen wird in einem solchen Fall die Ermächtigung erforderlich sein, ebenso für alle Sektoren zur Bestellung von Vormund und Pfleger, wenn das Mündelvermögen kontrolliert ist. Das Verfahren nach der Vertragshilfeverordnung bedarf genau so der Erm. wie ein streitiges Vermahren, ebenso ein Schiedsverfahren nach §§ 1025 ff. ZPO. Verwickelt in ein Verfahren ist nicht nur das streitbefangene Vermögen, wie man nach der unklaren Übersetzung im VOBl. annehmen könnte, sondern auch das Vermögen des Klägers und vor allem das des Beklagten, jedenfalls soweit es für eine Vollstreckung in Betracht kommt; dieser letztere Gesichtspunkt wird dann von Bedeutung sein, wenn eine Person Inhaber getrennter Vermögensmassen ist, z. B. als Gesellschafter; insoweit sind die Grundsätze in Anm. 5 zum Ges. Nr. 52, letzter Absatz, S. 44 zu beachten. Wegen der Trennung in verschiedene Vermögensmassen siehe auch Anm. 1 (Verm. außerhalb Berlins), Anm. 2 (Verm. in verschiedenen Sektoren) und Anm. 17 zum Ges. Nr. 52 (S. 52).

4 Aus Ziff. 1 und dem ersten Satz der Ziff. 2 ergibt sich folgendes:
Es ist nicht nur erforderlich, daß in das Verfahren der besonderen Natur des Verfahrens nach „Vermögen verwickelt" sein kann (vgl. Anm. 3). Auch die Tatsache, daß Vermögen Gegenstand irgendwelcher Kontrollmaßnahmen der Militärregierung sein kann (also in Art. I des Ges. Nr. 52 oder Ziff. 1—3, 7 u. 8 der Anweisung zum Befehl Nr. 124 genannt ist), macht in Berlin eine Ermächtigung noch nicht erforderlich. Selbst die durch die totale Aktionssperre (Art. II des Ges. Nr. 52) eintretende Verstrickung begründet noch keine Notwendigkeit der Ermächtigung. Sondern nur, wenn durch die Militärregierung von einer der in Art. I des Ges. Nr. 52 vorgesehenen Maßnahmen im einzelnen Fall tatsächlich Gebrauch gemacht worden ist, wenn also eine das einzelne Vermögen erfassende Anordnung der Militärregierung ergangen ist, ist eine Ermächtigung für die Ausübung der Gerichtsbarkeit erforderlich (vgl. insoweit auch die Erläuterung des Chefpräsidenten des Landgerichst vom 16. 9. 47 — Gen. 1413 A. 1. 46 (151), abgedr. S. 118).

Demnach ist eine Ermächtigung n i c h t erforderlich:

a) Für Verfahren über Vermögen oder Vermögensbestandteile, für die naturgemäß Kontrollmaßnahmen nicht in Betracht kommen (vgl. besonders Anm. 3 hierzu, aber auch 4, 5, 7—14 zum Ges. Nr. 52, S. 43 ff.).
b) Für Verfahren, die Handlungen vermögensrechtlichler Art betreffen, welche nicht durch die Aktionssperre des Art. II verboten sind (vgl. insoweit Anm. 15 zum Ges. Nr. 52, S. 49).
c) Für Verfahren, deren Gegenstand Handlungen vermögensrechtlicher Natur sind, die nach Art. IV des Ges. Nr. 52 oder den Allgemeinen Genehmigungen zulässig sind (vgl. Anm. 19 zum Ges. Nr. 52, S. 53); wenn dagegen für eine rechts-

Die Militärregierung des betreffenden Sektors behält sich jedoch das Recht vor, zu jeder Zeit (im Laufe des Verfahrens oder nach seiner Beendigung) dieses Vermögen unter Kontrolle zu nehmen oder einzuziehen.

3. Unternehmen oder Personen, deren Vermögen unter Kontrolle steht, sind berechtigt, durch den Treuhänder Klage zu erheben gegen Personen, deren Vermögen nicht unter Kontrolle steht, jedoch dürfen unter Kontrolle stehende Personen oder Unternehmen nicht verklagt werden ohne Ermächtigung der Militärregierung des Sektors in welchem die Personen bzw. die Unternehmen unter Kontrolle stehen[5].

---

geschäftliche Handlung, die nach Art. II verboten ist, eine Einzelgenehmigung der zuständigen Vermögenskontrollabteilung vorliegt, so genügt diese nicht als Ermächtigung zur Ausübung der Gerichtsbarkeit (Entsch. der Amerik. Milit.-Reg. v. 27. 4. 48 in der Grundbuchsache Zehlendorf Bl. 729 und der Brit. Milit.-Reg. v. 1. 3. 48 in Sachen 31 Schmarg. 1959/26 AG. Charlottenburg); anders die Rechtslage in den Zonen, vgl. Amtl. Erl. der Amerik. Milit.-Reg. Abs. b, 1, S. 98, Anweisung der Brit. Milit.-Regierung Nr. 109, Ziff. 2, S. 102).

d) Für Verfahren, die zwar ihrer Natur nach vermögensrechtlich sind und bei denen auch das betroffene Vermögen der Verstrickung des Art. I in Verbindung mit Art. II des Gesetzes Nr. 52 oder der entsprechenden Bestimmung des Befehls Nr. 124 unterworfen ist, wenn aber im Einzelfall noch keine dieses Vermögen erfassende Kontrollanordnung der Militärregierung ergangen ist.

Infolge dieser letzteren Einschränkung ist in einer großen Zahl von Fällen, in denen das Verm. der Verstrickung unterliegt, eine Ausübung der Gerichtsbarkeit sowohl im Verfahren selbst wie auch in der Vollstreckung (Ziff. 9 d. AO.) ohne Ermächtigung zulässig, nämlich in allen den Fällen, in denen keine besondere Kontrollmaßnahme angeordnet ist. Dies führt zu dem Ergebnis, daß eine freiwillige, rechtsgeschäftliche Handlung nach Art. II des Ges. Nr. 52 verboten ist, der Erfolg jedoch im Wege der Zw. V. erreicht werden kann. Es kann aber nicht angenommen werden, daß die Besatzungsmächte für Berlin durch die AO. vom 28. 7. 47 die materiell-rechtlichen Bestimmungen des Ges. Nr. 52 und des Befehls Nr. 124 dahingehend durchbrechen wollten, daß auch solche rechtsgeschäftlichen Handlungen ohne Genehmigung erlaubt sind, wenn nicht eine besondere Kontrollmaßnahme ergangen ist. Die Regelung in Berlin hat den Vorteil, daß sich der Beklagte nicht zum Zwecke der Prozeßverschleppung auf die Verstrickung berufen kann, es sei denn, er führt selbst eine Kontrollanordnung der Besatzungsmacht herbei. Aus diesem Grund auch muß das Vorliegen einer Kontrollmaßnahme dem Gericht nachgewiesen werden (Ziff. I, d der Vfg. d. Chefpr. d. LG. v. 17. 11. 47, Gen. 1413 A. 1. 46 (166), abgedr. S. 122). Damit nicht auf diese Weise Fälle von Bedeutung den Militärregierungen entgehen, hat z. B. die Amerik. Milit.-Reg. durch Anordnung vom 20. 1. 48 bestimmt, daß ihr unter bestimmten Voraussetzungen die Namen solcher Parteien mitzuteilen sind, die unter das Ges. Nr. 52 fallen, über deren Vermögen aber noch keine Kontrolle angeordnet ist (vgl. im einzelnen Verfg. d. Chefpr. d. LG. v. 29. 1. 48, Gen. 1413 F. 1. 48 (3), abgedr. S. 122). Auch der Befehl der Franz. Milit.-Reg. Nr. 562 COB. v. 4. 2. 46 erklärt nur bestimmte Vermögen als dem Gesetz Nr. 52 unterliegend, bedeutet aber nicht, daß damit bereits im Einzelfall eine Kontrollmaßnahme angeordnet ist (wegen Einzelheiten dieses Befehls vgl. Vfg. d. Chefpr. d. LG. v. 23. 1. 47, Gen. 1413 A. 1. 46, abgedr. S. 118). Für Grundbuchsachen aber kommt es nicht darauf an, ob eine Kontrollmaßnahme getroffen worden ist oder nicht — siehe Ziff. 7 der AO. u. Anm. 8 dazu.

[5] Aktivprozesse also zulässig ohne Ermächtigung, wenn das Verfahren „durch den Treuhänder" betrieben wird, Passivprozesse bedürfen auch dann der Ermächtigung, wenn der Treuhänder beteiligt ist. Wegen der Frage, wann ein Verfahren „durch den Treuhänder" betrieben ist, vgl. Vfg. d. Chefpr. d. LG. vom 4. 2. 48, Gen. 1413 A. 1. 48 (151, III. Ang.), abgedr. S. 120. Es ist für Berlin nicht erkennbar, ob auch da der Unterschied zwischen „aufsichtsführendem" u. „verwaltendem" Treuhänder besteht (vgl. Anm. 17 z. Ges. Nr. 52, S. 51, Anm. 5 zur AVO. Nr. 1, S. 91, Anm. 2 zur Amtl. Erl., S. 97, Anm. 4 zur Anw. Nr. 109, S. 104 u. Anm. 3 z. Anw. Nr. 110, S. 105). Wie sich jedoch schon aus der vorstehend genannten Vfg. d. Chefpr. ergibt, stehen offenbar aber die Amerik., Brit. u. Franz. Milit.-Reg. in Berlin auf dem Standpunkt, daß der Vermögensinhaber selbst neben dem Treuhänder aktiv und passiv legitimiert sein kann; außerdem hat beispielsweise die Amerik. Milit.-Reg. laufend in Fällen, in denen der Vermögensinhaber selbst Klage erhoben hatte, mitgeteilt, sie habe den Custodian angewiesen, „to support the claim", dem Verfahren beizutreten; die Brit. Milit.-Reg. hat in der Sache 19 Q 53/47 LG. Berlin, in welcher der Antrag gegen den Custodian gerichtet war, mitgeteilt, über das Gesuch um Erm. z. Ausübung d. Gerichtsbarkeit könne nur entschieden werden, wenn der Antrag nicht gegen

4. In Fällen, in denen der Grund des Anspruchs vor dem 8. Mai 1945 entstanden ist, wird eine solche Ermächtigung in der Regel nicht erteilt[6].

5. Jeder Urteilsspruch, der bereits gefällt worden ist oder hiernach in einem Fall gefällt wird, der ohne Zustimmung der Militärregierung des Sektors, in welchem das Vermögen sich befindet, eingeleitet wurde, ist nichtig und jegliche Maßnahme zur Vollstreckung eines solchen Urteilsspruchs ist ungültig[7].

6. Arbeitsgerichte können Rechtsansprüche bearbeiten, die Beträge bis zu 500.— RM betreffen und nach dem 1. Januar 1946 aus Streitigkeiten entstanden sind, die ein Arbeitsverhältnis betreffen, das zwischen Arbeitnehmern und solchen Arbeitgebern besteht, deren Vermögen unter Kontrolle einer der Besatzungsmächte steht.

7. Ohne vorherige schriftliche Ermächtigung der Militärregierung des Sektors, in welchem das Vermögen sich befindet, darf keine Eintragung in das Grundbuch vorgenommen werden betreffend Vermögen, das der Kontrolle oder Einziehung unterliegen kann gemäß Gesetz Nr. 52 der Amerikanischen, Britischen und Französischen Militärregierung oder Befehl Nr. 124 und 126 des Sowjetischen Oberbefehlshabers[8].

---

den Treuhänder, sondern gegen die unter Kontrolle stehende Firma gerichtet werde. Die Deutsche Treuhandverwaltung dagegen vertritt die Auffassung, daß „die Aktiv- und Passivlegitimation in Rechtsstreitigkeiten, die sich auf das verwaltete Vermögen beziehen, allein der „Treuhänder" hat (Rdschr. Nr. 12); diese Auffassung dürfte in dem Unterschied der Rechtsnatur und des Umfanges zwischen dem Ges. Nr. 52 u. dem Befehl Nr. 124 seinen Grund finden (vgl. Anm. 9 z. Bef. Nr. 124, S. 80).

Die Entscheidung darüber, ob bei „alten Schulden" die Erm. erteilt wird, steht allein den Militärregierungen zu; es muß also in solchen Fällen auch grundsätzlich zunächst die Erm. nachgesucht werden, soweit sie nach den vorhergehenden Bestimmungen erforderlich erscheint, das deutsche Gericht darf nicht unter Berufung auf Ziff. 4 ablehnen, tätig zu werden.

[7] Engl. Text: „. . . shall be of no effect and. shall be invalid" — also anders als nach Ziff. 3, c der AVO. Nr. 1 (s. S. 91) ist in Berlin die Nichtigkeit bei einem Verstoß gegen die AO. v. 28. 7. 47 der Nichtigkeit nach Art. VI Ziff. 11 des Ges. Nr. 2 gleichgestellt (s. Anm. 12 z. Ges. Nr. 2, S. 19); dies ist auch mit Rücksicht darauf, daß die AO v. 28. 7. 47 die gleichen Exemtionswirkungen hat wie das Ges. Nr. 2, eine zutreffende Folgerung des Gesetzgebers. Die Nichtigkeit wird jedoch nicht auf Urteile im engeren Sinn beschränkt sein, sondern mit „judgement" ist in diesem Fall wohl jede gerichtliche Entscheidung gemeint. Jedenfalls wird Ziff. 5 von den Milit.-Reg. auch auf Entscheidungen in der freiwilligen Gerichtsbarkeit und auf Grundbucheintragungen angewandt.

[8] Anders als bei Ziff. 1 u. 2 macht also bei Grundbuchsachen schon die Tatsache, daß Vermögen der Kontrolle unterliegen kann, eine Erm. erforderlich (vgl. Anm. 4), es genügt also hier die Benennung in Art. I oder das Verfügungsverbot nach Art. II des Ges. Nr. 52 und ebenso die Benennung in der Anweisung zum Befehl Nr. 124.
Eine Eintragung „betrifft" unter Kontrolle stehendes Vermögen dann, wenn das Grundstück, auf dessen Grundbuchblatt die Eintragung erfolgen soll, der Kontrolle unterliegen kann. Eine Ausnahme wird man bei der Abtretung eines Grundpfandrechtes dann machen können, wenn weder Zedent noch Zessionar der Kontrolle unterliegen, weil in diesem Fall an dem Bestand des dem Ges. Nr. 52 oder dem Bef. Nr. 124 unterworfenen Vermögens nichts geändert wird und bei einem bloßen Gläubigerwechsel eine Beeinträchtigung nicht erfolgen kann. Dagegen sind die nach der AVO. Nr. 1 (S. 92) und auch nach der Regelung in der brit Zone (Anm. 4 zur Anw. Nr. 110, S. 107) als genehmigungsfrei anzusehenden Berichtigungen, Vormerkungen und Widersprüche in Berlin nur mit Erm. eintragungsfähig (so ausdrückl. Amerik. Milit.-Reg. v. 21. 4. 47 in der Grundbuchsache Lichterfelde Bd. 35 Bl. 1046 und später wiederholt, vgl. Vfg. d. Chefpr. d. LG. v. 12. 3. 48, Gen. 1413 F. 1. 48 (14), abgedr. S. 127). Die von Dr. Kleinrahm in H. u. W. 48 S. 52 vertretenen Grundsätze werden also für Berlin nur mit Einschränkungen Gültigkeit beanspruchen können. Auch die Tatsache, daß für das zugrunde liegende Rechtsgeschäft eine Genehmigug nicht erforderlich war (z. B. wegen Art. IV d. Ges. Nr. 52) oder vorlag, macht eine Erm. nach Ziff. 7 nicht ohne weiteres entbehrlich, sondern es wird sorgfältig zu prüfen sein, ob auch die Eintragung selbst, d. h. der dingliche Akt ohne Erm. zulässig sein

8. Ehe ein deutsches Gericht oder Grundbuchamt in einem Verfahren, das bewegliches oder unbewegliches Vermögen betrifft, auf Klage oder Antrag einer Partei hin tätig wird, hat das Gericht oder das Grundbuchamt die Partei, welche die Klage oder den Antrag eingereicht hat, aufzufordern, entweder persönlich oder durch ihren Rechtsanwalt eine schriftliche Erklärung abzugeben, in welcher nach bestem Wissen und Gewissen und auf Grund sorgfältiger Erkundigung versichert wird, daß das Vermögen nicht unter Kontrolle steht oder eingezogen ist[9].

9. Ohne vorherige schriftliche Ermächtigung der Militärregierung des Sektors, in welchem das Vermögen sich befindet, dürfen keine Schritte von einer natürlichen oder juristischen Person unternommen werden, um eine Entscheidung eines deutschen Gerichts oder des Grundbuchamtes zu erfüllen oder zu vollstrecken, die Vermögen betrifft, über das die Kontrolle ausgeübt wird oder das eingezogen ist[10].

---

kann, z. B. weil die Aufnahme eines Kredits und dessen dingliche Sicherstellung im Rahmen der normalen Geschäftsführung nach Art. IV liegt oder nach einer Allgem. Genehmigung zulässig ist (vgl. auch Anm. 19 zum Ges. Nr. 52, S. 54). Soweit nach einer Allgem. Gen. (z. B. nach Nr. 3, 6 oder 12) Vermögen von dem Einfluß des Ges. Nr. 52 ipso iure entbunden ist, ist auch eine Ermächtigung nach Ziff. 7 nicht erforderlich. Durch eine Eintragung kann aber außer dem Grundstück auch anderes Vermögen betroffen werden, z. B. das eines Gläubigers durch Eintragung einer Hypothek zu seinen Gunsten. Für solche Fälle hat die Brit. Milit.-Reg. dem Chefpr. d. LG. am 18. 9. 47 mitgeteilt, daß eine Erm. nach Ziff. 7 auch dann erforderlich sei, wenn zwar das belastete Grundstück nicht unter das Ges. Nr. 52 fällt, die Eintragung eines dinglichen Rechts jedoch für eine unter Art. I Ziff. 1, f des Ges. Nr. 52 fallende Person beantragt wird (Vfg. d. Chefpr. d. LG. v. 1. 12. 47, Gen. 1413 A. 46 (168). Für diesen Fall ist von Bedeutung, daß sich der Kreis der vom Ges. Nr. 52 erfaßten Personen nicht unwesentlich von dem vom Befehl Nr. 124 erfaßten unterscheidet; eine dem Art. I, 1, f gleichende Bestimmung fehlt im Bef. Nr. 124 (S. 78); ob die Eintragung eines ausländischen Gläubigers einer Erm. nach Ziff. 7 bedarf, wird sich deshalb danach richten, wo der durch die Eintragung betroffene Vermögensteil „belegen" ist; dies ist bei dinglichen Rechten dort, wo sich das Grundstück befindet (vgl. im übrigen Dölle-Zweigert S. 56 Ziff. 28); ist dies beispielsweise im sowj. Sektor von Berlin, so bedarf die Eintr. eines Angeh. d. VN. nicht der Erm. nach Ziff. 7, weil sein im sowj. Sektor belegenes u. durch die Eintragung betroffenes Vermögen nicht der Kontrolle des Bef. Nr. 124 unterliegen kann.

Die Möglichkeit, im Grundbuch einen Sperrvermerk einzutragen wie nach Abs. 6 der AVO. Nr. 1 in der amerik. Zone (s. S. 95), ist bisher von den Grundbuchämtern in Berlin u. auch von den Beschwerdekammern d. LG. verneint worden, weil der Kreis der eintragungsfähigen Rechte u. Tatsachen geschlossen ist, ein solcher Sperrvermerk nicht dazu gehört u. die AVO. Nr. 1 in Berlin nicht gültig ist. Auch fehlen in Berlin die die Grundlage eines solchen Sperrvermerks bildenden Sperrlisten; die teilweise von den Organen der Verwaltung geführten Listen der Personen, die dem Ges. Nr 52 oder dem Bef. Nr. 124 unterliegen, sind nach Mitteilung des Magistrats der Stadt Berlin an den KGPräs. v. 9. 12. 47 lückenhaft. Jedoch ist bereits in Auswirkung der Art. II u. III des Kontrollratsgesetzes Nr. 2 über die Beschlagnahme des Vermögens der aufgelösten Naziorganisationen von einzelnen Grundbuchämtern an auffallender Stelle der Grundakten ein Hinweis vorgenommen worden, daß ohne Genehmigung der Militärregierung keine Eintragung erfolgen dürfte. Eine einheitliche Regelung fehlt bis jetzt.

[9] Einzelheiten s. Vfg. d. Chefpr. d. LG. v. 16. 9. 47, Gen. 1413 A. 1. 46 (151), abgedr. S. 118. In Grundbuchsachen wird sich die Erklärung entsprechend dem Wortlaut der Ziff. 7 darauf zu erstrecken haben, ob das Vermögen dem Ges. Nr. 52 oder dem Bef. Nr. 124 unterliegen kann, in allen anderen Verfahren dagegen die Angabe enthalten müssen, ob Kontrollmaßnahmen im Einzelfall angeordnet sind oder nicht. Bei Verfahren, für die von vornherein eine Ermächtigung nicht erforderlich ist (vgl. Anm. 4), braucht auch die Erklärung nach Ziff. 8 nicht eingeholt zu werden. Die Erklärung kann zwar durch einen Rechtsanwalt, nicht aber durch einen Prozeßagenten abgegeben werden (Entscheidung d. LG. Bln. v. 30. 1. 48 in Sachen 20. T. 13/48).

[10] Vollstreckung ohne Erm. ist untersagt, wenn „property under control or confiscated" ist; Wortlaut also wie in Ziff 1 (vgl. Anm. 3 u. 4), so daß also auch für die Vollstreckung das gleiche gilt wie für das Verfahren selbst, d. h. wenn eine Vollstreckung durch Eintragung im Grundbuch erfolgt, ist eine Ermächtigung schon dann erforderlich, wenn das Vermögen der Kontrolle unterliegen

10. Nichtbefolgung dieser Anordnung bezw. Nichtbeachtung ihrer Bestimmungen stellt Verletzung eines Befehls der Militärregierung der Besatzungsmächte dar und wird als solche bestraft.

11. Die Anordnung BK/O (47) 50 vom 21. Februar 1947 wird widerrufen[11].

12. Diese Anordnung tritt am Tage ihrer Veröffentlichung in Kraft.

Abschnitt D:

Ergänzende Bestimmungen (Nr. 29)

29.: Liste der Vereinigten Nationen

Die folgende Liste hebt die in Gesetz Nr. 3 enthaltene Liste der Vereinigten Nationen auf.

Argentinische Republik
Australien
Belgien
Bolivien
Brasilien
Bjelorussische Sozialistische Sowjetrepublik
Kanada
Chile
China
Columbien
Costa Rica
Kuba
Tschechoslowakei
Dänemark
Dominikanische Republik

kann, bei sonstigen Verfahren ist eine Erm. nur erforderlich, wenn im Einzelfall die Kontrolle tatsächlich ausgeübt wird.
Ziff. 9 betrifft in erster Linie Fälle, in denen für die Verhandlung u. Entscheidung eine Ermächtigung nicht eingeholt worden ist, also z. B. die Vollstreckung aus Entscheidungen, die vor Inkrafttreten des Ges. Nr. 52 u. der AO. v. 28. 7. 47 ergangen sind oder solche, in denen das Vermögen erst nach Erlaß der Entscheidungen unter Kontrolle genommen worden ist. Wenn bereits für das Verfahren selbst eine Ermächtigung vorliegt, so ist am LG. Berlin die Auffassung vertreten worden, daß diese Ermächtigung sich nicht ohne weiteres auch auf die Vollstreckung bezieht, weil es sich lediglich um eine Erlaubnis für das Gericht handelt, überhaupt tätig zu werden, dagegen nicht um eine materielle Genehmigung zur Leistung, also um eine Entstrickung des streitbefangenen Vermögens (Vfg. d. Chefpr. d. LG. v. 23. 1. 1946, Gen. 1413 A. 1. 46, Abhdg. d. Verf. in Jur. Rdschau 47 Heft 1 u. 3). Im Laufe des Jahres 1947 haben jedoch die Militärregierungen in Berlin in großem Umfang Ermächtigungsbescheide erteilt, in denen ausdrücklich gesagt ist, daß die Erm. lediglich für die Verhandlung u. Urteilsfällung, dagegen nicht für die Vollstreckung erteilt werde. Daraus müßte entnommen werden, daß sich eine ohne Einschränkung erteilte Ermächtigung grundsätzlich auch auf die Vollstreckung erstreckt. Die in dieser Hinsicht anläßlich eines Einzelfalles zunächst angefragte Brit. Milit.-Reg. hat jedoch den Chefpr. d. LG. am 18. 2. 48 wissen lassen, daß grundsätzlich nach Ziff. 9 für die Vollstreckung eine erneute Ermächtigung erforderlich sei, gleichzeitig aber mitgeteilt, daß genehmigt werde, eine für das Verfahren erteilte Erm. im brit. Sektor auch auf die Vollsteckung auszudehnen, wenn keine besondere Einschränkung vorgenommen sei (vgl. die ähnliche Regelung für die Zone in der AV. des JM. (NW), abgedr. Anm. 3 zur Anw. Nr. 109, S. 102); ausgenommen von dieser Genehmigung sind jedoch Grundbuchsachen. Die anderen drei Militärregierungen haben sich dieser Regelung angeschlossen.
Es ist klar,. daß die Entscheidung der Frage, ob nach Ziff. 9 eine Erm. erforderlich ist oder nicht, nicht dem Gerichtsvollzieher überlassen bleiben kann, zumal die Einholung der Erm. ohnehin durch das Gericht erfolgen muß (wegen der anders gearteten Lage in den Zonen vgl. Anm. 3 zur Amtl. Erl. zur AVO. Nr. 1, S. 98 u. Anm. 2 zur Anw. 110, S. 105, sowie Dölle-Zweigert, S. 167 Ziff. 154). In Berlin ist das bei der Zwangsvollstreckung zu beobachtende Verfahren (einschließlich der Aufnahme der Urkunden des § 794 Abs. I Ziff. 5 ZPO.) durch die Vfg. d. Chefpr. d. LG. vom 16. 4. 49 — Gen. 1413 F. 1. 48 (13) — geregelt (abgedr. S. 127).

[11] Wegen des Inhalts und der Auswirkungen der hierdurch aufgehobenen Anordnung vom 21. 2. 47 vgl. Anm. 15 z. Ges. Nr. 52, letzter Absatz, S. 50 u. Abhandlungen des Verfassers in Heft 1 u. 3 der Jur. Rdschau 1947.

El Salvador
Ecuador
Ägypten
Äthiopien
Frankreich
Griechenland
Guatemala
Südafrikanische Union
Union der Sozialistischen Sowjetrepubliken
Vereinigtes Königreich
Haiti
Honduras
Indien
Iran
Irak
Libanon
Liberien
Luxemburg
Mexiko
Niederlande
Neu-Seeland
Nicaragua
Norwegen
Panama
Paraguay
Peru
Philippinen
Polen
Saudi Arabien
Syrien
Türkei
Ukrainische Sozialistische Sowjetrepublik
Vereinigte Staaten von Nordamerika
Uruguay
Venezuela
Jugoslawien[1]

---

[1] Abdruck aus Handbuch für Gesetzgebung, II, S. 31. Nach Anweisung der Brit. Milit.-Reg. sind schwedische, afghanische und isländische Staatsangehörige hinsichtlich der Beschränkung der deutschen Gerichtsbarkeit wie Angehörige der Vereinten Nationen zu behandeln (JBl. Dü.dorf 47 S. 9).
Die Staatsangehörigen der Baltischen Staaten werden von der Amerikanischen, Britischen und Französischen Militärregierung nicht als Staatsangehörige der UdSSR anerkannt (vgl. Hann, Rpfl. 47 S. 27, JMBl. (NW) 47 S. 109, Schlesw.-Holst. Anz. 48, S. 18; die Folgerungen, die sich daraus für Berlin ergeben, sind in der Anm. d. Verf. zu einem KG. Beschluß vom 16. 8. 47 in der Jur. Rdschau 48 S. 115 niedergelegt; siehe dort auch weitere Literaturangaben). Die Verlautbarung der Brit. Milit.-Reg. dazu lautet:

„1. Staatsangehörige der Baltischen Staaten sind von Seiner Majestät Regierung nicht als Sowjet-Staatsangehörige anerkannt und daher keine Staatsangehörige der Vereinten Nationen.

2. Die deutschen Gerichte sind deshalb rechtlich nicht von der Ausübung der Gerichtsbarkeit über baltische Staatsangehörige ohne Zustimmung der Militärregiernug ausgeschlossen, es sei denn, daß
(1) der baltische Staatsangehörige bei den Streitkräften einer der Vereinten Nationen dient oder eine amtliche Stellung in der Alliierten Verwaltung Deutschlands einnimmt,
(2) der baltische Staatsangehörige eines Verbrechens gegen die Menschlichkeit angeklagt oder das Opfer eines Verbrechens gegen die Menschlichkeit war.

3. Verschleppte Personen genießen jedoch in der Britischen Zone nach ZEJ. Nr. 2 (Zonen-Exekutiv-Anweisung) von 1947 eine Sonderstellung, und nach dieser Anweisung sind sie wegen strafbarer Vergehen vor Gerichten der Kontroll-Kommission abzuurteilen.

4. Sie wollen bitte Anweisungen an alle Staatsanwaltschaften herausgeben und diese beauftragen, alle Fälle, in denen verschleppte Personen strafbarer Vergehen angeklagt sind, nach Mil.-Reg.-Ges. Nr. 2 Artikel 7, Ziff. 12 (d) an Gerichte der Kontroll-Kommission abzugeben, außer wenn die verschleppte Person sich freiwillig der Rechtsprechung eines deutschen Gerichts unterwirft.

5. Eine verschleppte Person wird definiert als eine Person, die nicht die Staatsangehörigkeit der Vereinten Nationen besitzt, die aber ihr Land oder ihren Heimatsort oder ihren früheren Wohnsatz in Auswirkung des Krieges oder auf Grund entweder von feindlichen Kampfhandlungen, Rasse oder Religion oder von Betätigung zugunsten der Vereinten Nationen hat verlassen müssen."

Teil III

Rundverfügungen des Chefpräsidenten des Landgerichts Berlin (auszugsweise)

30.: Verfügung vom 10. September 1947 betreffend Abfassung der Sachdarstellungen — Gen. 1413 A 1. 46 (155) —

I. Als Kopf ist genau die absendende Stelle (Zivilkammer, Amtsgericht mit Abteilungsangabe), das Aktenzeichen und das Datum aufzunehmen.

II. Die Anschriften der Militärregierungen haben zu lauten:

1. An die Amerikanische Militärregierung
   Berlin-Lichterfelde-West
   Ringstraße 9,
2. An die Britische Militärregierung
   Berlin-Charlottenburg 9
   Kaiserdamm,
3. M. le Général Gouverneur Militaire Français
   du Grand Berlin (Groupe Justice)
   64, Fürstendamm
   Berlin-Frohnau,
4. An die Rechtsabteilung der Russischen Zentralkommandantur
   Berlin NW
   Luisenstraße.

III. Ob mir die Sachdarstellungen (stets in doppelter Ausfertigung) durch besonderes Anschreiben übersandt werden oder ob lediglich nach der Anschrift der Militärregierung vermerkt wird „durch den Herrn Chefpräsidenten des Landgerichts", überlasse ich dem Ermessen der Herren Amtsgerichtsdirektoren bzw. Zivilkammervorsitzenden. Jedenfalls aber ist unbedingt sicherzustellen, daß alle derartigen Gesuche mir auf dem Dienstwege vorgelegt und nicht etwa unmittelbar an die Militärregierungen gesandt werden.

IV. Nach der Anschrift ist sogleich der Antrag zu bringen. Für diesen bitte ich folgende Form zu wählen:

> „Es wird um Entscheidung gebeten, ob das Amts(Land)gericht in der nachstehend bezeichneten Sache Gerichtsbarkeit ausüben darf."

Ich bitte, nicht zu formulieren:

> „Es wird gebeten, die Ermächtigung zur Ausübung der Gerichtsbarkeit zu erteilen."

V. Sodann folgt die genaue Bezeichnung der Sache unter Angabe des vollen Rubrums mit den genauen Anschriften sämtlicher Beteiligten und die Überleitung zur eigentlichen Sachdarstellung in folgender Form:

„In dem Rechtsstreit (der Nachlaßsache, der Grundbuchsache betreffend das Grundstück — genaue Lageangabe! —) — Namen und Anschriften der Parteien, Parteirolle, Prozeßbevollmächtigte, Aktenzeichen —
handelt es sich um folgenden Sachverhalt:"

VI. Nun folgt eine Darstellung des **Sachstandes** in knappester und präzisester Form.

a) Meist wird hierbei der Fehler gemacht, bereits einen ganzen ungekürzten Urteilstatbestand zu bringen. Es ist nur das aufzunehmen, was für das Verständnis der im Verfahren erhobenen Ansprüche und Gegenansprüche unbedingt erforderlich ist und vor allem, was für die rechtliche Beurteilung der Notwendigkeit der Ermächtigung wesentlich ist.

b) Die Sachanträge selbst brauchen nicht wörtlich gebracht zu werden, es genügt, sie kurz zu kennzeichnen; Kosten- und Vollstreckungsschutzanträge interessieren überhaupt nicht. Unbedingt zu vermeiden sind langatmige, listenweise Aufzählungen einzelner Gegenstände; in solchen Fällen ist ein oder sind mehrere Sammelbegriffe zu wählen.

c) Von der Beifügung von Anlagen und der Bezugnahme darauf ist grundsätzlich abzusehen.

d) pp.

e) Mit Rücksicht auf Ziffer 4 der Anordnung vom 28. Juli 1947 — BK/O (47) 172 — muß besonders sorgfältig geprüft und ausgeführt werden, ob der Anspruch vor oder nach dem 8. Mai 1945 entstanden ist.

VII. An diesen Abschnitt der Sachdarstellung haben sich Ausführungen darüber zu schließen, auf Grund welcher gesetzlichen Bestimmungen die Ermächtigung erforderlich ist. Dieser Abschnitt ist der wichtigste der Sachdarstellung, ihm ist besondere Sorgfalt zu widmen. Es ist genau auszuführen, welche gesetzliche Bestimmung im einzelnen zur Anwendung kommt und auf Grund welcher Tatsachen. Dabei ist zu beachten, daß zweierlei Gruppen von Fällen möglich sind:

a) Die gesetzliche Grundlage für die Ermächtigung können die Bestimmungen des Gesetzes Nr. 2 und der Anordnung vom 28. März 1947 — BK/O (47) 74 — bilden.

b) Eine Ermächtigung kann erforderlich sein auf Grund der Bestimmungen des Gesetzes Nr. 52, der Allgemeinen Anweisungen dazu und des Befehls Nr. 124, in Verbindung mit der Anordnung vom 28. Juli 1947 — BK/O (47) 172 —

Diese Fälle müssen auseinandergehalten werden; wenn sie sich überschneiden, müssen alle Rechtsgründe erschöpfend angegeben werden. Es genügt auf keinen Fall, daß etwa nur gesagt wird, „auf Grund dieser oder jener Bestimmung des Gesetzes Nr. 2 (bzw. 52) ist die Ermächtigung erforderlich", sondern es muß ausgeführt werden, daß beispielsweise über das Vermögen auf Grund des Artikels I Ziffer 2 des Gesetzes Nr. 52 die Kontrolle ausgeübt wird, weil es der Beklagte von einem Polen erworben hatte und es vorher zugunsten des Deutschen Reiches eingezogen war, und daß deshalb auf Grund der Ziffer 1 der Anordnung vom 28. Juli 1947 — BK/O (47) 172 — die Ermächtigung erforderlich ist. Es muß also eine genaue Subsumtion aller erheblichen Tatsachen unter alle für eine Notwendigkeit der Ermächtigung in Betracht kommenden Rechtssätze vollzogen werden.

VIII. Schließlich muß genau geprüft und ausgeführt werden, welche Militärregierung oder welche Militärregierungen für die Erteilung der Ermächtigung zuständig sind. Die dafür maßgebenden gesetzlichen Bestimmungen befinden sich in § 3 der Anordnung vom 28. März 1947 — BK/O (47) 74 — (für Ehesachen auch in der Anordnung des Rechtsausschusses der Alliierten Kommandantur vom 5. Juni 1946, bekanntgegeben durch meine Verfügung vom 23. Juni 1946 — Gen. I. 3. 121. 45 —). Wenn mehrere Militärregierungen zuständig sind, sind Sachdarstellungen an jede gesondert zu richten.

31.: Verfügung vom 23. Januar 1947 betreffend Befehle der Französischen Militärregierung — Gen. 1413 A. 1. 46 —

I. Die Französische Militärregierung hat durch Befehl vom 4. Februar 1946 — Nr. 562 COB — angeordnet, daß alle Nazivermögen ohne Ausnahme, ob ihre Besitzer Aktivisten gewesen sind oder nicht, ebenso wie alle herrenlosen Vermögen, ob sie Nazis gehören oder nicht, im Sinne des Artikels I des Gesetzes 52 unter die ausschließliche Kontrolle der Französischen Militärregierung von Groß-Berlin fallen.

II. Die Französische Militärregierung hat weiterhin durch Befehl vom 13. März 1946 — Nr. 833 COB — das folgende angeordnet:

1. Die Grundstücke, Unternehmungen und beweglichen Vermögensobjekte, die unter das Gesetz Nr. 52 über Vermögenskontrolle fallen und schon unter der Kontrolle der Französischen Militärregierung stehen,
2. die Grundstücke, Unternehmungen und beweglichen Vermögensobjekte, die unter dasselbe Gesetz fallen, aber noch nicht unter Kontrolle gestellt sind,
3. die Grundstücke, Unternehmungen und beweglichen Vermögensobjekte, die vorher von den Bezirksämtern beschlagnahmt waren und seitdem von diesen ihren Besitzern zurückgegeben wurden,

dürfen nicht zum Gegenstand irgendeiner Transaktion gemacht werden, ohne die vorherige Erlaubnis des Offiziers der Vermögenskontrolle, Chef der Abteilung Vermögenskontrolle der Französischen Militärregierung von Groß-Berlin.

32.: Verfügung vom 16. September 1947 betreffend Anwendung der Anordnung der Alliierten Kommandantur vom 28. Juli 1947 — Gen. 1413 A. 1. 46 (151) —

I. Nach Ziffer 1 und 2 der Anordnung ist eine Ermächtigung nur noch erforderlich, wenn das Vermögen bereits unter Kontrolle steht oder eingezogen ist, d. h. also, wenn eine dahingehende Anordnung erfolgt ist. Dagegen braucht eine Ermächtigung nicht mehr eingeholt zu werden, wenn in der Person einer der Parteien zwar ein Grund vorliegt, daß das Vermögen der Kontrolle oder Einziehung unterliegen könnte, eine dahingehende Anordnung jedoch noch nicht ergangen ist. Es wird also in Zukunft genau zu prüfen sein, ob eine solche Anordnung ergangen ist oder nicht. Unter „Kontrolle" ist neben jeder anderen Verfügungsbeschränkung auch besonders die Beschlagnahme zu verstehen entsprechend Artikel I Ziffer 1 Gesetz Nr. 52. Diese wird den häufigsten Fall der Kontrolle darstellen.

II. Die Erklärung, die bisher nach Ziffer 5 der Anordnung vom 21. Februar 1947 von beiden Parteien einzuholen war ist nunmehr nach Ziffer 8 der Anordnung nur noch vom Kläger bzw. Antragsteller einzuholen. Antragsteller ist hier im Sinne einer das Verfahren betreibenden Partei zu verstehen, n i c h t etwa so, daß bespielsweise der Beklagte, der einen Klageabweisungs- oder Armenrechtsantrag stellt, dadurch nun zum „Antragsteller" in diesem Sinne wird und deshalb eine Erklärung nach Ziffer 8 von ihm einzuholen wäre.

a) Die von dem Kläger bzw. Antragsteller abzugebende Erklärung wird sich auch auf das Vermögen des Beklagten beziehen müssen, mindestens in der Form, daß der Kläger oder Antragsteller versichert, ihm „sei nach bestem Wissen und Gewissen und trotz sorgfältiger Erkundigung nichts darüber bekannt, daß über das Vermögen des Beklagten oder Antragsgegners eine Kontrolle ausgeübt werde und daß es eingezogen sei". Die Notwendigkeit, vom Kläger eine solche Erklärung auch für das Vermögen des Beklagten zu verlangen, ergibt sich daraus, daß unter dem Gesichtspunkt des Gesetzes Nr. 52 und des Befehls Nr. 124 nach wie vor das Vermögen des B e k l a g t e n im Vordergrund des Interesses steht, da es durch die erstrebte gerichtliche Entscheidung beeinträchtigt werden würde; außerdem unterstützt der Wortlaut der Ziffer 8 diese Auffassung, da in dieser Bestimmung schlechthin von „Vermögen", nicht nur von Vermögen des Klägers die Rede ist, und da diesem eine Erkundigungspflicht auferlegt ist, die beim eigenen Vermögen überflüssig erschiene. Trotzdem halte ich es mit Rücksicht auf den Wortlaut der Ziffer 1 der Anordnung für zweckmäßig, daß das Gericht von sich aus a u c h d e n B e k l a g t e n befragt, ob über sein Vermögen die Kontrolle ausgeübt werde oder ob es eingezogen sei. Dies wird aber erst im ersten Termin zu erfolgen brauchen, so daß dadurch das Verfahren nicht aufgehalten wird und insbesondere der Erlaß von Arresten, einstweiligen Verfügungen und Zahlungsbefehlen nicht gehindert ist. Im übrigen wird im allgemeinen der B e k l a g t e selbst daran interessiert sein, den ihm nützlichen Einwand vorzubringen, über sein Vermögen werde die Kontrolle ausgeübt oder es sei eingezogen. Gibt der B e k l a g t e zu diesem Punkt eine positive Erklärung nicht ab, so wird deshalb das Gericht davon ausgehen können, daß eine Kontrolle über sein Vermögen nicht ausgeübt wird und daß es nicht eingezogen ist, soweit nicht etwa die Erklärung des Klägers oder anderweite besondere Gründe einer solchen Annahme entgegenstehen. Danach ist also das Gericht nicht mehr wie nach Ziffer 5 der Anordnung vom 21. Februar 1947 in seinen Handlungen deshalb beschränkt, weil der B e k l a g t e eine Erklärung nicht abgibt.

b) pp.

c) Es kann eine vorsorgliche Einholung der Ermächtigung dann noch in Betracht kommen, wenn besonders schwerwiegende Gründe den Verdacht rechtfertigen, daß das Vermögen des Beklagten bereits ausdrücklich unter Kontrolle gestellt oder eingezogen ist, der Kläger oder der Beklagte sich dazu jedoch gar nicht oder in Anbetracht der Umstände nicht glaubwürdig erklärt.

d) Es kommt bei der nach Ziffer 8 einzuholenden Erklärung des Klägers oder Antragstellers lediglich darauf an, ob eine Anordnung über die Einziehung oder Kontrolle vorliegt oder nicht. Damit entfällt die Ungewißheit in den Fällen, in denen bisher Parteien erklärten, sie wüßten nicht, ob sie dem Gesetz Nr. 52 oder dem Befehl Nr. 124 unterlägen oder nicht.

e) Kommt der Kläger der Aufforderung zur Abgabe der Erklärung nicht nach, so braucht im allgemeinen dem Rechtsstreit kein Fortgang gegeben zu werden, weil es meist im alleinigen Interesse des Klägers liegt, den Rechtsstreit zu führen. Ausnahmsweise kann jedoch auch ein berechtigtes und schutzwürdiges Interesse des Beklagten an der Fortführung des Rechtsstreits vorliegen, z. B. wenn bereits ein Versäumnisurteil gegen ihn ergangen ist oder wenn er Berufung einlegt. In diesem Fall müßte auch weiterhin vorsorglich die Ermächtigung zur Ausübung der Gerichtsbarkeit eingeholt werden, wenn der Kläger die Erklärung gemäß Ziffer 8 nicht abgibt.

III. (Geändert durch Vfg. v. 4. Februar 1948 — Gen. 1413 A. 1. 46 [151, III. Ag.], nachstehend abgedruckt.)

IV. Ziffer 7 der Anordnung macht im Gegensatz zu Ziffer 1 und 2 keinen Unterschied, ob eine Kontrolle bereits vorliegt oder ob das Grundstück lediglich eingezogen oder unter Kontrolle gestellt werden kann. Es ist demnach in Grundbuchsachen auch dann die Ermächtigung einzuholen, wenn ein Fall des Gesetzes Nr. 52 oder des Befehls Nr. 124 vorliegt, ohne daß eine ausdrückliche Einziehung erfolgt ist oder das Grundstück unter Kontrolle gestellt ist. In Grundbuchsachen ist deshalb besondere Sorgfalt erforderlich, und es wird genau zu prüfen sein, ob das Grundstück unter Kontrolle steht oder aus irgendeinem Grund unter solche genommen werden könnte. In beiden Fällen ist die Ermächtigung erforderlich.

33.: Verfügung vom 4. Februar 1948 betreffend Vermögen unter Treuhandschaft — Gen. 1413 A. 1 46 (151, III. Ag.) —

Nach dem ersten Satz der Ziffer 3 der Anordnung der Alliierten Kommandantur vom 28. Juli 1947 ist eine Ermächtigung zur Ausübung der Gerichtsbarkeit nicht erforderlich, wenn Unternehmen oder Personen, deren Vermögen unter Kontrolle steht, durch den Treuhänder Klage erheben gegen Personen, deren Vermögen nicht unter Kontrolle steht. Alle vier Militärregierungen in Berlin haben mich nunmehr wissen lassen, daß die Fassung „durch den Treuhänder" folgendermaßen auszulegen sei: Eine Klage ist nur dann durch den Treuhänder erhoben, wenn dieser „direkt oder indirekt Partei" ist. Danach ist eine Ermächtigung nur dann nicht erforderlich, wenn der Treuhänder selbst als Partei oder als Vertreter der Partei in dem Rechtsstreit erscheint.

Wenn eine Partei, deren Vermögen unter Kontrolle steht, Klage erhebt oder einen Antrag stellt, ohne daß eine Beteiligung des Treuhänders in der vorgenannten Art ersichtlich ist, so wird diese Partei zunächst darauf zu verweisen sein, daß der Treuhänder wie oben dargestellt beteiligt werden müsse. Wenn ein Custodian die Beteiligung an dem Rechtsstreit ablehnt, so wird zunächst zu prüfen sein, ob dies deshalb erfolgt, weil der geltend gemachte Anspruch nicht unter Kontrolle der Militärregierung steht. Ist dies der Fall, so ist eine Ermächtigung zur Ausübung der Gerichtsbarkeit nicht erforderlich, und es bestehen keine Bedenken, daß die Partei den Rechtsstreit in eigenem Namen durchführt. Lehnt der Treuhänder die Beteiligung dagegen deshalb ab, weil er aus irgendwelchen anderen Gründen die Geltendmachung des Anspruchs nicht vertreten zu können glaubt, und ist nicht ersichtlich, daß damit der erhobene Anspruch von der Kontrolle ausgeschlossen sein soll, so wird in diesem Fall unter genauer Darstellung dieses Sachverhalts die Ermächtigung der zuständigen Militärregierung einzuholen sein; denn eine Verweigerung der Ausübung der Gerichtsbarkeit gegenüber einer Partei kann nur auf Grund eines dahingehenden Bescheides einer Militärregierung selbst erfolgen.

34.: Verfügung vom 14. November 1947 betreffend Feststellung der Staats-Angehörigkeit — Gen. 1413 A. 1 46 (165) —

Die Amerikanische Militärregierung hat durch Schreiben vom 7. November 1947 das Folgende mitgeteilt:

„1. In letzter Zeit ist es häufig vorgekommen, daß Ihre Anfragen wegen angeblicher Mitglieder der Vereinten Nationen von den betreffenden Militärmissionen zurückgegeben wurden mit der Bemerkung, „daß die behauptete Staatsangehörigkeit nicht bestätigt werden könnte, da die entsprechenden Angaben in den vorgelegten Ausweispapieren fehlten".

2. Es wird daher gebeten, in Zukunft alle Fälle, in denen die ausländische Staatsangehörigkeit von den betroffenen Personen beansprucht, aber nicht durch richtige Ausweispapiere bewiesen wird, bis zur völligen Klärung dieser Frage zurückzustellen.

3. Wenn es sich herausstellt, daß die fraglichen Personen tatsächlich Angehörige der Vereinten Nationen sind, dann geben Sie bitte genau an, welche Papiere zum Beweis vorgelegt worden sind, unter Angabe von
   a) ausstellender Behörde,
   b) Ausstellungsdatum,
   c) Ausstellungsort,
   d) Datum des Erlöschens der Gültigkeit."

Ich bitte um genaue Beachtung der vorstehenden Anordnungen auch in den Fällen, in denen auf Grund der obengenannten Bestimmungen die Ermächtigung einer anderen als der Amerikanischen Militärregierung eingeholt werden muß.

Sollte sich die Staatsangehörigkeit der betreffenden Personen nicht einwandfrei aufklären lassen, dann wird die Einholung einer Ermächtigung nur in Betracht kommen, wenn triftige Gründe für die Annahme bestehen, daß es sich um einen Angehörigen der Vereinigten Nationen handelt. Diese Gründe bedürfen besonders eingehender Darlegung in der Sachdarstellung.

35.: Verfügung vom 17. November 1947 betreffend Nachprüfung, ob eine Kontrolle tatsächlich ausgeübt wird — Gen. 1413 A. 1. 46 (166) —

I. Die Amerikanische Militärregierung hat, um die Zahl der Ermächtigungsgesuche zu verringern, in einem Schreiben vom 5. November 1947 Anordnungen getroffen, die folgenden Inhalt haben:

a) Mit Rücksicht auf Ziffer 1 und 2 der Anordnung vom 28. Juli 1947 haben die Gerichte festzustellen, ob über das „in das Verfahren verwickelte" Vermögen die Kontrolle ausgeübt wird.

b) Normalerweise stehen folgende Vermögensarten nicht unter Kontrolle:
   1. Vermögen nomineller Nazis;
   2. Möbel und persönliches Eigentum;
   3. Vermögen alliierter und neutraler Staatsangehöriger, die in Berlin wohnen;
   4. alliiertes und neutrales Vermögen, das von der Treuhänderschaft entbunden und einem bevollmächtigten Vertreter des Eigentümers übergeben worden ist;
   5. Vermögen der Stadt Berlin;
   6. Vermögen, das sich außerhalb des amerikanischen Sektors von Berlin befindet.

c) Auch wenn das Vermögen beider Parteien oder einer von ihnen oder Teile ihres Vermögens unter Treuhänderschaft stehen, werden im allgemeinen Verfahren betr. Ehescheidung, Unterhalt, Sorge für die Person eines Kindes und Besitz von Wohnraum nicht irgendwelches unter Treuhänderschaft stehendes Vermögen erfassen und bedürfen deshalb keiner Ermachtigung.

d) Zur Feststellung, ob die Kontrolle ausgeübt wird, haben die Gerichte die Vorlage eines Nachweises über die Kontrolle zu verlangen (Nachricht über die Treuhänderschaft, Bestellung eines Treuhänders). Wenn eine Partei nicht nachweisen kann, ob ihr Vermögen unter Kontrolle steht, so ist Ziffer 2 der Anordnung vom 28. Juli 1947 anzuwenden, da angenommen werden muß, daß keine Entscheidung über die Kontrolle ergangen ist.

II. Ich bitte, auf genaue Beachtung der vorstehenden Anweisungen bedacht zu sein. Insbesondere bedarf es genauer Darlegung in der Sachdarstellung, wie der Nachweis der Kontrolle (Ziffer d) geführt ist. Es muß unbedingt verhindert werden, daß sich Parteien nur deshalb auf eine Kontrolle berufen, um das Verfahren zu erschweren und zu verschleppen.

III. pp.

IV. Ich weise darauf hin, daß die vorstehenden Ausführungen für Grundbuchsachen nur beschränkte Gültigkeit haben, weil es bei diesen gemäß Ziffer 7 der Anordnung vom 28. Juli 1947 nicht darauf ankommt, ob die Kontrolle tatsächlich ausgeübt wird oder ob das Vermögen dem Gesetz Nr. 52 bzw. dem Befehl Nr. 124 nur unterliegt.

36.: Verfügung vom 29. Januar 1948 betreffend Nachprüfung, ob eine Kontrolle tatsächlich ausgeübt wird und Berichterstattung in besonderen Fällen — Gen. 1413. F. 1. 48 (3) —

Die Amerikanische Militärregierung in Berlin hat durch Anordnung vom 20. Januar 1948 das Folgende bestimmt:

Betr.: Gerichtspraxis in Fällen, die das Gesetz 52 betreffen.

1. Die Abteilung Vermögenskontrolle der Militärregierung, Berliner Sektor, ist daran interessiert, daß einerseits keine Sachen oder Personen, die unter das Gesetz Nr. 52 fallen, ihrer Kontrolle entgehen, und daß andererseits keine überflüssigen Anträge auf Ermächtigung zur Fortführung eines Rechtsstreits unterbreitet werden. Bei der Durchführung dieses Verfahrens sollen sich die Gerichte von folgenden Grundsätzen leiten lassen:

2. Erster Fall: Das betreffende Vermögen ist bereits unter der Kontrolle eines Treuhänders.

Die Gerichte können und sollen dies leicht nachprüfen: Alle Treuhänder, welche die Treuhänderschaft ausüben über Vermögen, das der Abteilung Vermögenskontrolle der Amerikanischen Militärregierung, Berliner Sektor, untersteht, sind im Besitz einer formellen Treuhänderschaftsanzeige, die zwecks Nachweis den Gerichten vorgelegt werden kann, wenn immer dies gewünscht wird.

In Fällen dieser Art ist die BK/O (47) 172 von den Gerichten zu befolgen. Bei der Auslegung dieses Befehls jedoch sollten die Gerichte dessen eingedenk sein: Was die Abteilung Vermögenskontrolle als ihr Ziel betrachtet, ist, daß Vermögen, welches gegenwärtig von der Abteilung Vermögenskontrolle betreut wird, in keiner Weise durch gerichtliche Schritte ohne die vorherige Zustimmung dieser Abteilung beeinträchtigt oder vermindert werden darf; diese Genehmigung ist zu beantragen bei der Abteilung Deutsche Gerichte (German Courts Section), die feststellen wird, ob die Abteilung Vermögenskontrolle sie gewährt oder ablehnt, und die das Gericht dementsprechend verständigt. Hinsichtlich sonstiger persönlicher gerichtlicher Schritte gegen die Eigentümer solcher, unter der Treuhänderschaft der Abteilung Vermögenskontrolle stehenden Vermögen, die in keiner Weise den Wert des unter Treuhänderschaft befindlichen Besitztums beeinträchtigen oder vermindern, ist die Zustimmung der Abteilung Vermögenskontrolle nicht erforderlich. So vertrat die Abteilung Vermögenskontrolle beispielsweise in einem Falle, in welchem ein Hausbesitzer einen Mieter, der sich auf dem Grundstück zu Unrecht aufhielt, exmittiert hatte, den Standpunkt, daß diese Handlung in keiner Weise den Wert oder die Nutzung des betreffenden Besitztums beeinträchtigte, da sie lediglich einen Fall von Besitzergreifung darstellte.

3. Zweiter Fall: Auf dem Gericht erscheinen Personen, die unter das Gesetz Nr. 52 fallen können, deren Vermögen aber der derzeitigen Treuhänderschaft der Abteilung Vermögenskontrolle mittels einer Treuhänderschaftsanzeige nicht unterstellt worden ist.

In solchen Fällen muß das Gericht die Namen der Abteilung Deutsche Gerichte (German Courts Section) aufgeben, die sich dieserhalb mit der Abteilung Vermögenskontrolle in Verbindung setzen wird.

Gemeint sind in diesem Zusammenhang mehr als nominelle Nazis. Die Abteilung Vermögenskontrolle vertritt den Standpunkt, daß auf alle Personen, die gemäß ACA-Direktive Nr. 24 unter die Kategorie der zwangsweisen Amtsenthebung und Ausschließung fallen, der Artikel I, Absatz 1c und g des Gesetzes Nr. 52 der Amerikanischen Militärregierung anzuwenden ist. Die Abteilung Vermögenskontrolle betont ferner, daß gemäß ACA-Direktive Nr. 24, Abschnitt 19, Abs. 2 b, alle Mitglieder der NSDAP, die vor 1937 in die Partei eintraten, unmittelbar als mehr als nominelle Mitglieder der NSDAP einzustufen sind. Die Entnazifizierungskommissionen wurden gebildet, damit jede Person, die dementsprechend eingestuft ist, diese Einstufung widerlegen und ihren Namen streichen lassen kann.

Die Gerichte müssen diese Gesichtspunkte befolgen: die obige Bestimmung, daß die betreffenden Namen anzugeben sind, bezieht sich auf alle so beschriebenen Personen.

Ich bemerke dazu das Folgende:

Die vorstehende Anordnung gilt nur, soweit nach den einschlägigen Bestimmungen eine Zuständigkeit der Amerikanischen Militärregierung in Betracht kommt.

Die Direktive Nr. 24 ist abgedruckt im Amtsblatt des Kontrollrats Nr. 5 Seite 30.

Gemäß Ziffer 1 und 2 der Anordnung vom 28. 7. 1947 — BK/O (47) 172 — ist eine Ermächtigung nur dann erforderlich, wenn die Kontrolle über das Vermögen tatsächlich ausgeübt wird oder das Vermögen eingezogen ist. Ziffer 3 der oben wiedergegebenen Anordnung betrifft jedoch Fälle, in denen eine Kontrolle noch nicht angeordnet ist. Infolgedessen kommt in derartigen Fällen nicht die Einholung einer Ermächtigung in Betracht, sondern die Unterrichtung der Amerikanischen Militärregierung, daß ein Fall vorliegt, in welchem eine Kontrolle gemäß den Bestimmungen des Gesetzes Nr. 52 ausgeübt werden kann, aber noch nicht ausgeübt wird. Um zu vermeiden, daß erneut ein Gesuch an die Amerikanische Militärregierung erforderlich wird, wenn diese auf Grund der Unterrichtung die Kontrolle anordnet, wird es sich empfehlen, in dem Bericht die Amerikanische Militärregierung zugleich zu bitten, das Gericht darüber zu unterrichten, ob eine Kontrolle angeordnet wird oder nicht, und ob im ersteren Falle die Ermächtigung zur Ausübung der Gerichtsbarkeit erteilt wird. Im Gegensatz zu den Fällen, in denen eine Kontrolle bereits angeordnet ist, ist jedoch das Verfahren nach einer solchen Unterrichtung der Amerikanischen Militärregierung nicht auszusetzen. Erst wenn die Amerikanische Militärregierung mitteilt oder wenn auf andere Weise bekannt wird, daß die Kontrolle angeordnet worden ist, tritt eine Unterbrechung des Verfahrens bis zur Erteilung der Ermächtigung ein.

37.: Verfügung vom 2. Februar 1948 betreffend Verfahren, an denen die Stadt Berlin beteiligt ist — Gen. 1413 F. 1. 48 (4) —

I. Die Stadt Berlin und ihr Vermögen bildet zwar ein einheitliches Ganzes. Die Bezirksämter oder anderweiten örtlichen Dienststellen, denen die Vertretung des Magistrats in einem Verfahren obliegt, haben keine eigene Finanzhoheit. Meist wird es sich jedoch bei den Verfahren, die bei den Gerichten anhängig werden, um Fälle handeln, die der Sache nach allein den betreffenden Bezirk angehen. Dies kommt oft auch schon im Rubrum zum Ausdruck, in dem als Kläger oder Beklagter die Stadt Berlin, vertreten durch den Magistrat, dieser vertreten durch eine besondere Dienststelle (Bezirksamt, Stadtgut, etc.) erscheint. Diese Trennung in wirtschaftlicher Hinsicht ist für die Ermächtigung von Bedeutung. Die verschiedenen Militärregierungen haben zum Ausdruck gebracht, daß sie nur an den Vorgängen interessiert sind, die den von ihnen besetzten Sektor angehen.

II. Als Grundlage für die Ermächtigung kommt zunächst in Betracht Artikel VI Ziffer 10 g des Gesetzes Nr. 2. Die Amerikanische und die Britische Militärregierung haben mich wissen lassen, daß in den ihren Sektor angehenden Fällen auf Grund der vorgenannten Vorschrift eine Ermächtigung für Verfahren gegen die Stadt Berlin erforderlich ist. Für den Bereich der Amerikanischen Militärregierung ist dabei die Ausnahmeermächtigung vom 20. 1. 1946 aufrechterhalten geblieben, nach welcher eine Ermächtigung nicht erforderlich ist für Rechtsstreitigkeiten gegen die städtischen Behörden von Berlin einschließlich der Polizeibehörden, sofern es sich um Geldansprüche aus Vertrag oder für Arbeiten handelt, die im Auftrage der Behörden vorgenommen worden sind. Die Britische Militärregierung betrachtet die von ihr mit dem gleichen Wortlaut erteilte Ausnahmeermächtigung vom 16. 1. 1946 nicht mehr als gültig. Die Französische Militärregierung hat mich wissen lassen, daß sie die Vorschrift des Artikel VI Ziffer 10 g in ihrem Sektor auf Verfahren gegen die Stadt Berlin nicht angewendet wissen wolle, so daß insoweit eine Ermächtigung der Französischen Militärregierung nicht erforderlich ist. Im russischen Sektor gilt des Gesetz Nr. 2 nicht, in der an seiner Stelle geltenden Anordnung der Alliierten Kommandantur vom 28. 3. 1947 BK/O (47) 74 fehlt eine gleichartige Vorschrift, so daß aus diesem Grunde eine Ermächtigung der russischen Zentralkommandantur nicht notwendig ist.

III. Als weitere Grundlage für die Ermächtigung kommt in Betracht Ziffer 1 und 2 der Anordnung der Alliierten Kommandantur von Berlin vom 28. 7. 1947 BK/O (47) 172 in Verbindung mit Artikel II Ziffer 3b des Gesetzes Nr. 52 und mit dem Befehl Nr. 124. Hierzu hat der Magistrat von Groß-Berlin, Finanz-Abteilung, durch Schreiben vom 30. 12. 1947 die Erklärung abgegeben:

„... daß das Vermögen von Groß-Berlin, einschließlich der Eigenbetriebe und der städtischen Gesellschaften, mögen diese Körperschaften des öffentlichen oder privaten Rechts sein, in keinem Sektor unter Kontrolle steht oder konfisziert ist, ..."

Demnach ist eine Ermächtigung auf Grund der vorgenannten Bestimmung auch für Ansprüche nicht erforderlich, die vor dem 8. 5. 1945 entstanden sind. Im übrigen würde für den amerikanischen Sektor die Allgemeine Ermächtigung Nr. 3 gelten, für den französischen Sektor hat die Französische Militärregierung ausdrücklich mitgeteilt, daß das Vermögen der Stadt Berlin nicht unter ihrer Kontrolle stehe, für den russischen Sektor gilt Ziffer 2 der Anweisung des Chefs der Wirtschaftsverwaltung der Sowjetischen Militäradministration in Deutschland zum Befehl Nr. 124, wonach Vermögen, das den Organen der Selbstverwaltung und der kommunalen Wirtschaft gehört, nicht beschlagnahmt ist.

IV. Wenn jedoch eine Ermächtigung in einer Grundbuchsache gemäß Ziffer 7 der Anordnung der Alliierten Kommandantur vom 28. 7. 1947 erforderlich ist, so befreit die in Absatz II wiedergegebene Erklärung des Magistrats nicht von der Notwendigkeit der Ermächtigung, weil es nach Ziffer 7 nicht darauf ankommt, ob das Vermögen unter Kontrolle steht oder eingezogen ist, sondern eine Ermächtigung ist nach Ziffer 7 auch dann erforderlich, wenn das Vermögen lediglich der Kontrolle unterliegen **kann**.

Dies ist uneingeschränkt lediglich für den britischen Sektor von Berlin der Fall[1]. Für den amerikanischen Sektor von Berlin gilt die Allgemeine Ermächtigung Nr. 3 auch für Grundbuchsachen im Sinne der Ziffer 7 der Anordnung vom 28. 7. 1947, soweit die in der Allgemeinen Ermächtigung Nr. 3 verlangten Voraussetzungen im Einzelfalle vorliegen. Da im französischen Sektor auf das Vermögen der Stadt Berlin das Gesetz Nr. 52 keine Anwendung findet, kann es insoweit auch nicht der Kontrolle im Sinne der Ziffer 7 der Anordnung vom 28. 7. 1947 unterliegen.

38.: Verfügung vom 1. März 1948 betreffend Kraftfahrzeugangelegenheiten — Gen. 1413 F. 1. 48 (12) —

I. Gemäß § 2 der Anordnung der Alliierten Kommandantur vom 20. 6. 1947 — BK/O (47) 149 — Verordnungsblatt für Groß-Berlin 1947 Seite 146 — darf kein Fahrzeug, kein Motorrad, kein Anhänger oder Autowrack verkauft, ausgebaut, umgebaut, umgetauscht oder übergeben werden ohne die Genehmigung der Militärregierung des Sektors, in welchem das Bezirksamt liegt, bei dem das Fahrzeug gemeldet ist. Die vorgenannte Anordnung sieht nicht vor, daß das Gericht von Amts wegen eine Ermächtigung zur Durchführung eines Rechtsstreits einzuholen habe, der den Sachverhalt der Ziffer 2 betrifft. Ich habe infolgedessen den Standpunkt vertreten, daß ein solcher Rechtsstreit und der Erlaß eines Urteils durch die vorgenannte Anordnung nicht verboten ist, sondern daß erst für die Vollstreckung die erforderliche Genehmigung vorliegen muß, die der Kläger selbst bei der für Kraftfahrzeuge zuständigen Abteilung der Militärregierung einzuholen haben wird.

II. Die Amerikanische Militärregierung hat mir dazu durch Schreiben vom 25. 2. 1948 das Folgende mitgeteilt:

„1. Wenn es unter allen Umständen sichergestellt ist, daß jede Vollstreckung und jeder Vollstreckungsversuch ausgeschlossen ist, so mag das Gericht in die Behandlung von Fällen der vorliegenden Art eintreten, ohne vorgängige Ermächtigung für das Verfahren erhalten zu haben.

2. Auch eine bloße Möglichkeit zu ungenehmigter Vollstreckung darf dem Gläubiger, der etwa über die gesetzliche Beschränkung sich hinwegzusetzen geneigt sein sollte, nicht offen gelassen bleiben. Mindestens muß der Vollstreckungstitel jede Vollstreckung von der Genehmigung der Besatzungsmacht unzweideutig abhängig machen.

III. Zur Ausführung dieser Bestimmungen ordne ich folgendes an:

a) Jede Entscheidung, die einen der von Ziffer 2 der Anordnung vom 20. 6. 1947 erfaßten Fälle zum Gegenstand hat, muß in ihrem Tenor die Bestimmung enthalten, daß eine Vollstreckung nur nach vorheriger Genehmigung der zuständigen Militärregierung zulässig ist.

b) Der Kläger ist darüber zu unterrichten, daß er diese Genehmigung selbst einzuholen hat.

c) Eine vollstreckbare Ausfertigung darf gemäß § 726 ZPO erst erteilt werden, wenn der Kläger den Nachweis über die Genehmi-

[1] Dieser Satz ist inzwischen dadurch überholt, daß nunmehr auch die Brit. Milit.-Reg. die Anwendung der Allgem. Gen. Nr. 3 unter bestimmten Voraussetzungen zugelassen hat, vergl. Anm. 1 zu Nr. 17, S. 71 und Anm. 8 zu Nr. 28, S 112.

gung geführt hat. Wegen der in § 726 vorgeschriebenen Form weise ich darauf hin, daß die Militärregierungen gemäß Militärregierungsgesetz Nr. 6 nicht an die Formerfordernisse des deutschen Rechts gebunden sind.

39.: Verfügung vom 12. 3. 1948 — Gen. 1413 F. 1. 48 (14) — betreffend Wiedergutmachungsansprüche.

Vermögen, das Gegenstand von Zwang oder rechtswidrigen Maßnahmen der Beschlagnahme gewesen ist, kann gemäß Artikel I Ziffer 2 des Gesetzes Nr. 52 der Amerikanischen, Britischen und Französischen Militärregierung der Kontrolle unterliegen, und zwar gleichgültig, ob diese Maßnahmen innerhalb oder außerhalb Deutschlands erfolgt sind. Für den sowjetischen Sektor kann solches Vermögen gemäß Ziffer 2 des Befehls Nr. 124 in Verbindung mit Ziffer 7 der Anweisung des Chefs der Wirtschaftsverwaltung zum Befehl Nr. 124 der Kontrolle unterliegen. Unter den Begriff des Zwanges fallen nicht nur staatliche Maßnahmen, die eine unmittelbare Vermögensbeeinträchtigung zur Folge hatten, sondern auch der sogenannte Kollektivzwang durch Naziterror, also insbesondere die Fälle, in denen Eigentümer Vermögensbestandteile unter dem Eindruck der politischen Verhältnisse durch Rechtsgeschäft veräußert haben. Für die Ausübung der Gerichtsbarkeit in diesen Fällen ist Ziffer 1 und 2 und insbesondere Ziffer 7 der Anordnung der Alliierten Kommandantur von Berlin vom 28. Juli 1947 von Bedeutung. Nach der letztgenannten Bestimmung ist in Grundbuchsachen eine Ermächtigung zur Ausübung der Gerichtsbarkeit auch dann erforderlich, wenn das Vermögen — wie vorstehend erörtert — lediglich der Kontrolle unterliegen kann, aber im Einzelfalle noch nicht unter Kontrolle genommen ist. Infolgedessen werden Eintragungen jeder Art in das Grundbuch in solchen Fällen ohne Ermächtigung unzulässig sein.

Für den amerikanischen Sektor von Berlin weise ich in diesem Zusammenhang besonders auf die mit meiner Rundverfügung vom 3. Mai 1947 — Gen. 38/A. 43. 46 — bekanntgegebene Anordnung der Amerikanischen Militärregierung vom 21. April 1947 hin, deren Ziffer 9 folgendermaßen lautet:

> „Ganz allgemein wird das Grundbuchamt und alle anderen Grundbuchämter im Vereinigte-Staaten-Sektor von Berlin hierdurch angewiesen, keine „Berichtigung" des Grundbuches einzutragen, die auf die Annahme stattgefundenen Zwanges unter der Naziherrschaft gegründet ist, es sei denn, es wird eine zugehörige Ermächtigung der Militärregierung besonders mit vorgelegt."

Soweit etwa entgegen dieser Anordnung bereits Eintragungen in das Grundbuch vorgenommen sind, bitte ich, zur Weitergabe an die Militärregierung geeignete Berichte vorzulegen, damit durch deren Entscheidung geklärt werden kann, ob die Eintragung aufrechterhalten bleibt oder als nichtig zu löschen ist.

40: Verfügung vom 16. April 1948 betreffend Ermächtigung zur Ausübung der Gerichtsbarkeit in der Zwangsvollstreckung — Gen. 1413 F. 1. 48 (13) —

Ich habe bereits früher — so in meiner Verfügung vom 23. 1. 47 — Gen. 1413 A. 1. 46 — und in Absatz V meiner Verfügung vom 26. 3. 47 — Gen. 1413 A. 1. 46 (116) — die Auffassung vertreten, daß die Ermächtigung zur Ausübung der Gerichtsbarkeit nicht ohne weiteres auch die Zwangsvollstreckung umfaßt. Die Britische Militärregierung hat mich wissen lassen, daß diese Auffassung zutreffend sei und daß nach der Anordnung der Alliierten Kommandantur vom 28. 7. 47 normalerweise zwei Ermächtigungen, und zwar gemäß Ziffer 1 für die Verhandlung und gemäß Ziffer 9 für die Zwangsvollstreckung erforderlich seien. Gleichzeitig jedoch hat die Britische Militärregierung durch Schreiben vom 18. 2. 48 — 15/50/80/I — eine Allgemeine Ermächtigung folgenden Inhalts erteilt:

> Wenn eine Ermächtigung zur Ausübung der Gerichtsbarkeit schlechthin und ohne ausdrückliche Einschränkung auf die Verhandlung erteilt worden ist, so ist diese Ermächtigung auch für die Zwangsvollstreckung wirksam; dies gilt jedoch nicht für Grundbuchsachen, bei denen in jedem Fall für die Vollstreckung eine besondere Ermächtigung erforderlich bleibt.

Die anderen 3 Militärregierungen in Berlin haben sich diesem Vorgehen der Britischen Militärregierung angeschlossen.

Zur Klarstellung der bei der Zwangsvollstreckung auftauchenden Fragen ordne ich unter Abänderung und teilweiser Aufhebung meiner Verfügungen vom 23. 1. 47 betreffend Umfang der Ermächtigung — Gen. 1413 A. 1. 46 —, vom 26. 3. 47, Absatz V — Gen. 1413 A. 1. 46 (116) —, vom 21. 4. 47, Absatz IV und V — Gen. 1413 A. 1. 46 (123) — und vom 8. 2. 48 — Gen. 1413 F. 1. 48 (7) — folgendes an:

I. Urteile, die *nach dem 28. 7. 47* ergangen sind:

a) In solchen Fällen muß das Gericht die Erklärung gemäß Ziffer 8 der Anordnung vom 28. 7. 47 eingeholt und geprüft haben, ob eine Ermächtigung erforderlich ist. Hat die Prüfung ergeben, daß eine Ermächtigung *nicht* notwendig ist, so wird diese Frage von der unter b) erwähnten Ausnahme abgesehen auch in der Zwangsvollstreckung nicht akut. Die Gerichtsvollzieher können also im allgemeinen aus solchen, *nach* dem 28. 7. 47 durch ein *Berliner Gericht* erlassenen Urteilen vollstrecken, auch wenn über das Vorliegen der Erklärung gemäß Ziffer 8 und über die Notwendigkeit der Ermächtigung in dem Urteil *nichts Besonderes* gesagt ist. Insoweit *erübrigt* sich deshalb auch die Aufnahme eines besonderen Vermerks im Tenor des Urteils.

b) Ergeben sich gleichwohl bei der Vollstreckung aus einem *nach* dem 28. 7. 47 ergangenen Urteils begründete Bedenken, daß über das Vermögen der beklagten Partei die Kontrolle ausgeübt wird, so hat der Gerichtsvollzieher den Titel von Amts wegen dem zuständigen *Vollstreckungsgericht* vorzulegen, welches das Erforderliche veranlaßt (Absatz II).

c) Ergibt die Prüfung des *Prozeßgerichts* (Absatz a), daß eine Ermächtigung erforderlich ist und wird diese Ermächtigung ohne Einschränkung erteilt, so ist dies *im Tenor* der ergehenden Entscheidung zu vermerken, und zwar in folgender Form:

> „Die Ermächtigung der zuständigen Militärregierung ist für die Ausübung der Gerichtsbarkeit ohne Einschränkung erteilt worden."

Ohne einen solchen Zusatz im Tenor würde der Gerichtsvollzieher eine Vollstreckung nicht durchführen, sondern wie nach Absatz b) verfahren, da ihn die Partei voraussichtlich auf die angeordnete Kontrolle aufmerksam machen würde.

d) Ist die Ermächtigung unter Beschränkung auf die Verhandlung erteilt, so ist dies im Tenor in folgender Form genau zu vermerken, soweit sich nicht im Einzelfall aus der Entscheidung der Militärregierung die Notwendigkeit einer anderen Fassung des Wortlautes ergibt:

„Die Ermächtigung zur Ausübung der Gerichtsbarkeit ist lediglich für die Verhandlung erteilt, jegliche Maßnahmen der Zwangsvollstreckung sind ohne erneute Ermächtigung unzulässig."

In diesem Falle darf auch entgegen der von mir in Absatz V meiner Verfügung vom 21. 4. 47 — Gen. 1413 A. 1. 46 (123) — vertretenen Auffassung keine Vollstreckungsklausel erteilt werden, solange nicht eine erneute Ermächtigung ausdrücklich für die Zwangsvollstreckung erteilt ist.

II. Urteile, die vor dem 28. 7. 47 ergangen sind oder die von Gerichten außerhalb Berlins erlassen sind:

In diesen Fällen ist durch das Prozeßgericht nicht geprüft, ob eine Ermächtigung erforderlich ist. Die Gerichtsvollzieher dürfen deshalb schlechthin aus solchen Urteilen nicht vollstrecken, sondern haben diese von Amts wegen dem zuständigen Vollstreckungsgericht vorzulegen. Dieses hat zu prüfen, ob eine Ermächtigung für die Zwangsvollstreckung erforderlich ist, ggf. die Einholung der Ermächtigung auf dem üblichen Dienstweg zu veranlassen, und eine Bescheinigung zu erteilen, entweder daß eine Ermächtigung für die Zwangsvollstreckung nicht erforderlich ist, oder daß sie erteilt worden ist. Die Zuständigkeit des Vollstreckungsgerichts ergibt sich aus § 764 ZPO.

Gegen die bloße Zustellung von Titeln, die nicht in Berlin erlassen sind, bestehen dagegen keine Bedenken. Für die Zustellung braucht nicht geprüft zu werden, ob das Vermögen der Partei, der zugestellt werden soll, unter Kontrolle steht.

III. Der Vollstreckungsbefehl steht gemäß § 700 ZPO dem für vorläufig vollstreckbar erklärten Endurteil gleich. Für ihn gelten deshalb die gleichen Grundsätze wie für das Urteil (Absatz I und II). Auch hier darf eine Vollstreckungsklausel nicht erteilt werden, wenn eine Ermächtigung erforderlich und nicht mit Wirkung für die Zwangsvollstreckung erteilt ist.

IV. Ähnlich verhält es sich bei den Urkunden des § 794, Absatz I, Ziffer 5, ZPO. Eine solche Urkunde mit Unterwerfung unter die Zwangsvollstreckung hat dieselbe Wirkung wie ein vollstreckbares Urteil. Vor Aufnahme einer solchen Urkunde hat also der Notar die nach Ziffer 8 der Anordnung der Alliierten Kommandantur vom 28. Juli 1947 erforderliche Erklärung und ggf. auch die Ermächtigung auf dem Dienstwege über mich einzuholen. Ist die Ermächtigung schlechthin erteilt, so bestehen gegen die Erteilung einer Ausfertigung „zum Zwecke der Zwangsvollstreckung" keine Bedenken. Ist dagegen die Ermächtigung unter ausdrücklicher Beschränkung auf die Aufnahme der vollstreckbaren Urkunde gewährt, so darf eine solche Ausfertigung zum Zwecke der Zwangsvollstreckung nur nach erneuter für die Zwangsvollstreckung geltender Ermächtigung erteilt werden. Für den Gerichtsvollzieher und wegen der Aufnahme entsprechender Zusätze durch die Stelle, die eine vollstreckbare Ausfertigung erteilt, gelten auch in diesem

Falle die vorstehenden, für Urteile ausgesprochenen Grundsätze (Absatz I und II).

41.: Verfügung vom 8. Mai 1848 — Gen. 1413 F. 1. 48 (22) — betreffend Verfahren bei der Kostenfestsetzung.

Um die Fragen zu klären, die sich aus der Anwendung meiner Rundverfügung vom 16. 4. 1948 — Gen. 1413 F. 1. 48 (13) — für das Kostenfestsetzungsverfahren ergeben können, ordne ich unter teilweiser Aufhebung des Abs. IV meiner Rundverfügung vom 21. 4. 1947 — Gen. 1413 A. 1. 46 (123) — folgendes an:

A. Die Kostenfestsetzung als solche stellt lediglich eine rechnerische Auswirkung der im Urteil ausgesprochenen Kostenentscheidung dar. Für die Erteilung einer vollstreckbaren Ausfertigung (Vollstreckungsklausel) des Kostenfestsetzungsbeschlusses ist dagegen — von der in Abschnitt C genannten Ausnahme abgesehen — eine Prüfung auf Grund der Anordnung vom 28. Juli 1947 — BK/O (47) 172 — notwendig. Es wird jedoch den Parteien häufig daran gelegen sein, zunächst eine nicht für vollstreckbar erklärte Ausfertigung der Kostenfestsetzung zu erhalten. Gegen deren Erteilung bestehen auf Grund der Anordnung vom 28. 7. 47 keine Bedenken. Wird aber dann eine vollstreckbare Ausfertigung (Vollstreckungsklausel) verlangt, so gilt für deren Erteilung folgendes:

I. Kostenfestsetzungsbeschlüsse auf Grund von Entscheidungen, die nach dem 28. 7. 47 ergangen sind:

In diesen Fällen muß bereits durch das Gericht geprüft sein, ob eine Ermächtigung erforderlich ist oder nicht.

a) Der Rechtspfleger prüft, ob sich Erklärungen der Parteien über die Kontrolle des Vermögens bei den Akten befinden. Wenn dies der Fall ist und der Richter eine Ermächtigung nicht für erforderlich gehalten hat, so kann der Rechtspfleger sich darauf verlassen, daß eine Ermächtigung nicht notwendig ist und kann vollstreckbare Ausfertigung (Vollstreckungsklausel) des Kostenfestsetzungsbeschlusses erteilen.

b) Wenn in dem unter a) genannten Fall der Richter die Ermächtigung zur Ausübung der Gerichtsbarkeit eingeholt hat, so prüft der Rechtspfleger weiter, in welcher Form die Ermächtigung erteilt ist. Ist dies allgemein und ohne Einschränkung erfolgt, so kann der Rechtspfleger vollstreckbare Ausfertigung (Vollstreckungsklausel) des Kostenfestsetzungsbeschlusses erteilen.

c) Ist im Falle b) die Ermächtigung nur unter ausdrücklicher Beschränkung auf die Verhandlung erteilt, so darf eine vollstreckbare Ausfertigung (Vollstreckungsklausel) nicht erteilt werden, sondern die Akten sind dem Richter vorzulegen, der das Erforderliche zur Einholung der Ermächtigung für die Zwangsvollstreckung veranlaßt.

II. Kostenfestsetzungsbeschlüsse auf Grund von Entscheidungen, die vor dem 28. 7. 47 ergangen sind:

a) In diesen Fällen wird meist im Verfahren nicht geprüft sein, ob eine Ermächtigung zur Ausübung der Gerichtsbarkeit auf Grund der Anordnung vom 28. 7. 47 erforderlich ist, besonders soweit es sich um Entscheidungen aus der Zeit vor dem 8. Mai 1945 handelt. Der Rechtspfleger hat die Akten mit dem Antrag auf Erteilung der vollstreckbaren Ausfertigung des Kostenfestsetzungsbeschlusses dem zuständigen Richter vorzulegen, der das Erforderliche nach Ziffer 8 der Anordnung vom 28. 7. 47 veranlaßt und ggf. auf dem üblichen Dienstwege die Ermächtigung einholt.

b) In den Akten können sich jedoch bereits Unterlagen befinden, die darauf schließen lassen, daß eine Prüfung, ob eine Ermächtigung erforderlich ist, stattgefunden hat; dies wird insbesondere bei Entscheidungen der Fall sein, die in der Zeit zwischen dem 21. Februar und dem 28. Juli 1947 ergangen sind. In diesem Fall gilt das oben in Abs. I a)—c) Gesagte entsprechend.

B. Erläßt der Rechtspfleger gemäß den im Vorspruch zu Abschnitt A enthaltenen Grundsätzen einen Kostenfestsetzungsbeschluß, ohne zunächst vollstreckbare Ausfertigung (Vollstreckungsklausel) zu erteilen, und ist in einem solchen Falle im Verfahren die Ermächtigung lediglich unter ausdrücklicher Beschränkung auf die Verhandlung erteilt gewesen (Fall A, I, c), so hat der Rechtspfleger auch in die nicht vollstreckbare Ausfertigung dieses Kostenfestsetzungsbeschlusses einen Zusatz in folgender Form aufzunehmen:

„Jegliche Maßnahme der Zwangsvollstreckung aus diesem Kostenfestsetzungsbeschluß ist ohne erneute, auf die Zwangsvollstreckung gerichtete Ermächtigung der zuständigen Militärregierung unzulässig."

Wird in einem solchen Falle später die Ermächtigung zur Zwangsvollstreckung erteilt, so ist dies bei Erteilung der vollstreckbaren Ausfertigung (Vollstreckungsklausel) ausdrücklich zu vermerken.

C. Für Kostenfestsetzungsbeschlüsse in Verfahren, die nicht vermögensrechtlicher Natur sind, z. B. in Ehesachen, verbleibt es zunächst bis auf weiteres bei der Regelung in Abs. VI am Ende meiner Verfügung vom 21. 4. 47 — Gen. 1413 A. 1. 46 (123) —, d. h. bei Kostenfestsetzungen in derartigen Verfahren dürfte m. E. eine Prüfung gemäß der Anordnung vom 28. 7. 47 nicht erforderlich sein, weil die Kostenfestsetzung in diesem Falle nur einen Teil eines nicht vermögensrechtlichen Verfahrens darstellt, auf das die Anordnung vom 28. 7. 47 keine Anwendung findet.

D. Wenn eine Ermächtigung lediglich mit Rücksicht auf die Kostenfestsetzung erforderlich werden könnte (s. oben A, I, c und insbesondere A, II a), so ist besonders sorgfältig zu prüfen, ob nicht die in Artikel IV Ziffer 6 des Gesetzes Nr. 52 enthaltene Allgemeine Ermächtigung Anwendung findet; dies wird häufig der Fall sein. Der Richter hat dieses Ergebnis einer dahingehenden Prüfung aktenkundig zu machen, der Rechtspfleger kann daraufhin vollstreckbare Ausfertigung (Vollstreckungsklausel) erteilen, eines besonderen Vermerks im Kostenfestsetzungsbeschluß bedarf es nicht.

E. Da nach dem bisher Gesagten vor Erteilung der vollstreckbaren Ausfertigung (Vollstreckungsklausel) geprüft ist, ob eine Ermächtigung notwendig und erteilt ist, kann grundsäzlich aus vollstreckbaren

Kostenfestsetzungsbeschlüssen, in denen kein besonderer Vermerk enthalten ist, vollstreckt werden; handelt es sich um die in Abschnitt B genannten, jedoch nur dann, wenn die Erteilung der Ermächtigung für die Zwangsvollstreckung besonders vermerkt ist. Für eine Zwangsvollstreckung aus vollstreckbaren Kostenfestsetzungsbeschlüssen, die vor dem 28. 7. 47 erlassen sind, gilt dagegen Abs. II meiner Verfügung vom 16. 4. 48 — Gen. 1413 F. 1. 48 (13) — entsprechend.

F. Auf die Einziehung von Gerichtskosten, Geldstrafen und Bußen findet m. E. die Anordnung vom 28. 7. 47 keine Anwendung.

Teil IV

Nachtrag

42.: Befehl Nr. 64 des Obersten Befehlshabers der sowjetischen Besatzungstruppen und des Obersten Chefs der Sowjetischen Militärverwaltung in Deutschland vom 17. April 1948[1] (auszugsweise)

1. Die von der Deutschen Wirtschaftskommission vorgelegten Listen der Betriebe der Monopolisten und anderen Kriegs- und Naziverbrecher, die gemäß den Beschlüssen der Länderregierungen auf Grund der von den Kommissionen des Blocks der demokratischen Parteien und den gesellschaftlichen Organisationen in der sowjetischen Besatzungszone gemachten Vorschläge enteignet und in den Besitz des Volkes übergeführt wurden, wurden bestätigt.

2. Es wird festgelegt, daß das Volkseigentum unantastbar ist. Dementsprechend wird der Verkauf oder die Übergabe von in das Eigentum des Volkes übergegangenen Industriebetrieben an Privatpersonen und Organisationen verboten. Bei der Deutschen Wirtschaftskommission ist ein Ausschuß zum Schutze des Volkseigentums zu schaffen, wobei für die Länder Bevollmächtigte dieses Ausschusses zu ernennen sind. Die Deutsche Wirtschaftskommission hat die juristische Eintragung der volkseigenen Betriebe in kürzester Frist zu gewährleisten.

3. Alle Betriebe, die ohne genügenden Grund sequestiert wurden und die nicht in die durch Punkt 1 dieses Befehls bestätigten Listen aufgenommen wurden, sind den früheren Besitzern bis zum 30. April dieses Jahres zurückzugeben.

4. Die Deutsche Wirtschaftskommission und entsprechend ihren Anweisungen die Landesregierungen sind verpflichtet, bis zum 15. Mai dieses Jahres eine Entscheidung über den sonstigen sequestrierten Besitz (sequestrierte Häuser, Grundstücke usw.) zutreffen, wobei zu Unrecht sequestrierter Besitz den früheren Eigentümern zurückgegeben wird. Ebenso hat sie auch in der Frage des Resteigentums der Betriebe, die als Rüstungspotential oder durch ein anderes in den Potsdamer Beschlüssen vorgesehenes Verfahren liquidiert wurden, eine Entscheidung zu treffen in den Fällen, wenn über einen derartigen Besitz eine solche nicht getroffen wurde.

---

[1] Der Befehl Nr. 64 wurde während der Drucklegung dieses Werkes in der Berliner Tagespresse vom 20. 4. 48 veröffentlicht. Die Tragweite läßt sich noch nicht übersehen. Fest zu stehen scheint, daß er zunächst nur für die Zone, aber nicht für den sowjetischen Sektor von Berlin gilt, und daß in Berlin der Befehl Nr. 124 weiter in Kraft und auch die „Deutsche Treuhandverwaltung" bestehen bleibt. Auf jeden Fall aber bleibt der Befehl Nr. 124 trotz seiner Aufhebung von Bedeutung, da die auf Grund dieses Befehls eingetretenen Vermögensumschichtungen aufrechterhalten und durch den Befehl Nr. 64 gerade sanktioniert werden.

5. Der Befehl der SMAD Nr. 124 vom 30. Oktober 1945 wird nunmehr nach seiner Durchführung außer Kraft gesetzt und jegliche weitere Sequestrierung von Eigentum auf Grund des erwähnten Befehls verboten.

6. Die Kommission für Sequestrierung und Beschlagnahme bei der Sowjetischen Militärverwaltung in Deutschland sowie alle zentralen und örtlichen deutschen Kommissionen für Sequestrierung und Beschlagnahme, die zur Durchführung des Befehls 124 geschaffen wurden, sind aufzulösen, da sie ihre Aufgaben erfüllt haben.

7. Die Deutsche Wirtschaftskommission wird beauftragt, Maßnahmen auszuarbeiten, die einen schnellen Wiederaufbau und die vollständige Ausnutzung aller volkseigenen Betriebe sowie des übrigen Volkseigentums im Interesse der Bevölkerung gewährleisten.

8. Die Deutsche Wirtschaftskommission wird beauftragt, zur Durchführung dieses Befehls Richtlinien zu erlassen und andere entsprechende Maßnahmen zu ergreifen.

Sachwort-Verzeichnis

(Die Nummern bedeuten die Seitenzahlen)